国家社会科学基金项目"西方马克思主义'文化政治'理论批判研究"（18BZW015）研究成果

华南师范大学文学院中国语言文学学科建设丛书

李艳丰

著

西方马克思主义文化政治理论批判研究

社会科学文献出版社
SOCIAL SCIENCES ACADEMIC PRESS (CHINA)

总　序

近年来，在"双一流"学科建设背景下，中国语言文学学科发展迅速，学科研究范围不断扩大，学科内涵日益深化，学科建设路径也日益多元；同时，随着经济的发展和社会的进步，高等教育的发展格局也对中国语言文学学科提出了更多的挑战。进一步夯实学科基础，积淀学科底蕴，彰显学科特色，是目前中国语言文学学科发展与建设工作的重要任务之一。

华南师范大学文学院中国语言文学学科历史悠久，早在1933年，著名教育家林砺儒创办勷勤大学师范学院，设立文史学系，就有了中国语言文学学科。88年前的勷勤大学师范学院曾有过辉煌业绩，它与当时的北平师范大学南北呼应，共同守护和延续了中国高等师范教育的历史血脉，中国语言文学学科发挥了重要的作用。

八十多年来，华南师范大学文学院中国语言文学学科一路栉风沐雨，砥砺前行。老一辈知名学者李镜池、康白情、吴剑青、吴三立、廖苾光、廖子东等奠定了学科基础，后辈学人积极传承学科文脉，经过几代学者的薪火相传，华南师范大学文学院中国语言文学学科持续健康发展，已形成了基础扎实、积累深厚、体系完备、特色鲜明的学科发展格局。

改革开放后，华南师范大学文学院中国语言文学学科取得了跨越式发展。1981年，获批全国第一批硕士点；2000年，中国古代文学专业获批博士学位授权点；2006年，获批一级学科硕士学位授权点，同年，中国现当代文学、汉语言文字学获批博士学位授权点，并设立中国语言文学博士后流动站；2007年，中国古代文学、中国现当代文学被评为广东省重点学科；2011年，获批中国语言文学一级学科博士学位授权点；2012年，入选第九轮广东省优势重点学科，并以"优秀"等级通过国家"211工程"三期建设验收；2015年，进入广东省高水平大学建设学科行列。现有学科方向有中国古典诗学与中国古代文学研究、中国现当代文学研究范式与批评、出土文献语言与方言研究、现当代西方文艺思潮与比较诗学研究、中国古代典籍与文献研究等。学科拥有国家语言文字推广基地、华南师范大学岭南文化研究中心、华南师范大学审美文化与批判理论研究中心等高端学科平台 6 个；以中国语言文学学科为基础的汉语言文学（师范）专业是国家首批"一流本科专业"。

　　一个学科的发展需要几代人的守护与努力，同时也离不开同时代人的奉献与投入。华南师范大学文学院编辑出版这套"中国语言文学学科建设丛书"，即是我们在有限的能力范围内推动学科建设的一种努力。这套丛书的作者基本上以华南师范大学文学院的中青年学者为主，他们是学院学科发展与建设的希望所在，其相关研究成果有的是国家社科基金、教育部社科基金的结项成果，有的是博士学位论文、博士后出站报告的修订成果，均展现了他们多年来在学术研究中的努力与收获。我们希望，他们的研究能够受到学界的关注，同时恳请学界同道批评指正。

华南师范大学文学院

中国语言文学学科建设丛书编委会

2021 年 6 月

目　录

绪　论

20 世纪中期以来，随着文化研究的盛行，特别是受西方马克思主义者葛兰西、法国思想家福柯等人影响，文化政治成为西方马克思主义、文化研究、女性主义、后殖民主义等理论话语中的重要符码。克里斯·巴克认为，在文化领域里，意义和真理都是在权力模式中构成的，文化遂成为争夺意义的符号战场，文化政治则被设想为"围绕阶级、性别、种族、性意识、年龄等方面组成的一系列集体社会斗争，试图根据特定价值观和希望的后果来重新描述社会"①。美国非裔女作家贝尔·胡克斯在《向往：种族、性别和文化政治学》中较为全面深入地思考了文化政治问题。她认为，黑人知识分子应投身于对种族、性别、阶级等不平等现象的批判，以具体的文化实践来反抗文化领域的权力压抑，应"清醒地坚持将文化研究与进步、激进的文化政治相联系，将会保证文化研究成为一个使批判性介入成为可能的领域"②。以上两位理论家的表述，使我们对文化政治有了基本的理论认知：文化政治将文化场设定为政治斗争的领地，试图从日常生活实践中发掘出权力博弈的文化批判和抵制策略。文化政治研究意识形态、主体、性别、性、身份、阶层、族裔、地缘等文化问题，是一种微观政治、差异政治和知识分子政治。文化政治逃避现代政治的宏大叙事逻辑，转而以文化启蒙、文化批判、文化抵制与文化革命的方式吹响政治的号角，进而达成人性的文化关怀与政治解放。本书主要从理论层面思考西方文化政治的缘起与文化政治的典型话语形态，并从经典马克思主义哲学和文化理论出

---

① 〔澳〕克里斯·巴克：《文化研究：理论与实践》，孔敏译，北京大学出版社，2013，第460 页。

② Bell Hooks, *Yearning: Race, Gender, and Cultural Politics*, Boston: South End Press, 1990, p. 9. 本书英文文献均为笔者自译。

发，对西方马克思主义文化政治理论展开批判性分析和阐释。在理论研究的基础上，思考西方马克思主义文化政治理论对中国当代文化研究的借鉴意义和价值。

西方马克思主义与马克思主义的理论传统既有联系又有不同程度的疏离和变异。经典马克思主义强调历史唯物论和辩证法思想，认为阶级斗争是推动历史前进的根本动力。俄国十月革命成功之后，德国、奥地利、意大利、匈牙利等国家和地区相继爆发了以暴力夺取政权为目的的无产阶级革命，但受诸多因素的影响，这些暴力革命最后都以失败而告终。面对无产阶级革命斗争的屡屡受挫，许多西方马克思主义者开始立足于新的历史条件和现实语境，来反思无产阶级革命的理论和实践策略，如第二国际理论家的经济自发论与伯恩施坦的修正主义理论，开始反对阶级斗争，主张"和平长入社会主义"和社会主义民主改良运动。还有一些西方马克思主义者提出回到康德、黑格尔等唯心主义哲学家那里，并结合马克思《1844年经济学哲学手稿》（"巴黎手稿"）中的"异化劳动"理论与现代西方人本主义思想，从人道主义的层面反思和建构马克思主义理论，将马克思主义研究导向文化和上层建筑领地。佩里·安德森指出："在这个改变了的世界上，革命的理论完全起了变化，这种变化产生了今天可以称为'西方马克思主义'的理论。"① 这些理论有以霍加特、威廉斯、汤普森、斯图亚特·霍尔等为代表的英国新左派的文化马克思主义，以伊格尔顿、詹姆逊以及费斯克等为代表的英美新马克思主义，以拉克劳、墨菲、朱迪斯·巴特勒、理查德·罗蒂以及托尼·本尼特等为代表的后马克思主义等。可见，西方马克思主义并不是一个单纯的理论流派，不同的理论家从不同的社会历史境遇出发，从马克思主义理论中撷取批判与阐释的话语资源，从而形成了"千面马克思"的多元西方马克思主义理论形态。这里需要特别强调一下西方马克思主义发展过程中所出现的"后马克思主义"（Post-Marxism）理论，所谓后马克思主义其实也可以归于西方马克思主义理论发展的整体性历史范畴，但是其价值导向、理论范式和话语形态同早期西方马克思主义的理论家有着诸多差异。早期西方马克思主义理论大多还是坚持着社会主义革

---

① 〔英〕佩里·安德森：《西方马克思主义探讨》，高铦等译，人民出版社，1981，第36页。

命的政治理想，比如卢卡奇、葛兰西甚至是受后现代主义影响的伊格尔顿和詹姆逊等，他们的文化研究并没有放弃阶级政治和社会主义的宏大叙事，而是通过文化研究来构建阶级意识和社会主义文化领导权，实现对资本主义社会的意识形态批判。但后马克思主义基本放弃了卢卡奇所提出的社会总体性的理想和阶级革命的政治模式，转而通过对理论话语的强调，将西方马克思主义转变为大学的学术政治。后马克思主义从德里达等人的解构主义、福柯的话语和权力理论中撷取了诸多理论资源。如保罗·鲍曼所言："这种'后马克思主义'理论是一种将历史、文化、社会和政治视为不可还原的'话语'的观点。"① 在保罗·鲍曼看来，后马克思主义与早期文化研究都表现出对政治的干预和介入，但后马克思主义理论更多通过话语接合的方式思考政治问题，即后马克思主义的理论体现出明显的文本政治和话语政治倾向。周凡在《作为一种政治理论的后马克思主义》中指出后马克思主义理论的三个变化：一是从宏观政治到微观政治，二是从阶级政治到非阶级政治，三是从对立政治到对抗政治。拉克劳与墨菲在《无须认错的后马克思主义》一文中针对某些理论家对后马克思主义的批判而作出了理论的辩护，他同样提出后马克思主义在三个方面对经典马克思主义的反拨：一是用话语接合理论替代了经典马克思主义的唯物主义理论；二是对马克思主义社会分析的批评性分析，认为随着资本主义社会的发展，经典马克思主义的社会分析及其所形成的阶级对立模式已经失效，从而应对马克思主义的激进革命政治进行解构式的重构，即从对立的政治走向对抗的政治；三是提出将社会主义置于更广阔的民主革命的范围之内，寻找社会主体和斗争方式的多样性。②

　　西方马克思主义虽然表现出多元异质的理论话语形态，但总体上而言，这些理论也表现出诸多共性特征。首先，西方马克思主义理论的再生产无疑都受到了资本主义社会发展的现实触动。欧洲工人运动的失败，资本主义经济技术的发展和福利社会的形成，经济的全球化与消费主义社会的到来，劳动过程和生产的变革，新媒介和信息技术的影响，种族主义和文化

---

①　Paul Bowman, *Post-Marxism versus Cultural Studies Theory, Politics and Intervention*, Edinburgh: Edinburgh University Press, 2007, p. xi.

②　周凡主编《后马克思主义：批判与辩护》，中央编译出版社，2007，第 134~135 页。

霸权主义，性别与生态问题等，推动了西方马克思主义理论的发展与变革。诚如论者所言："马克思主义确实为正在发生的社会、政治、文化和人类学的巨大变革提供解释的视角。这就是为什么无论在哪里，只要社会和民众展开反对经济、官僚主义、男性统治、帝国主义霸权以及自然和文化商品化的斗争，它就会——或者可以——被动员起来。"① 其次，西方马克思主义在面对经典马克思主义理论时，或者将马克思主义视为理解、分析与批判现实的理论方法，如卢卡奇所言，"正统马克思主义并不意味着无批判地接受马克思研究的结果"，"正统仅仅是指方法"②；或者片面发展马克思主义理论的部分内容，并将其同其他理论接合，形成变异的马克思主义。如英国文化马克思主义就是将马克思主义的唯物论融入文化研究之中，从而形成文化唯物主义的理论范式；法国的马克思主义理论家阿尔都塞从结构主义出发重新思考马克思主义，形成了结构主义的马克思主义理论；等等。再次，同经典马克思主义注重阶级革命实践不同，西方马克思主义开始转向理论和话语，更为重视哲学、文学艺术和美学方面的研究。佩里·安德森认为："西方马克思主义首要的最根本特点就是：它在结构上与政治实践相脱离。"③ 这里的政治实践，主要是指经典马克思主义所指出的阶级革命。"西方马克思主义作为一个整体，当它从方法问题进而涉及实质问题时，就几乎倾全力于研究上层建筑了。而且，最常为西方马克思主义所密切关注的，拿恩格斯的话来说，是远离经济基础、位于等级制度最顶端的那些特定的上层建筑层次。换句话说，西方马克思主义典型的研究对象，并不是国家或法律。它注意的焦点是文化。"④ 在安德森看来，西方马克思主义不再普遍关注政治经济领域的现实革命斗争，而是折返到理论的围城和文化与意识形态结构之中，以理论话语和艺术的美学之思作为批判的武器，进行意识领域的文化革命。最后，西方马克思主义虽然放弃了现实维度的革命实践，但并没有放弃理论和意识形态的批判性思考，没有放弃话语的介

---

① Jacques Bidet and Stathis Kouvelakis eds., *Critical Companion to Contemporary Marxism*, Leiden-Boston, 2008, p.6.
② 〔匈〕卢卡奇：《历史与阶级意识》，杜章智等译，商务印书馆，1996，第21页。
③ 〔英〕佩里·安德森：《西方马克思主义探讨》，高铦等译，人民出版社，1981，第41页。
④ 〔英〕佩里·安德森：《西方马克思主义探讨》，高铦等译，人民出版社，1981，第96~97页。

入性政治功能。西方马克思主义在理论再生产和意识形态的话语实践中，普遍转向了文化政治实践和意识形态的霸权斗争，像卢卡奇对阶级意识和日常生活的理论思考、葛兰西的文化领导权理论、威廉斯的文化唯物主义思想、阿尔都塞的意识形态与意识形态国家机器理论、伊格尔顿的审美意识形态理论与政治批评、詹姆逊的政治无意识理论等，都蕴含着政治批评的内涵。甚至可以认为，西方马克思主义的文化研究和文学批评实践，就是一种广义的文化政治批评。

　　究竟什么是文化政治？如何理解文化政治的内涵？在文化政治的话语结构中，文化是核心概念，也是文化政治衍生并诉诸实践的意识形态领地。关于文化的概念，至今并未有一个明确定论。伊格尔顿认为"文化"是英语中两三个最为复杂的单词之一，威廉斯也将其描述为英语中少数最复杂的词之一。可见，文化的语义并不稳定，不同的理论家对文化其实有着不同的理解和阐释。文化成了一个层级的时间结构，抑或历史化的隐喻性文本。在古典主义时期，文化代表美好的德行与修养。在资本主义早期阶段，文化被视为经典与高雅的文明形态，阿诺德、利维斯等人的精英主义文化理论可谓是这种古典文化理想的典型代表。在早期马克思主义理论中，文化更多地被视为经济基础、政治革命的意识形态反映。马克思主义的历史唯物主义和辩证唯物主义思想将文化视为一种精神生产形式，而对精神生产的理解则必须在物质生活世界寻找依据和说明。西方马克思主义的兴起，开始彻底改变文化的语义与功能。葛兰西认为，经典马克思主义对文化自主性和重要性有所忽视，认为无产阶级要想革命成功，必须从市民社会入手，在文化、道德与意识形态层面获得"领导权"。葛兰西的文化领导权理论强调将市民社会作为意识形态实践的主导战场，给文化研究打上了政治与意识形态的烙印。英国新左派的文化研究，延续了葛兰西开创的文化批判路径。佩里·安德森认为，社会主义革命的成功必须有社会主义文化的支持，没有革命的文化就没有革命的理论，也就不可能产生革命的行动。威廉斯所谓的"漫长的革命"并非指暴力革命，而是指文化领域里的文化政治斗争与文化改良，文化革命是思想意识的更新与文化领导权的争夺。当霸权的争夺、塑造与认同被视为文化，当文化转义为意识形态斗争的战场，文化同政治的耦合也就成为历史的必然。由此可见，西方马克思主义者所谈论的文化，已经打破了传统文化概念的话语边界。文化不再是神圣自治的空间，代表着纯粹的知识与美德，而是开始同政治联合，成为权力生产与播散的领地。法兰克福学派的批判理论强调从精英主义的文化视域出发对大众文化展开理论话语的批判，英国文化研究则开始正视大众文化的兴起和存在并理性反思文化生产、消费与传播过程中的权力问题。总之，文化不再是表征甜美和光明的美好存在，而是成为多重权力话语和意识形态斗争的场域。

文化成为政治的结构、载体与象征性符码，政治嵌入文化的皱褶，弥散成权力的根须，形构出文化多元错杂的意义版图。很显然，文化政治不同于通常所说政治文化、政治制度、现代政治之"政治"。文化政治关注日常生活的意义实践，强调在生活世界达成个体的救赎与解放，是一种典型的生活政治。所谓生活政治，指个体通过日常生活中的文化实践方式达成自我与社会的多重关系。作为一种生活政治，文化政治要求重新认识日常生活中的权力谱系，甄别主体、身份、身体、性别、性等话语中的政治意义，从而在日常生活的界域，培育出文化反抗与革命的情感。文化政治认同差异的合法性，强调差异性，意味着反总体性与同一性，消解精英话语与特权体制。对差异性的追求，使文化政治带有了明显的反宏大叙事、反本质主义与后现代征候。差异政治以差异的意识形态征召、传唤主体，培育出民主、平等、互涉、交往、对话的政治情结。特别是在斯图亚特·霍尔、托尼·本尼特、拉克劳与墨菲等人的文化理论中，文化被视为话语的结构和文本，而话语则通过差异和流动等属性形成对同一性和总体性历史的解构。文化政治遵循后现代主义的知识与权力逻辑，是典型的微观政治。贝斯特、科尔纳指出："早先对转换公共领域和统治制度的强调让位于新的、对文化、个人的身份和日常生活的强调，正如宏观政治被局部转换和主观性的微观政治所替代。"① 总之，文化政治不同于政治文化，它是西方马克思主义借助于文化批判的力量形成的多重政治形态，通常以文化分析的话语形式表现出来。同时，他们将这种话语视为对社会历史的一种反抗

---

① 〔美〕贝斯特、〔美〕科尔纳：《后现代转向》，陈刚等译，南京大学出版社，2002，第362页。

和接合的力量，希望通过话语的介入，实现对资本主义意识形态的抵制和批判。

　　文化政治的生成同权力在日常文化实践中的介入、繁殖、发现与抵抗等活动紧密相关。权力始终没有放弃对文化世界的觊觎，特别是在后现代消费社会，权力的根须早已遍布文化的肌理。如何认识文化政治话语的"权力"？它同传统的权力观有何差异性？很显然，在文化政治的理论与实践中，权力不再指称那个源自总体与中心的制度性律令、宏大政治的话语规训、法律的惩戒性禁锢等，而是成为弥散在知识、话语之中的意义、关系与规则。权力借助知识与话语的生产，通过知识的伪装、话语的正名，实现文化意义分配与文化价值的认同。权力与知识、话语的结盟，使权力更为隐蔽地、合法地出入文化与意识形态的领地。文化政治的使命，正在于破除权力隐匿在文化场域的虚伪镜像，祛除虚假意识形态结构的监禁与奴役，恢复文化的真理维度与自然景观，以最终达成主体意识的觉醒与解放。

　　如果我们把文化政治视为自马克思、恩格斯、列宁、梅林、普列汉诺夫等马克思主义理论之后，特别是西方马克思主义全力转向上层建筑和意识形态研究之后生成的一种新马克思主义文化理论，那么，可以说卢卡奇、葛兰西、戈德曼、柯尔施，德国法兰克福学派的阿多诺、马尔库塞、本雅明，法国的列斐伏尔、阿尔都塞、朗西埃，英国文化研究学派的威廉斯、斯图亚特·霍尔、伊格尔顿，美国的后现代马克思主义文化理论家詹姆逊以及后马克思主义的拉克劳、墨菲、托尼·本尼特等人的文化理论，都具有文化政治的理论内涵。卢卡奇作为西方马克思主义滥觞时期的代表，其黑格尔式的马克思主义已经开始强调从政治经济层面的实践转向意识革命，《历史与阶级意识》凸显的正是精神文化领域的革命和斗争，以及从人的视角来反思整个社会精神的变革问题。法国哲学家梅洛·庞蒂在1955年出版的《辩证法的历险》（*Adventures of the Dialectic*）中，把《历史与阶级意识》中的观点与列宁主义、当代马克思主义对立起来，并认为它开辟了西方马克思主义的思潮。[①] 在《历史与阶级意识》中，我们可以较为清晰地看到卢

---

　　① 〔匈〕卢卡奇：《列宁》，张翼星译，（台湾）远流出版事业股份有限公司，1991，译序第1页。

卡奇强调总体性的历史观、意识和阶级意识的能动作用并相对淡化经济基础的决定性历史作用的理论导向。同时，对资本主义物化结构的批判和对人的自由价值的追求，让《历史与阶级意识》具有了浓厚的人本主义色彩。这种对阶级意识和人的自由解放的强调，开启了西方马克思主义意识革命和文化改革主义的历史进程。我国学者张一兵认为，卢卡奇"开了一种在正统马克思主义意识形态之外的'自由'的西方马克思主义的先河"[①]。可以说，卢卡奇对物化和异化理论的人本主义思考，对意识和阶级意识的哲学阐释，对总体性、社会存在本体论的辩证反思以及对日常生活的文化和美学关注，对西方马克思主义的文化政治理论产生了深远的影响。比如英国的汤普森、霍加特、佩里·安德森等新左派理论家，对西方资本主义与苏联社会主义制度产生了双重幻灭。他们开始从社会主义人道主义的理论视角重新思考马克思主义，强调自由主义传统对个体命运的关注和社会主义对平等公正的追求，突出人道主义的关怀。社会主义人道主义强调人的能动作用，反对历史决定论，强调人的自由选择，具有唯意志论色彩，其理论资源主要就是马克思的《1844年经济学哲学手稿》中的哲学人类学思想和卢卡奇《历史与阶级意识》中的黑格尔主义的马克思主义。英国新左派开创了从文化意识角度入手反思无产阶级革命、批判当代资本主义的新思路。汤普森的《英国工人阶级的形成》并没有直接从经济和社会，尤其是工业革命所产生的经济和技术变迁入手，来表明英国工人阶级是社会经济历史的产物，而是强调激进的左翼文化传统在工人阶级形成中的意识形态作用。英国工人阶级不是随着资本主义工厂制度（经济因素）的出现而自动诞生的，而主要是工人阶级自己的阶级意识（文化因素）形成的结果，只有当工人阶级认识到自己的阶级利益并且明确表达出来时，它才算是真正形成。安德森认为，社会主义的成功必须有社会主义文化的支持，而知识分子则是创设社会主义文化的必要条件。他说，没有革命的文化就没有革命的理论，这种对工人的阶级意识和文化价值观的强调，显然受到了卢卡奇《历史与阶级意识》的理论影响。英国新左派文化理论家威廉斯的马克思主义理论，同样深受卢卡奇的影响，特别是卢卡奇所提出的社会总体

[①]　孙伯鍨：《卢卡奇与马克思》，南京大学出版社，1999，序第6页。

性的理论，让威廉斯找到了批判以考德威尔为代表的英国传统左派马克思主义的理论资源。在《文化和唯物主义》（*Culture and Materialism*）中，威廉斯详细论述了卢卡奇的总体性理论，并且指出："这种社会总体性理论同社会存在决定社会意识的理论相一致，但并不必然用基础与上层建筑的理论来解释其进程。"[①] 威廉斯将经济基础视为维持系统而非决定因素，并用文化来统摄经济基础与上层建筑的辩证结构，显然是受到了卢卡奇社会总体性理论的启发。此外，卢卡奇在《历史与阶级意识》中对资本主义物化结构与日常生活异化的全面分析，《审美特性》中对人在日常生活中的主体地位的阐释以及艺术审美的反拜物教化理论，《社会存在本体论》中关于人在日常生活中的个性反抗以及日常生活作为艺术等自为的对象化领域基础的理论，都直接或间接地影响了列斐伏尔与赫勒等人的日常生活理论，推动了西方马克思主义日常生活政治批判理论的建构。

葛兰西对上层建筑与意识形态的关注，对市民社会文化霸权的思考，对理论改造社会之实践功能的强调，对有机知识分子身份政治的建构等，直接或间接地影响了后来新左派文化研究与阿尔都塞结构主义马克思主义的文化政治理论。葛兰西与英国新左派的文化研究有着紧密的理论联系，英国新左派文化理论家威廉斯深受葛兰西的理论影响，并在葛兰西的启发和推动下，写下了一生中最为著名的理论文章《马克思主义文化理论中的基础和上层建筑》和晚期代表作《马克思主义与文学》。在其中，他甚为看重葛兰西的霸权思想，并把葛兰西的文化领导权理论看作西方马克思主义文化理论研究的重大转折点。[②] 他认为，"霸权"的重要意义在于它既涵盖又超越了"文化"和"意识形态"这两个颇为重要的概念。"文化"概念在意指整体的生活方式时忽视了不平等、剥削和权力关系，而"霸权"则强调了文化中所存在的各种权力斗争的复杂状况，并能确认其中的主从关系。"意识形态"概念通常被抽象地用于表明"一种意义的和价值的体系总是在表达或体现着某一特定阶级的利益"，以至于那个时期或那一社会中相对复杂的、混合的、不完整的或未得到清晰表述的思想意识被排斥到边缘

---

① Raymond Williams, *Culture and Materialism*, London：Verso, 2005, p. 35.

② 〔英〕雷蒙德·威廉斯：《马克思主义与文学》，王尔勃、周莉译，河南大学出版社，2008，第116页。

地带，而"霸权"能超越"意识形态"概念并不仅仅在于令那些未能得到清晰表达的思想意识得以表达，更在于其关注到其中存在的主导和从属关系。而且，这种关系除了渗透在意识层面还弥漫于当下生活的整个过程之中。故而，威廉斯认为霸权为我们提供了一种完全不同的看待文化产品/活动的方式，文化产品/活动不再是任何通常意义上的"上层建筑"，文化霸权已然渗透到底层并弥漫于整体结构之中，文化产品/活动的意义也超越了"上层建筑"的涵盖范围。所以，从某种意义上说，在威廉斯重新思考基础/上层建筑模式时，葛兰西的霸权理论恰恰成了他消解基础/上层建筑模式的理论工具。除威廉斯之外，法国的西方马克思主义者阿尔都塞也深受葛兰西霸权理论和市民社会理论的影响。伊格尔顿曾指出："正是由于葛兰西，才实现了从作为'思想体系'的意识形态到作为被体验的、惯常的社会实践的意识形态的关键性转变，这种实践因而也许既包括社会经验无意识的、不言而喻的向度，又包括形式上的机构的运作。"① 阿尔都塞显然受到葛兰西的理论启发，他也曾直言："这就是我——追随葛兰西——称之为意识形态国家机器制度的东西，它指的是一整套意识形态的、宗教的、道德的、家庭的、法律的、政治的、审美的以及诸如此类的机构，掌握权力的阶级运用这些机构，在统一自身的同时，也成功地把它的特殊的意识形态强加给被剥削群众，使之成为后者自己的意识形态。"② "据我所知，我现在走的路以前只有葛兰西一个人有所涉足。他有一个'引人注目的'观念，认为国家不能被归结为（镇压性）国家机器，按他的说法，还应包括若干由'市民社会'产生的机构，如教会、学校、工会等等。"③ 但阿尔都塞认为葛兰西对此只有精辟但零碎的笔记，没有系统化的理论阐释。所以，在此基础上，阿尔都塞从马克思主义国家理论入手，结合复杂的社会现实，把国家机器分为（镇压性）国家机器和意识形态国家机器。所谓的（镇压性）国家机器指政府、行政机关、军队、警察、法庭、监狱等，它们通过暴力发挥功能；意识形态国家机器包括宗教的、教育的、家庭的、法律的、政治的（政治制度，包括不同党派）、工会、传播（出版、广告、电视等）、

---

① 〔斯洛文尼亚〕齐泽克等：《图绘意识形态》，方杰译，南京大学出版社，2002，第258页。
② 陈越编译《哲学与政治：阿尔都塞读本》，吉林人民出版社，2003，第239页。
③ 陈越编译《哲学与政治：阿尔都塞读本》，吉林人民出版社，2003，第334页。

文化的意识形态国家机器，是分散的、属于私人领域的组成部分，它们通过运用意识形态发挥功能。这也意味着，意识形态国家机器不只是阶级斗争（表现为激烈形式的阶级斗争）的赌注，还是阶级斗争的场所。事实上，葛兰西对西方马克思主义的影响是广泛而深远的，我们只是列举了威廉斯和阿尔都塞，除了他们两人，斯图亚特·霍尔、托尼·本尼特、拉克劳与墨菲等人都深受葛兰西文化领导权理论的影响。

除了葛兰西的文化领导权理论、英国新左派文化研究理论、阿尔都塞的结构主义马克思主义的文化政治理论之外，列斐伏尔、德·塞托、赫勒等人的日常生活理论，斯图亚特·霍尔、费斯克、克里斯·巴克、托尼·本尼特等人的文化研究理论，伊格尔顿、詹姆逊等人的文化和文艺批评理论，萨义德、斯皮瓦克、胡克斯等人的后殖民主义理论，凯特·米利特、肖瓦尔特等人的女性主义批评理论，拉克劳、墨菲的后马克思主义文化理论等，构成了文化政治理论的知识与话语谱系。

葛兰西对文化政治理论与实践的开创性贡献，主要表现在如下几个方面。一是将理论研究与革命实践的路径从经济基础、阶级政治转向文化与意识形态的上层建筑领域。在研究上层建筑时，葛兰西深刻分析了文化的内涵及其在政治革命中的作用，认为文化不是物质现实的简单反映，而是思想、观念、意识相互杂糅形成的复杂关联体，同经济基础构成一种辩证自反的关系。文化并非自主、自律的观念实体，它具有历史性、物质性与实践性等多重特征。文化是构建集体意识与世界观的主导力量，同权力相关，是意识形态斗争的战场。二是提出文化领导权概念。葛兰西区分了统治权（domination）与领导权（hegemony），统治权是统治阶级以权力垄断与政治压制的方式统治国家，更多呈现为政治制度、体制和国家机器的运作；领导权则表达了一种广义的政治支配关系，它所描述的是统治阶级通过操纵精神道德与文化领导权对社会加以引导而非统治的过程。统治阶级必须通过主导文化的建设，以协商的方式来获得从属阶级对其统治合法性的自愿赞同。霸权表征一种新的权力观，一方面，权力并非只源自政治社会，而是辐射、弥散在整体性的文化世界之中；另一方面，"葛兰西否认权力是个可以一劳永逸地得到的概念。相反，他将其设想为一个发展中的过程，即使在某个统治阶级或集团不再能产生赞同的时刻也是有效的"①。这种对权力的动态化、微观化与历史化分析,被广泛运用于其后文化政治的理论研究与批评实践之中。三是不再视意识形态为抽象的观念体系,而是赋予其物质性、弥漫性与实践性特征。四是强调知识分子在文化霸权建构与意识形态斗争中的主体性地位。葛兰西较为广义地界定了知识分子,一切人都可以说是知识分子,但并非都行使知识分子的职能。这里所谓的知识分子职能,按照葛兰西实践哲学的思想,主要是指批判、教育与文化霸权建构的领导职能。葛兰西认为,实践哲学就是要造就一个有机知识分子集团,这个集团通过建设有别于资产阶级文化的社会主义新文化,从而教化、引领民众,共同塑造无产阶级的文化霸权。基于以上原因,我认为,葛兰西为文化政治确立了基本的理论框架与话语范式。

继葛兰西之后,英国新左派的文化研究进一步丰富了文化政治的理论与实践。丹尼斯·德沃金认为,新左派为"英国的文化政治学和理论创造了空间","20世纪60年代,文化研究将新左派文化政治学转变成了在政治上运用的学术研究计划"②。威廉斯作为英国新左派理论家的杰出代表,他用理论与行动诠释了文化政治在社会主义解放叙事中的重要革命意义。威廉斯认为,社会主义革命必须开辟新的政治方向,即所谓的"文化革命"。如何通过文化政治来展开"漫长的革命",最终形成一种具有"共同文化"结构的多样化的社会主义?威廉斯首先重新思考了文化的话语内涵及其与工业体系、民主制度等社会存在的复杂关系。在《文化与社会》中,威廉斯通过对不同时期几十位思想家的理论细读,呈现了文化与社会发展杂糅的复杂历史谱系。在威廉斯看来,文化并非被动反映物质基础的思想观念体系、理想化的人文结晶、光辉灿烂的伟大传统与知识精英倡导的高级趣味,文化是普通和平常的,是一种整体的生活方式,文化观念是针对我们共同生活状况所发生的普遍和重大变化所作出的一种普遍的精神与情感反应。人性乃是一个文化所包含的"整个生活方式"的产物。将文化指认为常态化的日常生活经验,一种融贯在社会存在肌理的思想、意义与价值元素,这本身就表现出威廉斯明确的话语政治立场。在《漫长的革命》中,

---

① 〔英〕斯蒂夫·琼斯:《导读葛兰西》,相明译,重庆大学出版社,2014,第4~5页。
② 〔美〕丹尼斯·德沃金:《文化马克思主义在战后英国:历史学、新左派和文化研究的起源》,李凤丹译,人民出版社,2008,第160页。

威廉斯致力于分析文化、媒介、文学与社会结构，以揭示实际存在的感觉结构——那些存活在作品和各种社会关系结构当中的意义和价值，并阐明使这些结构得以形成和改变的历史发展过程。当然，由于威廉斯更多地是分析文化在社会历史进程中构型、转化与新变的物质结构、情感与精神逻辑，相对忽视文化背后的权力与意识形态要素，从而使文化革命最终变成消极浪漫的文化改良，基于共同生命与普遍人性的"共同文化"，呈现出强烈的祛阶级化的调和主义倾向。20 世纪 70 年代，在葛兰西、阿尔都塞等人思想的影响下，威廉斯对先前的文化理论有所修正，他开始更加关注文化与权力的关系，将文化视为不同文化形式之间冲突斗争的竞技场。在《马克思主义与文学》中，威廉斯论述了文化霸权问题，认为霸权不同于意识形态，而是主导文化控制之下的一种文化统治结构，它通过权力的运作来达成多元文化的和解与共谋。文化研究的任务就是分析和批判资产阶级的意识形态文化霸权，并用新的社会主义文化来展开反霸权斗争。

如果说威廉斯的文化政治理论主要立足文化唯物主义立场，强调在历史化的文化革命进程中构建政治主体与文化霸权。阿尔都塞则转向结构主义，重新思考了文化政治问题。阿尔都塞的文化政治思想主要表现有如下几点。一是认识论断裂与阿尔都塞的文化立场。阿尔都塞以 1845 年为节点，将马克思的理论视为从资产阶级意识形态向科学唯物主义断裂、过渡的历史发展过程。认识论断裂的思想，既反映出阿尔都塞将马克思主义科学化甚至神学化的理论信仰，又彰显出阿尔都塞对社会主义革命"总问题"的认识。二是意识形态与结构主义的文化政治。阿尔都塞继承并发展了葛兰西的意识形态理论，承认意识形态的唯物主义基础，强调物质生产的总决定性，将具体意识形态的发生视为阶级斗争的产物，意识形态虽然以概念、思想、想象、形象等方式获得表征，但总体而言，意识形态以无意识的方式对象化自身，人自出生就被抛于意识形态的深渊结构之中，并被传唤为主体。意识形态的无意识征候同时强调了意识形态的先在性、强制性与绝对性。阿尔都塞区分了真实的历史现实与想象的历史现实，认为"意识形态是个人与其实在生存条件的想象关系的'表述'"。[①] 想象意味着虚构、误认、曲解或者遮蔽，它制

---

① 　陈越编译《哲学与政治：阿尔都塞读本》，吉林人民出版社，2003，第 352 页。

造虚幻的真理并使个体在意识形态的结构中与权力达成和解。因为是想象的，所以需要对意识形态展开征候式分析，以发掘想象背后暗示的真相。意识形态具有传唤并建构主体的功能。意识形态传唤、建构主体的过程，也是意识形态的再度历史化的过程，即作为结构的意识形态被物化为主体的政治、经济与文化实践。作为一种关系性结构，阿尔都塞更加强调传唤所表征的意识形态与个体之间的压迫性机制。三是意识形态国家机器及意识形态的物质性。阿尔都塞认为，国家不能仅仅被归结为镇压性国家机器，还应包括若干市民社会产生的机构，阿尔都塞将其称为意识形态国家机器。作为一种功能性结构，意识形态国家机器通过对意识形态的生产、传播与使用，将统治阶级的暴力转化为同意，使统治阶级的权力合法化。意识形态国家机器强调意识形态的物质性，在阿尔都塞看来，劳动力的再生产需要的不仅仅是技能的再生产，同时还要求生产出劳动力对现存秩序各种规范的顺从。这就意味着，意识形态不再只是传统意义上由经济基础决定的上层建筑，它本身已深入生产关系之中，成为物质化的存在。正是在这个意义上，阿尔都塞提出了多元决定论思想。四是主体性问题。阿尔都塞将意识形态视为绝对主体，正是这个绝对主体将个体传唤为主体。由于传唤更多的是无意识的，所以主体自觉将深处其中的现实误认为真实，由此产生奴性的顺从，主体的镜像化征候也揭橥出主体的虚假性。总体而言，阿尔都塞为文化政治提供了重要的理论资源，他超越了狭隘、僵化的唯物论，从更为深广的视域论述了意识形态的属性与功能，推动了文化研究的结构主义转向。

自葛兰西、威廉斯与阿尔都塞之后，受解构主义、后现代主义等反本质主义思潮的影响，文化政治理论逐步挣脱总体性叙事的话语规约，朝着微观化、局部化与多元化的路径发展。在这个发展过程中，西方马克思主义文化研究开始大量借鉴解构主义、后现代主义的理论和方法，并致力于用差异、多元和微观的话语消解总体性和同一性。德里达认为，解构本身就是一种政治实践，解构并非"仅仅是对话语、哲学陈述或概念以及语义的分析；它必须向制度，向社会的和政治的结构，向最顽固的传统挑战"①。

---

① 〔法〕德里达：《一种疯狂守护着思想：德里达访谈录》，何佩群译，上海人民出版社，1997，第21页。

很显然，解构的政治并非只局限于阶级斗争的界域，它更强调对日常性、边缘性、微观性与差异性的关注。福柯对权力的精微阐发，推动了文化政治的后结构主义转向，"对权力关系以及权力关系与自由的不可改变性之间的'矛盾'作新的分析、详述和疑问是一切社会存在固有的、永久的政治任务"①。利奥塔的后现代主义、罗蒂的反本质主义与文化政治哲学等，形构出差异性的意识形态，将文化政治导向多元弥散的理论与实践秩序之中。斯图亚特·霍尔、费斯克等人的大众文化理论，将文化主义与结构主义辩证耦合起来，既注重对大众文化的结构分析，又强调文化经验的能动性。他们认为，大众文化作为资本主义文化工业的产物，不可避免地会受到资产阶级意识形态的操控，但这并非意味着大众只能被动接受意识形态的灌输与传唤。相反，大众具有能动的文化经验与主体意识。斯图亚特·霍尔的编码与解码理论，费斯克对大众文化层理的分析，强调了大众在文化接受过程中反霸权支配的主体意识。此外，斯图亚特·霍尔、理查德·约翰生、托尼·本尼特等，反对文化研究的文本化，他们认识到文化意识形态的物质性，文化研究不能只限于文本的话语实践，而应将文化与社会联系起来分析，实现文化政治的社会实践功能。

受文化研究的影响，西方马克思主义文学理论和批评实践表现出普遍的政治化倾向。文学理论与批评的关键词不再是传统文学研究所关注的审美、价值、经验和历史等，而是符号体系、意识形态、性别、身份认同、主体、他者和机构。文化理论的滥觞"在全球范围内促进了对一切话语形式的重新解释和调整，成了激进的文化政治的一部分，而'文学的'〔研究和理论〕只不过是其中一个多少有点意义的再现形式"②。以威廉斯、本雅明、马歇雷、詹姆逊、伊格尔顿、本尼特等为代表的西方马克思主义文论家的文论，是西方文论政治化和文化政治诗学的典型话语形态。作为一种新的政治诗学批评话语，西方马克思主义文论同经典马克思主义的政治与意识形态批评大异其趣。经典马克思主义将文学视为由经济基础决定的意识形态形式，其审美形式负载着阶级革命的宏大政治寓言。政治多被视为

---

① 〔美〕德赖弗斯、〔美〕保罗·拉比诺：《超越结构主义与解释学》，张建超、张静译，光明日报出版社，1992，第289页。

② 〔英〕塞尔登等：《当代文学理论导读》，刘象愚译，北京大学出版社，2006，第10页。

国家意识形态、党的政治政策与阶级政治倾向性。

西方马克思主义文论基本沿袭经典马克思主义对文学的话语定性，将文学视为一种审美的意识形态，把文学置放到整体性的文化场域之中，辩证思考文学审美形式与意识形态耦合的历史图景。在讨论西方马克思主义文论政治化问题之前，需要对意识形态概念作简要论述。意识形态概念源自托拉西，本义为观念的科学。西方马克思主义重置了意识形态的语义、结构与功能。戈德曼认为意识形态并非虚假、抽象的观念体系，而是阶级、集团的世界观。葛兰西的文化霸权概念，丰富和发展了意识形态的语义内涵。威廉斯早期受戈德曼影响，将意识形态视为相对正规的、被清晰表述出来的关于意义、价值和信仰的体系，一种世界观或阶级观点，后接受葛兰西的文化霸权思想，对意识形态理论进行补充与修正。威廉斯认为，意识形态作为一种静态的霸权不能完全反映出社会文化结构中的权力关系，意识形态无法涵盖全部思想、观念、感性与经验。文化霸权作为一种广义的政治支配关系，正好整体性、动态性、综合性地涵摄了意识形态的多维度征候，实现了意识形态的语义增殖，拓展了意识形态的阐释效能。文学作为一种文化类型，与意识形态紧密黏合，是意识形态在审美领地的诗性建构。文学成为孕育、生产、传达、表征、播撒意识形态的符号形式。文学内在地涵摄着意识形态的语义维度，与意识形态保持结构的同源性，是意识形态权力斗争的战场。总之，在西方马克思主义那里，文学成为意识形态的永久客体化对象，文学的审美结构被注入了绝对的政治性内涵。

西方马克思主义对文学语义、结构与功能的意识形态分析，必然将文学批评导向政治或意识形态批评。威廉斯认为文学批评的目的是分析、把握霸权，推动感觉结构的更新与共同文化的建构，"文化分析最有趣又最困难的部分是试图在霸权的那种能动的、构成性的但也是发生着变化的过程中把握霸权本身。艺术作品因其物质性和普遍性的特点，往往成为这种复杂证据的重要来源"[①]。本雅明将悲剧、小说等视为现代资本主义异化、破碎现实的寓言结构。他对 17 世纪巴洛克悲悼剧的分析，并非简单地怀旧，

---

① 〔英〕雷蒙德·威廉斯：《马克思主义与文学》，王尔勃、周莉译，河南大学出版社，2008，第 122 页。

而是对现代资本主义意识形态的揭橥与批判。对卡夫卡小说、波德莱尔诗歌以及布莱希特戏剧的论述，均彰显出本雅明政治批评的理路。阿尔都塞、马歇雷等认为文学是意识形态的密探，文学批评的目的是通过解读文学作品，制造意识形态断裂的效果。伊格尔顿认为一切文学批评都是政治批评。从政治或意识形态批评理论出发，伊格尔顿对理查逊的小说《克拉莉莎》展开征候式解读，认为克拉莉莎的悲剧命运折射出父权制、性压迫、资本异化、文化道德等多重意识形态主题。詹姆逊在《政治无意识：作为社会象征行为的叙事》中将政治视为文学批评的绝对视域，文学阅读和写作蕴含着政治无意识的运作，每个文本都是政治隐喻，它以矛盾的方式嵌入特定的政治经济结构内部，构成个人实际或潜在的社会关系。文本是政治无意识的象征形式，任何一部有影响力的文学作品都是特定时代集体愿望的象征性表征。文学批评的目的在于揭橥文学文本的政治性，提取文本中的意识形态素，进而展开批判性阐释。立足政治批评的视域，詹姆逊对巴尔扎克、乔治·吉辛、康拉德的小说展开意识形态的深入剖析，对第三世界文学，如中国作家鲁迅的《狂人日记》《阿Q正传》，塞内加尔小说家奥斯曼尼·塞姆班内（Ousmane Sembene）的小说《夏拉》（Xala）进行了文化政治的解读。通过文本政治的话语批评实践，西方马克思主义将文学带入永恒的政治属地，赋予其政治与意识形态意蕴。

西方马克思主义文学的政治批评，将美学与历史、马克思主义与形式主义结合起来。法兰克福学派的批评家，如阿多诺、马尔库塞、本雅明等，强调以新的文艺形式与技巧来更新感性意识，实现艺术的革命与政治潜能。威廉斯认为不应简单地将文学视为意识形态或审美形式，而是应回到中立的承认其复杂性的立场上。伊格尔顿认为庸俗马克思主义文学批评重内容轻形式的理论偏执，导致了其与形式主义之间裂痕的加深，"历史唯物主义可以解释艺术的起源和意识形态的内容，但是形式问题在某种程度上就必须移交给美学家来处理"①。真正的马克思主义批评并不是要拒绝对文学形式的唯心主义阐释，而是要思考如何改造并超越形式主义的美学原则。在

---

① 〔英〕伊格尔顿：《瓦尔特·本雅明或走向革命批评》，郭国良、陆汉臻译，商务印书馆，2015，第109~110页。

《马克思主义与文学批评》中，伊格尔顿进一步思考了文学形式问题，指出文艺中意识形态的真正承担者是作品的形式，而不是抽象的内容，一种文学新形式的出现也是意识形态的产物，文学审美形式与意识形态生产并非彼此分裂，而是辩证耦合的关系。詹姆逊的辩证批评，其中之一就是强调形式与内容的辩证统一性。在《政治无意识：作为社会象征行为的叙事》中，詹姆逊认为审美本身就是意识形态的，"审美或叙事形式的生产将被看作是自身独立的意识形态行为，其功能就是为不可解决的社会矛盾发明想象的或形式的'解决办法'"①。詹姆逊将审美形式称为"形式的意识形态"。本尼特受巴赫金历史诗学与对话哲学的影响，提出历史、辩证地理解形式主义，实现形式主义与马克思主义的创造性融合。本尼特在阿尔都塞、马歇雷、伊格尔顿、詹姆逊等人的理论中发现了形式主义与马克思主义对话的诸种可能，提出一系列理论计划。本尼特认为文学实践被特定的一系列物质的、经济的、政治的和意识形态的关系所模制，文学理论都是政治理论，但政治效应不是文本的绝对内容，而是必须放入特定历史情形之中展开分析。文学的政治效应由文学文本提供，所谓文本并非形式主义所言的"形而上学的文本"，本尼特将形式主义与马克思主义结合起来，努力构建政治批评与美学批评、历史批评与形式批评对话融合的批评机制与话语范式，推动了西方马克思主义文论政治化的良性发展。从文化政治出发，西方马克思主义深入探讨了文学形式与内容、内部研究与外部研究、美学与政治的关系问题，形成辩证多元的文化政治诗学形态。当然，作为一种文本政治、话语政治，西方马克思主义文论的局限性也较为明显，它更多停留于话语层面，未能有效地将文学审美形式的意识形态分析转化为具体的政治与革命实践，文学批评对意识形态的剥析与审美想象，不过是文化知识分子的一种审美意识形态镜像。如何通过文学批评话语的建构与播撒，传达出政治的不平等并诉诸自由的文化行动，以消除文化的差异与歧见，这是文化政治介入审美诗性领地的终极指归，也是西方马克思主义政治批评亟待进一步突破并解决的问题。

---

① 〔美〕詹姆逊：《政治无意识：作为社会象征行为的叙事》，王逢振、陈永国译，中国社会科学出版社，1999，第67~68页。

本书研究的主要内容如下。一是对文化、政治、权力、话语和意识形态等关键词展开研究，通过对这些核心关键词的梳理和分析，厘清文化政治的话语内涵。二是结合具有代表性的西方马克思主义文化理论家来反思文化政治理论的典型话语形态。本书主要选取葛兰西、威廉斯、阿尔都塞、詹姆逊、伊格尔顿、本尼特、约翰·费斯克等几个典型理论家的文化政治理论，对西方马克思主义文化政治的历时性发展逻辑与典型话语形态展开个案研究。三是从日常生活与审美文化等多重向度来分析西方马克思主义的文化政治理论，反思文化政治在日常生活理论、审美文化等方面的话语表现。四是结合西方马克思主义的文艺理论和批评实践，研究西方马克思主义的文化政治诗学理论。主要问题意识在于：通过对不同时期西方马克思主义重要文化理论家的研究，以史论结合的方式来追溯文化政治的理论谱系，分析文化政治的典型话语形态和理论内涵，进而从整体上把握西方文化知识分子对资本主义社会的文化反思和批判。

在结构内容的安排上，本书选择用典型个案、以点带面的方式展开研究，集中呈现出文化政治的理论内涵及其在不同时代、不同社会历史情境之中的话语质态和文化意义。比如葛兰西的文化政治理论就有别于威廉斯和阿尔都塞，但从历史层面而言又有着理论的延续性。本书虽然是对不同理论家的文化政治理论展开研究，但又重视不同文化理论家之间的理论联系、突破和变异的关系。而且，在进行个案研究时，本书将最初设计的多重问题融入理论反思之中，并从不同理论家的话语建构中发掘其对文化、政治与意识形态、话语、生活、身份等问题的理论思考。研究选取典型个案的依据如下。第一，葛兰西的文化领导权理论奠定了西方马克思主义文化政治的理论基础，也为西方文化研究的"葛兰西转向"提供了理论支持。第二，威廉斯的文化政治理论是文化唯物主义的典型话语形态，也是新左派文化政治理论的代表。第三，阿尔都塞的文化政治理论不同于威廉斯，是结构主义文化研究和文化政治理论的典型代表。阿尔都塞的文化政治理论，有助于认识结构主义文化政治的理论范式，也能更进一步理解斯图亚特·霍尔所提出的文化唯物主义与结构主义融合的文化研究理路。第四，詹姆逊和伊格尔顿代表了英美后现代主义文化政治理论，他们对后现代主义和消费文化的思考，集中表现出文化政治的后现代主义理论征候。而且，詹姆逊和伊格尔顿的诗学理论表现出强烈的政治批评导向，他们将文化政治理论同文学批评结合起来，推动了文化政治诗学的理论建构。第五，选择本尼特和费斯克作为英美后马克思主义文化政治理论的典型代表而非拉克劳与墨菲，是因为本尼特和费斯克对大众文化有着更为广泛深入的研究，他们推崇大众文化的积极意义和民主价值，特别是本尼特谈到的文化改革、文化治理等理论，对当代文化产业发展和文化治理实践有着诸多理论启示。第六，列斐伏尔的文化政治可以说是西方马克思主义日常生活政治的典型理论形态。集中思考列斐伏尔的日常生活理论，有助于我们深入理解西方马克思主义的日常生活理论和生活政治。由于不同的理论家分散于欧美各地，在时间和空间上缺乏直接的理论呼应。当然，如果从西方资本主义社会的整体性社会变迁和文化政治理论话语知识生产的历史谱系来看，不同理论家在文化政治理论的话语范式和知识域之间依然有着较为隐秘的逻辑关联，不同理论家相互交往对话，共同编织出西方马克思主义文化政治的历史与现实图景。

总之，本书主要结合文化、政治、权力、话语和意识形态这几个核心关键词，以典型文化理论家为个案，对文化政治的语义内涵及其理论的知识谱系进行全面深入的考察，总结理论的积极进步意义，并从马克思主义的历史唯物论与辩证法视域出发，对西方马克思主义文化政治理论的不足之处展开批判性思考。

第一章　西方马克思主义文化政治理论核心概念辨析

关于文化政治，西方学界主要有两种观点：一是将文化政治的衍生归结为意大利马克思主义者葛兰西的霸权理论。如克里斯·巴克说："实际上，葛兰西使文明社会中的意识形态斗争和冲突成为文化政治的中心舞台"①，"1970 年代和 1980 年代关于文化政治的讨论是在安东尼奥·葛兰西的词汇框架内形成的"。② 伊格尔顿认为，葛兰西的霸权理论促成了文化政治的诞生："'文化政治学'就此诞生。……大致说来，这就是意大利马克思主义者 A. 葛兰西所说的'霸权'。"③ 二是将文化政治的发明权归于英国的新左派。如弗兰西斯·马尔赫恩认为，新左派文化政治打破了自由人文主义将文化超越于政治的传统看法，发展出相反的方向："'文化'被理解为社会关系中意义的重要时刻，显然不再是自由传统中置于神龛中的实体，而被一般地赋予了一种相似的权威性。文化远不再受制于外在的政治考验，它本身已经是政治的了。据说这已经是一种更圆满的认识，是政党和纲领狭隘的习俗所无法理解的。"④ 事实上，文化政治并非单纯地来自哪一种理论，它是西方社会政治、经济与文化实践发展的理论产物，文化研究的蔚然兴起最终促成文化政治的产生。追溯文化研究的历史谱系，不管是阿诺德的文化与无政府主义思想，还是利维斯主义、英国的伯明翰学派抑或法

---

① 〔澳〕克里斯·巴克：《文化研究：理论与实践》，孔敏译，北京大学出版社，2013，第68页。

② 〔澳〕克里斯·巴克：《文化研究：理论与实践》，孔敏译，北京大学出版社，2013，第431页。

③ 〔英〕伊格尔顿：《理论之后》，商正译，商务印书馆，2009，第46页。

④ 〔英〕马尔赫恩编《当代马克思主义文学批评》，刘象愚等译，北京大学出版社，2002，第31页。

兰克福学派的文化批判理论等，都强调文化与政治、权力的关系，将文化研究视为介入社会和政治的抵制性话语策略。威廉斯指出："一种以文化形式开始的批评自我延伸成为适当的社会和政治批评。"① 西方马克思主义文化研究可以说就是一种广义的文化政治理论，西方马克思主义文化知识分子以文化政治的方式对资本主义文化体制和意识形态结构展开批判，力图在霸权的协商式结构中达成文化革命的目的。西方马克思主义文化研究通过重新思考文化、政治与权力等概念，将文化与权力进行话语接合，形成文化政治的话语形态和文化批评范式。要想深入理解西方马克思主义文化政治理论，必须首先厘清文化、政治、权力、话语、意识形态等关键词与核心概念的意义内涵。

一 文化的政治赋魅：文化政治理论对文化的定义

文化研究首先应该理解什么是文化，即如何为文化下定义的问题。文化政治理论同样应该先弄清楚文化的语义内涵。但是，从整个文化研究的历史谱系来看，文化的定义又显得十分繁杂、含混和多元，不同的文化理论家对文化秉持不同的理解。伊格尔顿认为"'文化'是英语中两三个最为复杂的单词之一"②，陆扬、王毅在《文化研究导论》绪论"文化的定义"开篇就直言："什么是文化的定义？这似乎是一个你不说我还明白，你一说我就开始糊涂的话题。"③ 可见，文化的语义较为复杂，不同时代的理论家对文化概念有着不同的理解和阐释。西方马克思主义文化研究理论究竟赋予文化怎样的理论内涵？文化政治语义结构中的文化又有着怎样特殊的所指？

文化研究的代表人物威廉斯曾在《文化分析》中对文化作出过较为详细的阐释，他认为文化主要有三种定义。一是理想的文化定义，即文化是

---

① 〔英〕威廉斯：《希望的源泉：文化、民主、社会主义》，祁阿红、吴晓妹译，译林出版社，2014，第41页。
② 〔英〕伊格尔顿：《文化的观念》，方杰译，南京大学出版社，2006，第1页。
③ 陆扬、王毅：《文化研究导论》，复旦大学出版社，2007，第1页。

人类完善的状态，是社会生活中和谐的秩序，一种人类永恒美好的价值与信念。二是"文献式"的文化定义，将文化视为知性的和想象作品的整体。三是文化的"社会"定义，将文化视为一种整体性的特殊生活方式：

> 根据这个定义，文化是对一种特殊生活方式的描述，这种描述不仅表现艺术和学问中的某些价值和意义，而且也表现制度和日常行为中的某些意义和价值。从这样一种定义出发，文化分析就是阐明一种特殊生活方式、一种特殊文化隐含或外显的意义和价值。①

约翰·斯道雷把英国文化研究的谱系追溯到阿诺德那里，在《文化理论与大众文化导论》中，约翰·斯道雷首先谈到"文化与文明"传统，这一传统主要指的是阿诺德、利维斯以及艾略特等人所开创的文化研究传统。阿诺德等对文化的定义，直接启发了威廉斯关于文化的前两种定义。阿诺德把文化描述为"世界上被思考并表达出的最好之物"，这里的"思考"，"被说成是指对道德完善和社会福祉的意义"。其中最值得注意的是，阿诺德所谓的文化，主要是作为人类"文明"的形式，被用来平衡"未受教化的"群众的混乱状态。当时，受这种文化观念影响的人们认为，社会需要精英阶层为文化艺术制定价值标准并进行文化批评，从而引领、推动社会文化的发展。利维斯和艾略特进一步提出了一种精英文化理论，利维斯推崇少数人文明，认为伟大的文化传统才能引领社会历史的发展；艾略特主要对高级文化感兴趣，他反对大众文化的传播和流行，认为大众教育与大众文化的传播会不可避免地造成一个无个性的大众社会。艾略特坚持认为，文化发展需要依靠超越阶级利益的知识精英的存在，依靠支持这些精英的世袭统治阶级的存在。与艾略特相似，利维斯认为文化是文明的顶点，而且是对一个有教养的少数人群的关注。在任何时代，具有洞察力的艺术欣赏与文学欣赏依赖于极少数人。利维斯是英国传统文化的捍卫者，具有强烈的怀旧情绪和保守思想。在他看来，在工业革命之前，英国社会拥有一个和谐的社会制度，在这种制度里，艺术表现着社会生活，但是工业革命、

---

① 罗钢、刘象愚主编《文化研究读本》，中国社会科学出版社，2000，第125~126页。

物质主义、现金交易关系等把这个社会彻底破坏了。所以他对蓬勃发展的大众文化充满敌意，厌恶资本主义精神。而且他认为，当代的社会危机并不是物质层面上的，而是主要表现为精神和文化上的危机。所以，拯救社会要依靠旧的社会制度的价值观的恢复，而要达到这样的文化目的，就需要通过社会的共同努力。对利维斯来说，这种努力应首先从文化理论家开始，因为文化理论家对社会有着特殊的洞察力，他们知道什么样的文化价值应该保留和发扬，并能确立文化发展和艺术创造的标准。阿诺德和利维斯拥趸精英文化而批判大众文化，利维斯甚至倡导少数人文明主导历史，推崇伟大的文化传统。他们虽然强调知识分子的超阶级属性，但他们关于文化的话语其实隐含着明显的阶级意识和权力区隔逻辑，即以少数精英知识分子的文化标准来裁判整个文化形态，将大众文化视为群氓文化。利维斯主义的基本立场是：文化始终是少数人的专利。斯道雷据此将阿诺德和利维斯的文化理论视为一种典型的文化政治："阿诺德的文化观对人们思考大众文化和文化政治的方式产生了深远的影响，占据了绝对的优势地位。""利维斯继承了阿诺德的文化政治理念，并应用这些理念来解决他所假定的20世纪30年代的'文化危机'。"①

威廉斯的文化定义并没有摒弃阿诺德和利维斯的"文化与文明"传统：

> 在文化作为一个术语而使用的过程中，意义和指涉的变化，不但必须被看做阻碍任何简捷和单一定义的一种不利条件，而且必须被看做一种真正的复杂性，与经验中的真实因素相一致。三种主要定义中的每一种都有一种重要的指涉，如果情况确乎如此，值得我们注意的是它们之间的关系。在我看来，任何充分的文化理论必须包括这些定义所指向的三个事实领域，相反，排除彼此指涉的任何一种特殊的文化定义，都是不完备的。②

但威廉斯更加突出文化的第三种定义，即文化作为一种整体性的特殊

---

① 〔英〕约翰·斯道雷：《文化理论与大众文化导论（第五版）》，常江译，北京大学出版社，2010，第27页。
② 罗钢、刘象愚主编《文化研究读本》，中国社会科学出版社，2000，第127页。

的生活方式。事实上，将文化定义为一种特殊的生活方式也并非威廉斯的首创。本尼特指出：

> 如果正如威廉斯所说的，事实上是随着泰勒，文化作为一种生活方式的概念进入了英语世界，那个时刻的突出特征是策略性的标准性被刻写在这个概念的核心，从而将独特生活方式建构成改革主义者的政府规划的对象：改革主义者致力于带来生活方式的调整转变，这也是他们的目标，也正是在这个意义上，他们被称为改革主义者。……在最常见的叙述中，都认为威廉斯的文化作为一种生活方式这一概念，将平等的价值和意义赋予构成所有社会群体和阶级的日常生活的文化信仰和实践，结束了阿诺德式的压制或文化淘汰性的定义。[①]

正是从泰勒、阿诺德等人的文化理论出发，并结合马克思主义的唯物主义思想，威廉斯丰富和发展了文化的复杂内涵，将文化视为一种整体性的特殊生活方式。这种文化观念和文化定义，既融合了阿诺德、利维斯等英国早期自由人文主义的文化理论与思想，同时又同马克思主义文化理论对接和融合。因为，作为一种生活方式的文化并非脱离社会境遇之外的甜美德行、优雅品位等，如阿诺德所谓的"甜美和光明的真正源泉"，而是同社会物质文化结构、阶级意识和整个权力制度密切相关。在《文化与社会》中，威廉斯既继承了阿诺德与利维斯将文化视为救赎英国社会的力量的思想，为文化研究注入了文化政治的批判性意识，又吸收了马克思主义的文化唯物主义思想，强调文化介入社会的功能，将文化视为"一场广大而普遍的思想与感觉运动"。[②] 如弗朗西斯·马尔赫恩所言："《文化与社会》似乎为我们对其内容作千差万别、有时甚至是互相冲突的理解提供了某些证据，而且我认为，它这样做完全是其核心目的——展开论战——使然，也就是说，其原初目的并不是为了将文化思想发展为某种立场或观点，而是

---

① 〔英〕本尼特：《本尼特：文化与社会》，王杰、强东红等译，广西师范大学出版社，2007，第184页。

② 〔英〕威廉斯：《文化与社会》，吴松江、张文定译，北京大学出版社，1991，第20页。

为了揭示其历史上一贯作为斗争场所这一事实。"① 在 1961 年出版的《漫长的革命》中，威廉斯提出社会有效变革是将工业革命、民主革命和文化革命结合在一起所形成的整体性革命。同工业革命、民主革命相比，威廉斯更加重视文化的"漫长的革命"，他认为，人们的全部生活方式，从社会形式到教育组织形式，从家庭结构到艺术创作和大众娱乐状态，多重文化的发展构成了人们主要的日常生活经验。威廉斯认为文化分析就是"要阐明一种特殊的生活方式——即一种特定的文化——中或隐或显的意义和价值"②。当然，威廉斯深知渗透于日常生活方式之中的文化意义和价值并非和谐统一的整体，而是一个充满矛盾斗争的场域，即表现为葛兰西所谓的霸权结构形态。

受马克思主义理论影响，威廉斯将早期英国文化研究的文化救赎论、马克思主义唯物论、西方马克思主义特别是葛兰西的霸权理论融合起来，形成文化研究的重要理论话语范式。威廉斯深刻认识到葛兰西的霸权理论对于文化分析的重要意义，并将这一标志性理论的引入视为文化研究理论的重要转向。文化概念最初在意指整体性生活方式时未能充分意识到文化领域和社会关系结构中的不平等、剥削和权力关系，而霸权则强调了文化中所存在的各种权力斗争的状况及其相互关系。文化与权力的接合共生，意味着文化研究必然转向文化政治的理论批判与文化实践。

立足于这种对文化的理论认识，威廉斯发展出文化唯物主义的思想。艾伦·新菲尔德在《政治莎士比亚：文化唯物主义论集》中曾如此理解文化唯物主义："文化唯物主义并不像许多的老式文学批评那样，试图把它的视角神秘化，让人感觉到它的视角是对所谓特定文本视角作出的自然、显见或正确的阐释。相反，它毫不讳言改造现存社会秩序的政治介入，现存社会秩序以种族、性别和阶级为借口对人们行剥削之事。"③ 威廉斯的文化唯物主义思想强调在马克思主义的历史唯物主义理论视野下考察和审视各

---

① 〔英〕弗朗西斯·马尔赫恩：《〈文化与社会〉之今与昔》，温秀颖、孙建成译，《国外理论动态》2009 年第 12 期。

② 〔英〕威廉斯：《漫长的革命》，倪伟译，上海人民出版社，2013，第 51 页。

③ Jonathan Dollimore and Alan Sinfield eds., *Political Shakespeare: Essays in Cultural Materialism*. 2nd. ed. Ithaca and London：Cornell University Press，1994，p. viii.

种文化现象："它是一种在历史唯物主义语境中强调文化与文学的物质生产之特殊性的理论。"① 文化唯物主义理论认为，文化本身就是一种物质性的东西或实践过程，或者说是连接经济基础与上层建筑的中介。文化不是抽象的上层建筑和意识形态的观念性存在，也不是漂浮于社会生活物质条件之外的精神范畴，而是社会过程本身，具有社会特性和物质属性。丹尼斯·德沃金认为，对于威廉斯而言，"文化理论是研究整体文化生活的各因素之间的关系，而文化分析是'试图揭示这个组织的性质，这个组织是这些关系的复合体'"②。总之，文化唯物主义认为文化不是抽象空洞的观念性存在或意识形态形式，而是以物质化的形态存在于社会结构和整个历史化过程之中。同时，威廉斯吸收了马克思主义的历史唯物主义思想、阶级革命和葛兰西的霸权理论等，致使文化同权力紧密相关，文化研究从英国传统文化理论的文化救赎论转变为以文化介入社会、以话语批判谋求文化权力的文化政治学。

西方马克思主义文化研究理论基本沿袭了威廉斯关于文化的主导性定义。理查德·约翰生认为："第一，文化研究与社会关系密切相关，尤其是与阶级关系和阶级构形，与性分化，与社会关系的种族建构，以及与作为从属形式的年龄压迫的关系。第二，文化研究涉及权力问题，有助于促进个体和社会团体能力的非对称发展，使之限定和实现各自的需要。第三，鉴于前两个前提，文化既不是自治的也不是外在地决定的领域，而是社会差异和社会斗争的场所。"③ 将文化视为差异和斗争的战场。约翰生的论述不再仅仅是将文化研究局限于特定阶级的意识形态结构之中，把文化政治视为夺取阶级文化霸权的工具和意识形态策略，而是将文化政治的批评拓展到多元、差异性的斗争领地，如性、种族、年龄等方面。斯图亚特·霍尔批判性反思了威廉斯和汤普森等人的文化理论，强调将文化主义和结构主义结合起来展开文化研究，以结构主义马克思主义的方式推动了文化研

---

① 〔英〕雷蒙德·威廉斯：《马克思主义与文学》，王尔勃、周莉译，河南大学出版社，2008，第 6 页。

② 〔美〕丹尼斯·德沃金：《文化马克思主义在战后英国：历史学、新左派和文化研究的起源》，李凤丹译，人民出版社，2008，第 130 页。

③ 罗钢、刘象愚主编《文化研究读本》，中国社会科学出版社，2000，第 5 页。

究的"葛兰西转向"。盖里·霍尔认为,文化研究"致力于从政治角度探讨文化-权力关系,同时也对自己与政治和权力之间的关系进行理论质询"①。伊格尔顿的《文化的观念》、詹姆逊的《文化转向:后现代论文选》等论著,都详细探讨过文化的概念,他们保留了威廉斯关于文化定义的主导性元素,比如文化作为整体性的生活方式、文化唯物主义的理论内涵、文化介入社会的政治与意识形态功能、文化与权力的关系结构、文化作为批判和斗争的场域等,但又结合后现代主义的社会文化机制与后结构主义理论,丰富、发展了文化的语义内涵和价值意义。

此外,需要特别强调英国文化研究理论家托尼·本尼特对文化的定义。本尼特虽然承续了威廉斯和英国文化研究的理论传统,也强调文化与权力的关系以及文化研究作为一种意识形态话语批判所具有的文化政治内涵,但同英国新左派文化理论与法兰克福学派批判理论相比,本尼特保持了更为宽容的态度。新左派的文化研究较为重视对资本主义社会文化上层建筑的批判性剖析,对意识形态所带来的权力压迫和各种文化不平等展开批判和解构。斯图亚特·霍尔认为,文化研究必须始终"坚持作为一种批判性的解构主义方案,总是不停地对自身进行反思性的解构"②。法兰克福学派的文化批判理论更是把理论矛头对准资本主义社会的异化现象和意识形态压抑性结构,以否定辩证法和批判理论作为思想武器。正是带着这种否定、批判和介入的姿态,英国新左派的文化研究者、德国法兰克福学派、法国的阿尔都塞学派、美国的詹姆逊等文化理论家都提出在资本主义社会推动文化革命。从某种意义上而言,文化成为政治与意识形态斗争的战场,或寄寓文化知识分子的社会主义情结与乌托邦幻象的"美丽新世界"。本尼特的文化理论中同样保留了文化研究中的"葛兰西向度",即强调文化中的"霸权"效应。但本尼特又充分借鉴和吸收了法国思想家福柯的治理理论,并将福柯的治理理论和葛兰西的霸权理论融合起来,提出文化作为改革者的科学。

---

① Gary Hall, *Culture in Bits: The Monstrous Future of Theory*, London and New York: Continuum, 2002, p. 10.

② David Morley and Kuan-Hsing Chen ed., *Stuart Hall: Critical Dialogues in Cultural Studies*, London and New York: Routledge, 1996, p. 150.

本尼特强调文化与权力的关系，以及文化研究的文化政治功能，但他又试图超越传统文化研究那种狭隘的"葛兰西向度"而向福柯倾斜，通过运用福柯的治理理论，赋予文化和审美以政策性治理和自我治理的文化内涵。在本尼特那里，文化被构想为既是治理的对象又是治理的工具。"文化研究在给文化下定义时指出了与狭义的审美意义相对的威廉斯的广义文化定义的丰富的人类学意义。""我想提出，如果把文化看作一系列历史特定的制度地形成的治理关系，目标是转变广大人口的思想行为，这部分地是通过审美智性文化的形式、技术和规则的社会体系实现的，文化就会更加让人信服地构想。"① 这就意味着，文化研究并非只具有文化批判的意识形态功能，同时还承担着文化政策制定、文化治理和文化改革等方面的工作，文化变成了一种审美地塑造主体的技术。文化既同葛兰西所谓的霸权相关，同时又承担塑造整个社会审美意识、文化价值观的功能。换句话说，文化研究并非仅仅是批判的，还需要贡献出文化建设的力量。正是立足于这样的文化观念，本尼特认为知识分子也并非仅仅只是葛兰西所谓的抵抗的知识分子，抑或萨义德等人所谓的那种完全站在意识形态对立面的批判型知识分子。在文化研究中，大量对于知识分子的理解来自浪漫主义时期而非当代知识分子的知识模式。传统文化理论习惯于将知识分子视为权力和意识形态的对立面，这种对立模式无法解决当代西方社会中知识分子角色的变化以及他们与政府和社会的复杂关系。引入治理模式意味着整个权力的生产和运作是自上而下与自下而上的辩证运动，而非单向度的霸权行为。政府的文化治理、知识分子的文化管理与文化改革策略、市民社会文化主体的自我治理互相交织融合成为整体性的文化生活方式。这也就意味着，文化知识分子不能走向抽象化的道德与审美批判，而是要深入经济基础、物质生产实践和市民社会具体的文化管理之中，让文化批判的介入性力量真正发挥出文化治理和文化改革的作用。

---

① 〔英〕本尼特：《本尼特：文化与社会》，王杰、强东红等译，广西师范大学出版社，2007，第 163 页。

二　别样的政治：文化政治的多重
"政治"话语图景

文化成为政治的结构、载体与象征性符码，政治嵌入文化的皱褶，弥散成权力的根须，形构出文化多元错杂的意义版图。一种别样的政治话语——文化政治就此形成。鲍曼在《后马克思主义与文化研究》中说："文化研究关注的是政治——事实上，它本身就是某种形式的政治：文化政治；这不是'严格意义上'的政治，不是议会政治或国家政治。相反，它密切关注的是文化中基本的偶然性、文化的可变性、强制性以及可塑性，后者证明了通常所说的文化在构成上的政治性。"① 很显然，文化政治不同于通常所说政治文化、政治制度、阶级政治之"政治"。传统意义上的政治，主要指围绕经济基础、上层建筑、国家机器、阶级革命等形成的宏大政治理念与政治实践。亚里士多德的《政治学》所提出的"人是政治的动物"之政治命题，主要指的是政治文化，如国家政体的构建和变革，平民政体、城邦等政治问题。马克思、恩格斯的"政治学"主要指国家政治、阶级政治与革命政治，马克思批判"政治冷淡主义"，认为工人应通过罢工以及革命专政这种实用政治来获得无产阶级政权，最终实现社会主义政治理想。阿尔蒙德如此定义政治文化："政治文化是一个民族在特定时期流行的一套政治态度、信仰和感情。这个政治文化是由本民族的历史和现在社会、经济、政治活动的进程所形成。人们在过去的经历中形成的态度类型对未来的政治行为有着重要的强制作用。"② 政治文化所谓的政治，虽然也关涉民众的态度、信仰和情感等文化意识结构，但主要指向民族、国家和社会的宏大政治以及围绕这种宏大政治所建构的意识形态机制。文化政治祛除了总体性政治的宏大叙事逻辑，解构国族政治的权力结构，消弭阶级政治的

① 〔英〕保罗·鲍曼：《后马克思主义与文化研究：理论、政治与介入》，黄晓武译，江苏人民出版社，2011，第40页。
② 〔美〕阿尔蒙德、〔美〕鲍威尔：《比较政治学：体系、过程和政策》，曹沛霖等译，上海译文出版社，1987，第29页。

现实革命与乌托邦激情，力图在微观生活世界重构主体与权力的文化关系。约翰生说："文化研究和写作都是政治活动，但不是直接实用的政治。"① 如何理解作为一种文化介入、文化批判、文化抵制和文化治理的政治？

　　同宏大的政党政治、阶级政治与革命政治相比，文化政治因权力的弥漫性征候而转变成为一种微观政治。葛兰西将霸权斗争放在微观的市民社会领地，提出文化霸权的概念。威廉斯在阐释葛兰西霸权概念时指出："霸权或多或少总是由各种彼此分离的甚至完全不同的意义、价值和实践适当组织结合而成；依赖这些，霸权具体地组构为有意义的文化和有效的社会秩序。这些意义、价值和实践本身体现了经济现实的那些活生生的意志（从广义上讲，即政治意志）。"② 葛兰西的文化霸权理论非常明确地强调了文化政治的微观性特征，即统治阶级要想获得统治的政治合法性，不能单凭国家机器的霸权效应，而是应从市民社会的微观领地出发，通过一系列的文化建设和文化策略来获得民众的政治认同。福柯在《〈反俄狄浦斯〉序言》中说："〔必须〕把政治行动从一切统一的、总体化的偏执狂中解脱出来。通过繁衍、并置和分离，而非通过剖分和构建金字塔式的等级体系的办法，来发展行为、思想和欲望。"③ 文化政治对微观、局部、边缘的重视，体现出新的政治思想，即哪里有权力，哪里就有政治。文学创作、文化生产、生活消费、视像传媒、区域地缘、人际代沟、快感享受等都弥散出政治的气息。贝斯特、科尔纳提道："早先对转换公共领域和统治制度的强调让位于新的、对文化、个人的身份和日常生活的强调，正如宏观政治被局部转换和主观性的微观政治所替代。"④ 作为一种微观政治，文化政治更为强调市民社会的文化批判和文化抵制，通过文化批判与抵制的话语力量，介入社会文化肌理的纵深处，去破译文化现象、文化结构、身体表象、情感结构之中的权力踪迹或政治无意识，揭露社会异化和文化压迫，推动文

---

① 罗钢、刘象愚主编《文化研究读本》，中国社会科学出版社，2000，第9页。
② 〔英〕雷蒙德·威廉斯：《马克思主义与文学》，王尔勃、周莉译，河南大学出版社，2008，第123页。
③ 转引自〔美〕贝斯特、〔美〕凯尔纳《后现代理论：批判性的质疑》，张志斌译，中央编译出版社，1999，第70页。
④ 〔美〕贝斯特、〔美〕科尔纳：《后现代转向》，陈刚等译，南京大学出版社，2002，第362页。

化改革和文化治理的进程，进而引领文化朝着更加民主、自由、公平和正义的方向发展。

文化政治关注日常生活的意义实践，强调在世俗化的日常生活世界达成个体的救赎与解放，是一种典型的生活政治。吉登斯认为："生活政治关涉的是来自于后传统背景下，在自我实现过程中所引发的政治问题。"① 作为一种生活政治的文化政治要求重新认识日常生活中的权力谱系，甄别主体、身份、身体、性别、性等话语中的政治意义，从而在日常生活界域展开文化介入、文化批判和文化抵制。西方文化研究非常注重日常生活研究，像列斐伏尔、德·塞托、赫勒等人都对日常生活展开了广泛深入的研究。在列斐伏尔那里，日常生活变成了一个"深思熟虑的目标和一个组织化的领地"，在日常生活中，恐怖和暴力并非直接以统治性国家机器的方式输出，"恐怖是弥散的，暴力通常是潜在的，压抑从四面八方施加于其成员之上，要想逃避和转移其压抑必须有超人之力"②。列斐伏尔认为，随着现代社会的发展和文化权力结构的变化，"日常生活已经取代了经济模式，作为普遍的阶级战略结果的日常生活已经取得优势，必须通过政策宣传以及带有经济和政治意义的文化革命来对待"③。列斐伏尔写出了三卷本的《日常生活批判》，试图通过日常生活批判来重审资本主义社会的异化问题："因为日常生活已经包含了和构成了政治生活批判，因为日常生活批判就是政治生活批判，所以，日常生活批判包含了政治生活批判。"④ 由于文化政治理论强调文化权力的弥散性以及文化对社会关系、文化身份甚至阶级意识的再生产逻辑，而这些文化问题必然地同日常生活世界紧密相关，这也就意味着，文化政治研究不可能脱离日常生活这个最根本的文化和意识形态土壤。法国的文化理论家德·塞托提出文化抵制理论，他所谓的抵制并非

---

① 〔英〕安东尼·吉登斯：《现代性与自我认同：现代晚期的自我与社会》，赵旭东、方文译，生活·读书·新知三联书店，1998，第252页。

② Henri Lefebvre, *Everyday Life in the Modern World*, New York: Harper & Row, Publishers, 1971, p. 147.

③ Henri Lefebvre, *Everyday Life in the Modern World*, New York: Harper & Row, Publishers, 1971, p. 197.

④ 〔法〕列斐伏尔：《日常生活批判》第1卷，叶齐茂、倪晓晖译，社会科学文献出版社，2018，第86页。

我们所理解的那种暴力反抗，而是大众在日常生活中运用微观的文化表意实践和话语展开的文化反抗。德·塞托的抵制理论同福柯的权力思想有联系，他用了一个军事上的比喻，指出大众文化就像一场游击战，支配文化生产的阶级集团装备精良，是军力非凡的正规军，而大众就像是小规模的游击队，采取的是弱者的战术，是在用微弱的抵抗来武装和保护自己。抵制理论谈的也是权力问题，但这是一种自下而上的权力，是来自日常生活的政治。德·塞托认为，上面的控制越强，下面的抵制就越大。在文化领域中，文化产品常常是强加给大众的，但大众诚然无法决定文化的生产，却可以选择文化消费。大众在日常生活中使用文化商品时，可以随心所欲、为我所用，拥有充分的文化选择自主权，这就是大众的文化抵制力量所在，也是日常生活政治的典型表现。

文化政治祛除了革命政治、阶级政治和政党政治的历史总体性意识，认同多元、差异和歧见的政治理念。科尔内·韦斯特指出："新的差异文化政治的显著特点是以多样性、多元性和异质性之名抛弃单一和同质；依据具体、特别和特殊拒斥抽象、一般和普遍；通过突出偶然性、临时性、可变性、试验性、转换性和变化性实行历史化、语境化和多元化。"[①] 强调差异性与多元性，意味着反总体性与同一性。对多元化、差异性的追求，使文化政治带有了明显的反宏大叙事、反本质主义与后现代征候。差异政治以差异的意识形态征召、传唤主体，培育民主、平等、互涉、交往、对话的文化政治意识。这种差异性政治，同时也可以说是一种后现代主义的文化政治。伊格尔顿、詹姆逊等人的后现代主义文化理论，强调从微观和差异性的政治立场出发，批判性思考后现代主义与消费社会的大众消费主义文化现象。乔纳森·克拉克在《詹姆逊的后现代马克思主义》中说："后现代主义者往往采纳微观理论或微观政治研究，偏重多样性、复数性、碎片以及不确定性，借以取代整体性和普适性理论。"[②] 朗西埃直接将政治理解为歧见、异质性的话语冲突与日常生活中感性分享的权力意识，"政治主体的生命就在于语音和肉体之间的距离、在不同身份之间的间隙。叙事和文

---

① 罗钢、刘象愚主编《文化研究读本》，中国社会科学出版社，2000，第145页。

② 王逢振主编《詹姆逊文集第1卷：新马克思主义》附录1，中国人民大学出版社，2004，第373页。

化的概念把主体化就归结为一种同一化，而平等的运作则是差异的运作"①。歧见和差异的产生，各种纷争以及围绕这种纷争所产生的对话语的争夺，对感性的分享构成了朗西埃所谓的政治。只不过这种歧见的政治是感性政治、生活政治和差异政治。后现代主义与后马克思主义通过向同一性开战、解构总体性的批判策略，形构出多元差异的文化政治版图，如女性主义政治、身份政治、族裔政治、地缘政治等。

文化政治强调话语的权力属性和话语批判的政治效度，使文化政治带有明显的话语政治内涵。话语政治将理论、话语斗争局限于上层建筑和意识形态领地，力图通过理论批判和话语交锋实现其文化功能或意识形态目的。简单而言，话语是指蕴含着权力所指的语言表征系统和言语实践。阿尔都塞赋予话语明显的政治意味，费雷特在《导读阿尔都塞》中分析阿尔都塞意识形态理论时指出："意识形态就是我们用它的语言来理解我们经验的一套话语——它构成了我们的经验世界，我们的'世界'本身。"② 此外，像威廉斯、霍尔、本尼特以及后马克思主义文化理论研究者等，都强调文化研究的"话语转向"，都试图将一切社会文化、一切制度性的存在接合在话语和文本中。如拉克劳、墨菲"把所有的实践都概念化为仅仅是一种话语；它把所有的历史行动者看作是由话语所建构的主体性；它只谈及位置性而不谈及确定的地位，它只探察具体的个体被召询到不同的主体位置中的方式"③。本尼特将语境视为一组基于物质、制度性存在并产生作用的话语规范系统，"阅读构型意指一系列话语的、文本间的限定作用，它们组织和激发阅读实践，把文本和读者用一种特殊方式联系起来，读者是特定类型的阅读主体，而文本是以特定方式被阅读的客体存在"④。在一些后马克思主义的文化政治理论中，话语的分析甚至取代了意识形态分析。当文化批判被局限于话语领地时，文化研究的政治就转换为彻头彻尾的话语政治。话语政治更多立足于理论和话语在表征领域的论争，看重话语世界的权力

① 〔法〕朗西埃：《政治的边缘》，姜宇辉译，上海译文出版社，2007，第58、59页。

② 〔澳〕卢克·费雷特：《导读阿尔都塞》，田延译，重庆大学出版社，2014，第96页。

③ 〔美〕斯图亚特·霍尔：《接合理论新马克思主义：斯图亚特·霍尔访谈》，周凡译，周凡、李惠斌主编《后马克思主义》，中央编译出版社，2007，第201页。

④ Tony Bennett, "Texts in History: The Determinations of Reading and Their Texts", *The Journal of the Midwest Modern Language Association*, 1985 (1), p. 7.

对抗与文化意义世界的抽象平等，最终陷入话语唯心主义的理论困境。

三　文化与权力的接合：文化政治理论的权力观探析

文化政治的生成，同权力在日常生活与文化实践中的介入、繁殖、流转与抵抗等活动密切相关。权力始终没有放弃对日常生活与文化世界的觊觎，特别是在后现代主义与消费社会，伴随着大众文化的流行，权力的根须早已遍布文化的肌理。"权力已经变成了文化研究中重要的术语，并且被用来解读全部的文化实践和产品。所以，如果我们一般地把政治看做权力关系的领域，那么，'政治'的含义就扩展到了包括所有的社会和文化关系，而不仅仅是阶级关系。"[①] 克里斯·巴克认为："文化领域中的意义和真理是在权力模式中构成的。"[②] 如何理解文化政治理论所说的权力？它同传统的权力观有何差异？究竟应该如何看待文化和权力的关系问题？

很显然，在文化政治的理论反思与话语实践中，权力不再指称那个源自总体与中心的制度性律令、宏大政治的规训、法律的禁锢等，而是成为弥散在知识、话语之中的意义、关系与规则。这种权力观明显受福柯思想的影响，福柯认为传统的权力观过于强调"本源"，将权力视为统治阶级掌控的高高在上的东西，其本质是统治、规训和压迫被统治阶级。福柯批判了现代社会流行的"权力理论中的经济主义"："我指的是，在古典的、法制的理论中，权力被视为权利，我们可以像商品一样拥有它，我们也可以把它的部分或整体进行移交和转让，通过确认权利的合法的程序，例如签订合同。权力是具体的权力，每一个人都拥有它，权力的部分或总体的转让使政治权力或主权得以确立。这一理论框架主要建立在这样一种观念的基础上，即政治权力的构成遵循合法交易的模式，这种合法交易的模式包

---

① 〔英〕阿雷恩·鲍尔德温等：《文化研究导论》，陶东风等译，高等教育出版社，2004，第229页。

② 〔澳〕克里斯·巴克：《文化研究：理论与实践》，孔敏译，北京大学出版社，2013，第430页。

含了合同形式的交换。"① 当权力的角色主要用于维持生产关系以及生产关系的发展和特定形式带来的阶级统治时，权力的经济功能就会出现，这其实是关于权力的一种宏大叙事。福柯同样反对将权力看作政治、法律、国家机器等上层建筑衍生的强制性律令和惩戒性法则，"如果我们在看待权力的时候，仅仅把它同法律和宪法，或者是国家和国家机器联系起来，那就一定会把权力的问题贫困化。权力与法律和国家机器非常不一样，也比后者更复杂、更稠密、更具渗透性"②。在福柯那里，权力同知识、话语和各种治理的技术相关。正是这种关于权力的理论影响了许多西方马克思主义文化理论家。

考察西方文化政治理论特别是权力理论时，葛兰西的霸权理论是绕不过去的话语界碑，是西方文化政治权力分析的主导范式。不管是英国新左派的文化研究理论，还是后马克思主义文化研究，都同葛兰西所谓的霸权相关。霸权理论揭示出一种新的权力观念，首先，权力是一种动态的关系，伴随着社会内不同集团和阶级互相作用而动态生成。沃尔夫莱认为，"葛兰西强调霸权的能动性，强调在他人统治的一些集团内部政治社会统治的过程和发展，而非强调比较静止的社会和经济关系"③。其次，权力不再只是作为强权自上而下进行统治，而是以非强制的方式涵盖、弥散到经济、政治、文化的整个社会。最后，葛兰西将权力的来源与作用范围延伸到意识形态。伊格尔顿说"因此，霸权并不仅仅是一种成功的意识形态，但也可以区分成意识形态、文化、政治和经济等方面。……霸权也寓于文化、政治和经济形式之中——在非话语实践和修辞表达之中"④。某一阶级或集团可以通过意识形态手段使得民众自觉认可，同时通过经济、政治等多种方式获得支持与认同。葛兰西的霸权理论关注权力是如何在意识形态中运作，并对这问题进行了理论性的阐述。文化霸权并非从单一固定的中心出发，而是不同集团之间的对峙、妥协、联合，以"阵地战"的形式争夺教育、传媒、文化、意识形态等领域的领导权。葛兰西深刻认识到，在现代资本

---

① 〔法〕福柯：《权力的眼睛：福柯访谈录》，严锋译，上海人民出版社，1997，第 223 页。

② 〔法〕福柯：《权力的眼睛：福柯访谈录》，严锋译，上海人民出版社，1997，第 161 页。

③ 〔美〕沃尔夫莱：《批评关键词：文学与文化理论》，陈永国译，北京大学出版社，2015，第 105 页。

④ Terry Eagleton, *Ideology: An Introduction*, London: Verso, 1991, pp. 112, 113. 转引自〔美〕沃尔夫莱《批评关键词：文学与文化理论》，陈永国译，北京大学出版社，2015，第 109 页。

主义社会，以统治性国家机器为象征的政治权力，通过非强制的文化方式辐射、弥散到市民社会的日常生活之中。这意味着，文化研究不得不面对文化意义世界的权力问题。

除了福柯与葛兰西之外，阿尔都塞的意识形态理论以及他对权力的看法也深刻影响了西方文化研究。阿尔都塞批判地继承了马克思、列宁和葛兰西关于国家和意识形态的理论遗产，并结合西方精神分析学理论，从结构主义的理论视域出发，提出意识形态国家机器的概念。阿尔都塞认为，劳动力再生产除了劳动力技能再生产以外，还需要再生产人们对统治意识形态的归顺心理和认同意识，以及进行剥削和压迫的代理人操纵统治阶级意识形态能力的再生产。这种理论与意识形态的再生产和整个社会关系的再生产必须由意识形态国家机器具体操作执行。统治性的国家机器所采用的权力模式更多呈现为强制性和单向度性，其效能就是听命和服从。但正如福柯所言，现代国家治理的权力模式已逐步从统治的权力向治理的权力模式转变，即统治者不可能完全采用暴力和强权的方式进行统治，而必须改造权力的结构和形态。福柯认为，蜂王统治蜂巢并不需要刺，好的统治需要的不是剑和血，而是知识和实践，是一系列治理性技艺。阿尔都塞也指出："为了维护它的权力，统治阶级必须改造权力，使之从暴力的基础转到同意的基础上来。依靠其臣民的自由的、习惯性的同意，这个统治阶级需要启发一种不能只用武力来维持的顺从。永远矛盾着的意识形态体系就是为这个目的服务的。"① 可见，意识形态国家机器生产柔性的权力，通过对主体精神、情感、想象世界甚至是无意识的唤询，形成意识形态的认同性机制和统治阶级权力的合法性。此外，阿尔都塞认为，意识形态的生产主要由意识形态国家机器承担，而意识形态国家机器更多地是以文化教育、理论知识和话语生产的方式来再生产统治阶级的意识形态，这同时也就意味着，意识形态权力必然会以文化形式嵌入日常生活乃至整个表象体系之中。当然，哪里有权力的生产，哪里就会有权力的抵抗，矛盾、博弈和对抗是权力关系的永恒本质。正是权力在文化场域的幽灵化，使文化研究带有了浓厚的文化政治色彩。

---

① 陈越编译《哲学与政治：阿尔都塞读本》，吉林人民出版社，2003，第239页。

福柯、葛兰西与阿尔都塞等人的文化理论为西方文化研究和文化政治批评提供了诸多可资借鉴的话语资源，他们对于权力的看法直接影响了文化研究的权力观及文化批评的话语范式。文化研究之所以会演变为文化政治，主要是因为文化和权力的结盟，或者说文化理论家从权力的视角重新思考文化与意识形态问题，从而为文化意义世界注入了政治内涵。文化同政治的联姻催生出文化政治，现代权力的弥散性、差异性、多元性和生产性等属性又推动文化政治朝着微观政治、差异政治、日常生活政治和话语政治的方向发展。而且，作为一种权力的话语表征形态，文化政治强调文化批判、文化抗争和文化抵制。如福柯所言，没有反抗就没有权力关系，没有权力的生产、流通和斗争就没有真正意义上的自由。文化政治充分吸纳了权力的反抗性元素，力图以文化批判、文化抵制、文化革命和文化治理的方式，对资本主义社会异化与不平等的权力关系进行诊断和剖析，以共同文化的理想和价值观诉求推动文化的变革。

四　话语的政治：文化政治理论中的话语概念

如果对西方马克思主义的文化批判理论和文化政治思想作一个总体性观照的话，就可以明显看出，西方马克思主义的文化政治是典型的话语政治，他们对文化的权力分析和微观政治的介入，基本都是通过话语的中介，以话语的媒介机制达成文化的抵制、对抗、交流与融合的表意实践。这里所谓的话语，不同于索绪尔提出的语言和言语概念，而是更多源自福柯的话语和权力理论，以及葛兰西的文化领导权思想等。换句话说，西方马克思主义文化批评的话语政治范式，主要表现为不同阶级、群体在文化领导权争夺的历史进程中所展开的话语生产、话语接合、话语交流和话语批判等实践形态。通过话语分析，厘清文化场域中的各种权力弥漫的根须，从而破除权力构筑的意识形态压抑结构，进而为文化改革实践寻求理论与意识形态的合法性。就此而言，话语可以说同权力、意识形态等概念密切相关。如布尔迪厄所言："语言不仅是交流的工具乃至知识的工具，而且也是权力的工具。一个人不仅追求被理解，而且也追求被相信、被服从、被尊敬、被认出。由此，才能的完整定义就是说话的权利，即对于正当的语言、被授权的语言、权威的语言的权利。才能意味着强迫接受的权力。"① 文化研究中的话语理论，强调的不是语义问题，而是语用问题以及这种言语实践在权力生成和流转过程中所发挥的意识形态功能。西方马克思主义者普遍认为，话语实践有着特定的社会文化和意识形态语域，而这种文化和意识形态语域又受到权力的影响，微观的权力踪迹弥散在话语的文本肌理和意义链之中，话语变成了意识形态与政治无意识的表征。这就意味着，文化研究应该注重考察一个时代的话语结构和话语范式，追溯话语背后的主导性权力结构，剖析话语生产过程中的权力冲突和接合的内在理路，思考话语实践所带来的文化改革与文化治理效能。在论述西方马克思主义的话语理论之前，我们简要回顾索绪尔的语言学理论，马克思、恩格斯对语言问题的认识以及福柯等人的话语理论。通过对话语理论的简单考察，反思西方马克思主义话语政治生成的理论基础。

索绪尔的语言学强调的是对语言的本体论研究。为了界定语言学研究的对象，索绪尔将语言划分为三个方面：作为形式结构系统的语言，个体的言说行为——言语，言语活动。语言是"通过言语实践存放在某一社会集团全体成员中的宝库，一个潜存在每一个人的脑子里，或者说得更确切些，潜存在一群人的脑子里的语法体系"②。而"言语活动是多方面的、性质复杂的，同时跨着物理、生理和心理几个领域，它还属于个人的领域和社会的领域"。索绪尔认为，其他科学将言语活动作为研究对象是错误的，言语活动缺乏作为一个具有自主性的实体所应有的内在统一性和有效性，不是人们所能观察得到的，无法作为语言学的研究对象。所以应该注意书面文献，"一开始就站在语言的阵地上，把它当作言语活动的其他一切表现的准则。事实上，在这许多二重性当中，看来只有语言可能有一个独立的定义，为人们的精神提供一个差强人意的支点"③。索绪尔由此确定了语言学研究的范围和对象："关于语言的定义是要把一切跟语言的组织、语言的

---

① 〔法〕布尔迪厄：《语言交流的经济学》，转引自〔英〕汤普森《意识形态理论研究》，郭世平等译，社会科学文献出版社，2013，第42~43页。
② 〔瑞士〕索绪尔：《普通语言学教程》，高名凯译，商务印书馆，2017，第21页。
③ 〔瑞士〕索绪尔：《普通语言学教程》，高名凯译，商务印书馆，2017，第16页。

系统无关的东西，简言之，一切我们用'外部语言学'这个术语所指的东西排除出去的。"① "语言学的唯一的、真正的对象是就语言和为语言而研究的语言。"② 正是立足于语言这个对象，索绪尔指出语言学的任务就是研究语言的系统、结构以及语言组织之间的各种关系和规律。"语言是一个系统，它只知道自己固有的秩序。"③ "构成语言的符号不是抽象的事物，而是现实的客体。语言学研究的正是这些现实的客体和它们的关系。"④ 正是这种理论导向，使索绪尔的语言学更多地倾向于内部语言学和共时性的语言学研究。索绪尔认为，对语言结构、系统、关系和规律的研究能够形成科学的语言学理论。

索绪尔虽然强调对语言结构系统和规律等方面的研究，但并没有忽视对言语和言语实践问题的探讨，他从六个方面论述了语言和言语的区别。一是系统与个别。索绪尔认为，语言是一个有机的整体，一种符号系统，言语则是个别的和暂时的。语言是由符号形成的规则系统，言语则是运用语言规则的具体活动，二者就像电码与发报、交响乐与演奏的关系。二是下意识与意识。语言是下意识、被动的，而言语则是有意识和主动的实践。三是社会与个人。语言是言语活动的社会部分，言语则是其个人部分。四是同质与异质。"言语活动是异质的，而这样规定下来的语言却是同质的。"⑤ 言语中的社会性、心理性和人文性的意义和价值，往往随着历史而变迁，所以难以对其进行科学研究。五是主要和从属。语言是言语活动中的主要部分，言语则是其中的次要、从属部分。六是稳定（相对静止）与运动。语言是社会集体在不断的循环反复中确定下来的约定俗成的全部语言习惯，是言语活动事实的规范，一经形成，一般就相当稳定，不会因为个人或者集体的想法轻易改变。言语是个人对语言系统的具体运用，随使用者的意志、学识和所处的具体语境等形成不同的表现，处于不断的运动变化之中。语言和言语既有区别，又有必然的联系："这两个对象是紧密相

① 〔瑞士〕索绪尔：《普通语言学教程》，高名凯译，商务印书馆，2017，第30页。
② 〔瑞士〕索绪尔：《普通语言学教程》，高名凯译，商务印书馆，2017，第324页。
③ 〔瑞士〕索绪尔：《普通语言学教程》，高名凯译，商务印书馆，2017，第33页。
④ 〔瑞士〕索绪尔：《普通语言学教程》，高名凯译，商务印书馆，2017，第141页。
⑤ 〔瑞士〕索绪尔：《普通语言学教程》，高名凯译，商务印书馆，2017，第23页。

联而且互为前提的：要言语为人所理解，并产生它的一切效果，必须有语言；但是要使语言能够建立，也必须有言语。从历史上看，言语的事实总是在前的。……我们总是听见别人说话才学会自己的母语的；……促使语言演变的是言语……语言和言语是互相依存的；语言既是言语的工具，又是言语的产物。"① 索绪尔辩证分析了语言和言语的关系问题，结合他的语言学理论可以看出，索绪尔更加倾向于研究语言静态稳定的结构系统和符号规则，这种带有结构主义理论意识的语言学方法论也影响了西方结构主义哲学和文化研究的理论范式。而且，索绪尔虽然没有重点研究言语问题，但他对言语的那种社会性、历史性、心理性等方面特征的思考，也对西方话语理论产生了很大的影响。比如埃米尔·本维尼斯特开始将话语与语言的结构性进行比较，认为结构主义语言学强调和关注的是句子的结构和组织，如果对一个句子进行分析，主要是关注它的结构性和系统性，这种研究就是对语言的研究。如果将其作为交际的工具来看待，我们则应将其称之为话语。法国学者乔治-埃利亚、萨尔法蒂在其所著的《话语分析基础知识》中指出，话语是一种"实际应用的言语活动，由说话主体承担的语言。等同于'言语'，话语这个词应用于语言的书面或口头的现实化。与'语言'——潜在的交流符码——相对应，话语通过各种不同的用法，将其组成现实化的交流"②。需要指出的是，这些语言学家虽然突出了话语的使用和事件性质，但还没有将其同权力分析和意识形态结构联系起来思考。

　　马克思在批判德意志意识形态的虚假性时强调指出，语言、词句并不是抽象的符号，而是具有物质性、历史性和实践性等方面的内涵。马克思认为，人具有意识，但这种意识并非一开始就是纯粹的意识，"'精神'从一开始就很倒霉，受到物质的'纠缠'，物质在这里表现为振动着的空气层、声音，简言之，即语言。语言和意识具有同样长久的历史；语言是一种实践的、既为别人存在因而也为我自身而存在的、现实的意识。语言也和意识一样，只是由于需要，由于和他人的交往的迫切需要才产生的"③。

---

① 〔瑞士〕索绪尔：《普通语言学教程》，高名凯译，商务印书馆，2017，第28页。
② 〔法〕乔治-埃利亚、〔法〕萨尔法蒂：《话语分析基础知识》，曲辰译，天津人民出版社，2006，第7页。
③ 《马克思恩格斯文集》第1卷，人民出版社，2009，第533页。

马克思强调语言的物质性、实践性、社会历史性、工具性以及交往性等方面的属性。语言符号的产生以及具体的言语实践活动，包括理论的生产等都离不开具体的社会历史和实践，离不开真实的现实生活和社会关系结构。马克思在《德意志意识形态》中批判青年黑格尔派的理论是用词句反对词句，"如果说，他们之中最年轻的人宣称只为反对'词句'而斗争，那就确切地表达了他们的活动。不过他们忘记了：他们只是用词句来反对这些词句；既然他们仅仅反对这个世界的词句，那么他们就绝对不是反对现实的现存世界"①。在马克思看来，资产阶级意识形态之所以虚假，正在于那些唯心主义的意识形态专家从词句到词句，从理论到理论，并没有真正关注语言和言语实践背后的社会历史内容，意识形态作为更高地悬浮在空中的领地完全成了意识和观念的虚构，而语言、词句在意识和观念的虚构之中充当了工具和媒介。马克思认为，要想真正揭露意识形态的虚假性，就必须回到物质现实和劳动实践的真实地基之上。"其实全部问题只在于从现存的现实关系出发来说明这些理论词句。如前所说，要真正地、实际地消灭这些词句，从人们意识中消除这些观念，就要靠改变了的环境而不是靠理论上的演绎来实现。"② 通过以上论述可以看出，马克思虽然强调语言作为反映思想意识的媒介工具，但理解语言和词句不能仅仅停留于意识形态的结构内部，而是要回到物质实践和现实生活层面，因为对语言的理解不能脱离既定的社会关系和现实语境。马克思主义关于语言和词句的认识，其实突出了语言实践的现实性、历史性以及意义生产的社会性维度。同时，马克思、恩格斯对资产阶级意识形态滥用语言和词句的话语唯心主义倾向的批判，也让我们意识到语言、词句同意识形态结构的复杂关系。在《路易·波拿巴的雾月十八日》中，马克思说道："他们战战兢兢地请出亡灵来为自己效劳，借用它们的名字、战斗口号和衣服，以便穿着这种久受崇敬的服装，用这种借来的语言，演出世界历史的新的一幕。"③ 可见，统治阶级通过意识形态生产来维系自身权力的合法性，而语言和话语实践毫无疑问既充当了表征意识形态合法化的权力工具，同时也必然成为揭橥意识形

---

① 《马克思恩格斯文集》第1卷，人民出版社，2009，第516页。
② 《马克思恩格斯文集》第1卷，人民出版社，2009，第547页。
③ 《马克思恩格斯文集》第2卷，人民出版社，2009，第471页。

态虚假性、重建新理论和新意识形态的思想武器。在马克思主义理论中，语言和话语主要被视为一种物质性的思想外衣。而要想认识语言构成的文本和思想，就必须彻底回归和还原到具体的物质生活世界。

福柯将话语同语言、言语分开，并结合其生成的历史语域、事件、主体、结构以及权力等元素研究话语。可以说，正是在福柯的谱系学、知识考古学与权力思想的推动下，西方马克思主义才开始从话语维度出发来研究文化中的政治与意识形态问题，最终将文化研究导向话语政治。福柯反对科学的求真意志，质疑历史的总体性和连续性，他对精神病理学和疯癫的话语考察，也推动他走向反理性主义和反哲学同一性逻辑，转而更多地强调特定的知识域、话语范式结构、事件性、话语表征的差异性等特征。在《知识考古学》中，福柯如此定义话语："话语是由符号序列的整体构成的，前提是这些符号序列是陈述，就是说，我们能够确定它们的特殊的存在方式。如果说我能够像我将要阐述的那样指出上述体系的规律恰好是我始终称为话语形成的东西的话，如果说我能够指出话语的构成不是表达、句子和命题的扩散和分配原则，而是陈述（在我赋予此词的意义上）的扩散和分配的原则的话，话语这个术语就可以被确定为：隶属于同一的形成系统的陈述整体；正是这样，我才能够说临床治疗话语、经济话语、博物史话语和精神病学话语。"① 话语是由一组符号序列构成的，它们被加以陈述，被确定为特定的存在方式。通过陈述，符号将主体和陈述对象、其他陈述等联合起来形成话语。简言之，话语不只是涉及内容或表征的符号，而且被视为系统形成种种话语谈论对象的复杂实践。福柯对话语有如下几个主要方面的阐释。一是，话语生产并非对思想观念的真实揭露，即话语不是求真意志的工具，而是围绕特定的知识域和话语机制进行生产和陈述。所谓知识域或知识型构，"指的是联结一切修辞、科学和其他话语形式的一种总体关系。它是特定时期社会群体的一种共同的无意识结构，它决定着那一时期解决问题的可能途径与范畴，决定着那一时期提出问题的可能方

---

① 〔法〕福柯：《知识考古学》，谢强、马月译，生活·读书·新知三联书店，1998，第136~137页。

式与思路"①。这种特定的知识型构同特定时代的权力生产机制和意识形态密切相关。二是，福柯试图用谱系学代替传统知识论哲学，解构同一性哲学和绝对的真理观，并赋予话语以多元、差异、断裂和接合的属性。福柯认为，所谓的真理、道德与权力都不是绝对存在的本体，而是随着历史的变化而表现出诸多的背离和断裂，所谓历史的起源和必然律不过是一个谎言。某个特定时期的真理、道德、美学与文化习俗，都不过是话语建构的产物。这种对话语差异和断裂属性的强调带有明显的反本质主义倾向。三是，福柯特别强调话语和权力的关系，在真理的谱系、道德的谱系和权力的谱系中，福柯主要探讨权力的谱系，而对权力谱系的探讨必然离不开话语的分析。福柯在《话语的秩序》中说道："分析的谱系学方面……研究一系列的有效的话语构成方式：它试图把它控制在其肯定的权力之内，我这么讲并不是指与否定相对的权力，而是指组成客体域的权力，据此人们可以证实或否定真或假的命题。"② 福柯的话语指的是权力的话语，任何语言都并非个人想象的创造，而是权力的产物，是权力通过排斥程序筛选显示出的话语权力。权力通过"真理"这种话语来实现，我们的社会生产和流通以真理为功能的话语，以此来维持自身的运转，并获得特定的权力。话语本身是一种结构性权力，话语模式作为权力的先在载体，不同话语模式相应地在人与人之间进行不同的权力分配。一种新的话语模式久而久之成为习惯、惯例和制度，结果必然重塑社会关系，重构权力结构。所以，权力-话语理论又可以理解为权力秩序与话语秩序的相互影响：哪里有话语，哪里就有权力。话语秩序决定权力秩序，权力秩序同时又对话语秩序具有限制作用。四是，福柯将话语同事件联系起来，凸显话语的实践属性。福柯更多地强调话语的权力属性，因而话语实践也不同于马克思主义所指出的物质实践，而是主要指话语在权力的生产与文化表征层面的意义实践。话语生产构建了我们赖以生存的意义世界，形塑了我们的文化语域和意识形态结构。话语产生文化意义抵制的力量，同时又通过交往与接合的形式

① 张廷琛：《拨开性的历史迷雾》，〔法〕福柯《性史》，张廷琛等译，上海科学技术文献出版社，1989，译序第6页。

② 〔法〕福柯：《语言谈话》，转引自〔美〕德赖弗斯、〔美〕保罗·拉比诺《超越结构主义与解释学》，张建超、张静译，光明日报出版社，1992，第139页。

弥合意义世界的分裂。

福柯的话语理论已经超越了索绪尔结构主义语言学的理论范式，更加关注语言的来源、语言实践的事件性特征以及语用功能。话语作为一个事件，包含着话语实践的意识形态结构、言说的主体、整个话语生产的语境、话语衍生和发展的历史过程、话语接收者等多重意义版图。结构主义只重视语言内部要素之间的关系，忽视社会历史语境对语言交流的影响与作用。事实上，社会条件特别是意识形态结构往往决定着话语的存在形态。萨拉·米尔斯在《话语》（*Discourse*）中认为话语是一种讲述或写作的文本，从某一个视域来看，这种讲述或写作的话语体现了信仰、价值观范畴等。这些信仰、价值观等构成了一种看待世界的方式，一种经验的组织或表征——中性的非贬义意义上的意识形态。不同的话语模式编码了不同的经验表征，其话语深置其中的交流语境构成表征的来源。[①] "话语不是语言或陈述的简单组合，而是由在社会语境中具有意义、力量和效果的语言组成。"[②] 米尔斯引用马克思主义语言学家米歇尔·佩舍的"曼肖尔特报告"（Mansholt Report）：给学生一篇经济学文章阅读，告诉一组学生说这是一篇左翼文章，告诉另一组学生说这是一篇右翼文章。结果每一小组的成员都有选择性地阅读文本，以符合他所给出的政治性框架。"曼肖尔特报告"告诉我们，话语的生产并非在真空之中，而是同整个社会历史条件、意识形态结构和话语主体的偏见有着密切关联。总之，正如斯图亚特·霍尔所言，"社会和文化科学中的'话语转向'，是近年发生在我们社会的知识中的最重要的方向转换之一"[③]。话语理论的共同旨趣就是，将结构主义语言学模式转变为语用学语言模式，重建语言与历史语境、意识形态、社会实践、言说主体之间的联系。

西方马克思主义文化研究的一个重要的特征就是从经典马克思主义的政治经济学领地转向上层建筑与意识形态领地，从物质生产、社会生活的实践维度转向理论和话语的批判维度，从总体性转向话语分析的多元性和差异性意识，从社会历史的实在论转向话语唯心主义的本体论。葛兰西的

① Sara Mills, *Discourse*, London and New York: Routledge, 1997, p. 5.

② Sara Mills, *Discourse*, London and New York: Routledge, 1997, p. 11.

③ 〔英〕霍尔：《表征：文化表象与意指实践》，徐亮、陆兴华译，商务印书馆，2003，第6页。

文化霸权思想，已经开始有意识地强调话语的交流与接合。法兰克福学派的启蒙辩证法思想，突出了理论和话语批判对资本主义工业文明的反抗意识，将文化批判视为一种话语抵抗的思想和意识形态力量。阿尔都塞认为，阶级斗争的现实是通过思想展现的，思想则是通过话语实现。在科学和哲学的推理中，概念、范畴等是知识的工具。而在政治的、意识形态的和哲学的斗争中，话语乃是武器、炸药或者镇静剂。英国文学理论家特雷·伊格尔顿在《二十世纪西方文学理论》中指出："从结构主义的转移，用法国语言学家爱米尔·本维尼斯特的话说，部分上是从'语言'（language）转向'话语'（discourse）。'语言'是从客观的角度来观察的言语（speech）或书写（writing），它被看做一条没有主体的符号链。'话语'意味着那被把握为发言（utterance）的语言，即包括着各个说话主体和写作主体，因而至少也潜在地包括着各个读者和听者的语言。"① 下面，我们结合西方马克思主义文化理论，简要思考话语这个关键词的理论内涵。

首先，伴随着卢卡奇对经济决定论的批判而转向阶级意识，以及葛兰西霸权理论的影响，西方马克思主义开始抛却对物质生产方式的分析模式，进而转向文本、话语、文化权力等意识形态维度。如詹姆逊所言："研究权力是一个反马克思主义的步骤，旨在取代对生产方式的分析。"② 话语问题显然同权力问题相关，而且研究话语必然转向各种话语的文本，或者将具体的物质生产和社会历史转换成为话语的事件。从对生产方式的分析转向话语分析，意味着西方马克思主义开始转而通过反本质主义的解构性叙事来介入社会和意识形态结构。这种理论意识在本尼特关于文化的定义中有着突出的表现，本尼特指出："必须把文化的概念归于话语的范畴，而不是如同文化转向所显示的，归于其他的方面。""这种区别是通过把文化表征为一套独特的知识、专门知识、技术和组织实现的，它——通过与权力技术相关的符号技术系统所发挥的作用以及通过自我技术的机制的运作——

---

① 〔英〕伊格尔顿：《二十世纪西方文学理论》，伍晓明译，北京大学出版社，2007，第112页。
② 王逢振主编《詹姆逊文集第3卷：文化研究和政治意识》，中国人民大学出版社，2004，第41页。

以一种独特的方式对社会交往起作用，并在这种关系中与其结合。"① 本尼特将文化视为一种治理实践，而文化治理的工具和手段则是知识、话语和各种文化技术等。这种转型凸显了文化的话语内涵和功能，而不是作为具体实践的文化生产与交流活动。其次，西方马克思主义文化研究者认为，话语分析应立足于话语生产的社会历史语境和意识形态结构，并致力于批判性反思话语中的权力问题。在福柯的理论中，话语的生产和运作受到特定权力的支撑，话语可以说是权力生产、弥散与播撒的场域。米尔斯说："一些马克思主义理论家倾向于把语言仅仅看作是一种工具，人们通过语言被迫去相信那些不真实或不符合他们利益的思想。但在话语理论中，语言是这些斗争发生的场所。"② 再次，由于西方马克思主义普遍将话语视为受权力关系支配的知识、文本和文化表征，因而凸显了话语研究的意识形态属性。当然，不同的理论家在思考话语和意识形态关系时，也有一些差异性，比如在葛兰西的霸权范式或卢卡奇那种社会存在本体论视域下，话语被视为一种意识形态塑造主体、形成文化领导权和阶级意识的工具与手段。比如阿尔都塞的意识形态理论就将话语视为主体和意识形态互相构型的中介。布尔迪厄将话语的权力理解为动员权威的力量，事实上也主要是将话语的权力属性归属于某种制度和意识形态结构。而在斯图亚特·霍尔、托尼·本尼特以及拉克劳和墨菲那里，则因对意识形态结构总体性的抵制和拒斥而更加强调话语突破意识形态的弥散性与差异化力量。如有的论者指出："拉克劳和墨菲借用了福柯的观点，把接合实践的产物定义为'话语'；就像在福柯那里那样，话语的特征并不是统一性，而是'分散中的规则性'，因而它变成'一种不同位置的全体'。"③ "话语的各种要素应被视为漂动的能指，这些能指能够以无限多样的方式把彼此连接起来。"④ 这种后

---

① 〔英〕本尼特：《本尼特：文化与社会》，王杰、强东红等译，广西师范大学出版社，2007，第214页。

② Sara Mills, *Discourse*, London and New York: Routledge, 1997, p.38.

③ Ernesto Laclau and Chantal Mouffe, *Hegemony and Socialist Strategy: Towards a Radical Democratic Politics*, London: Verso, 1985, pp.105, 106. 转引自〔英〕斯图亚特·西姆：《后马克思主义思想史》，吕增奎、陈红译，江苏人民出版社，2011，第31页。

④ 〔英〕斯图亚特·西姆：《后马克思主义思想史》，吕增奎、陈红译，江苏人民出版社，2011，第32页。

马克思主义关于话语的差异性与接合理论彻底消解了本质主义和宏大叙事所带来的总体性特征。比如针对女性主义理论而言，妇女受到的压迫并非单一性地来自男权社会或男性菲勒斯中心的文化压抑，而是有着诸多差异性话语接合的产物。最后，西方马克思主义文化理论对话语的推崇，明显带有话语唯心主义的理论倾向，就像马克思在批判黑格尔主义哲学时所言，他们只是反对词句和理论，而不是反对话语背后的那种物质性现实。当然，西方马克思主义也承认物质生产实践的前提性以及意识形态的物质性功能。格拉斯曾在《新左派评论》撰文批评拉克劳与墨菲话语理论的唯心主义性质，针对这个批评，拉克劳提出了著名的"砌墙"理论，比如甲乙二人砌墙，甲向乙要了一块砖，然后放在墙上。第一个事实是要砖，是属于语言学的；第二个事实则是砌砖，它属于由言语而引发的行为，这两个事实构成一个砌墙实践的整体，"这个整体在其中包括了语言学与非语言学，我们把这个整体称为话语"①。

　　西方马克思主义文化政治理论既强调话语的批判性力量，又凸显话语的接合性功能。话语被视为武器和炸药，作为特定话语文本的文学艺术被视为意识形态的内爆性因素，具有批判、抵制和颠覆压抑性权力体制和意识形态虚假性压迫的文化功能。可以说，正是这种批判性赋予了西方马克思主义文化理论浓厚的政治性色彩。作为一种话语政治，文化政治体现出西方马克思主义在文化文本分析与话语分析方面的批判性意识。需要指出的是，在西方马克思主义那里，话语除了具有强烈的批判性和权力抵制功能外，还具有交往理性与商谈伦理属性，以及在分化与差异性中实现话语接合的文化意义。如哈贝马斯的话语理论就同交往、理解、对话、共识和主体间性等联系在一起。在哈贝马斯那里，交往被视为以符号为媒介形成的社会实践活动。在一定的规范之下，交往主体通过符号化活动达成理性的对话关系，并在协商中解决分歧和差异。哈贝马斯认为，晚期资本主义的各种异化和危机都来自交往行为的不合理，而话语民主理论要求人们遵守话语的原则和规范，通过自由和平等的话语论证来实现民主对话。引入

---

① Ernesto Laclau, *New Reflections on The Revolution of Our Time*, London and New York: Verso, 1990, p. 100.

政治领域，公民则将公共领域形成的公共意见影响到立法、行政和司法等过程，使不合理的社会体制合理化，从而进一步建立民主政治制度，克服资本主义社会面临的各种异化和危机。斯图亚特·霍尔、拉克劳与墨菲则强调话语的接合属性，话语接合理论明显受到葛兰西霸权思想的影响，在葛兰西那里，霸权并非意识形态话语的二元对立和纯粹的权力对抗，而是既有冲突又有文化的融合。一种文化霸权体现为文化价值观的自主性认同和接受，但在这种霸权性结构中并非完全没有冲突和差异，恰恰是冲突和差异的接合性状态。斯图亚特·霍尔认为，接合就是在一定条件下将两种或多种不同要素连接在一起的方式，它体现为一种关联的话语实践，一种在特定时机下各种"相异原素"连接在一起的方式，这种方式形成某种新的机制或连接后获得了新的文化意义。在斯图亚特·霍尔看来，"接合是一种连接形式，它可以在一定的条件下将两种不同的要素统一起来"。什么是"一定的条件"？斯图亚特·霍尔认为："一种话语的所谓'同一'实际上就是不同要素的接合，这些要素可以以不同的方式再次接合，因为它们没有必然的'归属'。"[①] 斯图亚特·霍尔在分析表征理论时提出三种表征模式：反映论模式、意向性模式和构成主义模式，斯图亚特·霍尔明显倾向于构成主义的表征模式，"说到底，意义并不内在于事物中。它是被构造的，被产生的。它是指意实践，即一种产生意义、使事物具有意义的实践的产物"[②]。另外，在他的编码与解码理论中，编码与解码的关系也可以被视为是文化意义的话语接合，这种接合构成编码与解码、生产与消费的循环过程。

　　拉克劳与墨菲把连接视为话语的本质属性："在这一讨论的环境之中，我们把任何建立要素之间关系的实践称之为连结，那些要素的同一性被规定为连接实践的结果。来自连接实践的结构化总体，我们称之为话语。"[③] 拉克劳和墨菲强调话语结构和话语领域对整个意义世界建构的文化作用，

---

①　David Morley and Kuan-Hsing Chen ed. , *Stuart Hall*: *Critical Dialogues in Cultural Studies*, London and New York: Routledge, 1996, p. 141.

②　〔英〕霍尔：《表征：文化表象与意指实践》，徐亮、陆兴华译，商务印书馆，2003，第24页。

③　〔英〕拉克劳、〔英〕墨菲：《领导权与社会主义的策略：走向激进民主政治》，尹树广、鉴传今译，黑龙江人民出版社，2003，第114页。

同时认同话语的非中心、差异和弥散等属性。话语实践将所有分散的意义版图接合起来，但并不像意识形态那样成为僵化的结构，而是将意义的呈现导向开放性的路径和场域。社会通过话语得以连接，但"要素"和"因素"的转化，并不以总体性的理性主义为基础，而是一种松散的、偶然的、局部的、暂时的、不稳定的统一性。而且，在拉克劳和墨菲的话语理论中，主体已不是阶级的主体或阿尔都塞所谓的意识形态唤询的主体，而是被话语建构的主体，由于受话语连接和建构，主体就不具有绝对的同一属性和意识形态的封闭性，而是呈现为主体的多重化、开放性和不确定性，这种主体处于一种不断经受话语塑造和生成的过程中。正是这种理论，使他们偏离了马克思主义的阶级革命模式和葛兰西的霸权意识形态范式。拉克劳和墨菲致力于寻找一种新的革命模式，他们将社会定义为一种开放的话语构型，而革命应该在多元主体之间通过话语接合实践展开斗争，进而形成话语霸权。总之，虽然拉克劳和墨菲不承认他们话语理论的唯心主义倾向，但这种后马克思主义的理论意识，可以说严重消解了文化政治的文化唯物主义精神和实践的革命力量。当然，他们对话语交往与接合功能的强调，也凸显出理论、话语、文本在意识形态建设和文化多元化发展之历史进程中的积极意义。

通过对话语理论的简单考察，可以发现，西方文化研究形成了将社会历史与经验性事件置换为文化话语实践的理论范式，如萨拉·米尔斯所言："话语以及话语结构是我们赖以把握社会现实的唯一途径。在此过程中，我们根据适用于我们的话语结构，对各种经验事件进行分类和阐释，并且在阐释过程中赋予这些话语结构以统一性和规范性。"① 西方文化政治理论不仅将话语视为意义世界的本体性结构，而且还将话语和权力联系起来，认为整个社会历史和经验世界都是在话语的表征中构成的，其意义的生产和流通以及主体文化身份的形成都离不开话语的权力实践。文化政治理论既强调话语的批判性权力，重视话语斗争生成的对抗性文化霸权意识，又凸显话语接合实践对于构建文化意义、身份政治和审美意识形态的文化功能。从这种话语理论出发，一些西方文艺理论家如伊格尔顿认为，文学并不存

---

① Sara Mills, *Discourse*, London and New York：Routledge，1997，p. 49.

在一个普遍的本质属性，而是特定阶级或社会集团的意识形态借助于话语的权力生产形成的文学审美话语范型。由于文学话语同权力相关，文学批评也就不可避免地成为文化政治批评。总之，西方文化政治理论的话语转向，进一步强化了话语表征和文化表意性实践在构建意识形态合法性方面的作用，充分体现出西方文化知识分子对社会的政治关切和文化介入的实践意识。文化知识分子以话语为武器，从微观的文化政治领地对资产阶级意识形态结构展开批判性解构和建构，在话语领地实现文化意义的交流与共享，一定程度上推进了文化改革和文化治理的良性发展。但是，如果忽略了人类历史发展的物质生活地基，甚至用话语表征的意义世界替代了客观的现实生活，就很容易滑向话语唯心主义的理论陷阱，变成从词语到词语、从理论到理论的虚假意识形态实践。我们认为，任何话语的批判和建设都必须回归客观的社会历史和物质生活世界，成为推动人类历史和社会发展的文化政治能量，否则便会成为维系不平等权力关系的虚假意识形态。马克思、恩格斯之所以批判"德意志意识形态"的虚假意识，正在于那些所谓的意识形态专家从词语到词语、从理论到理论，他们虽然没有忘记历史和社会现实生活，但历史和社会现实生活的物质性因素不过是他们构建话语理论和意识形态的材料。对于西方文化政治的话语理论，我们应始终坚持从马克思主义的唯物史观出发对其展开批判性分析，唯有如此，才能真正厘清话语概念的理论意义，进而激活其在意识形态建设和文化改革、文化治理方面的积极效能。

五　意识形态与文化政治

在西方马克思主义文化研究与文化政治理论中，意识形态是一个非常核心和重要的概念。从葛兰西的霸权理论到威廉斯的文化唯物主义关于意识形态的阐释，再到阿尔都塞的结构主义意识形态与伊格尔顿的审美意识形态理论等，可以看出，意识形态的语义内涵也经过了多重转型和不断发展。约翰·斯道雷在《文化理论与大众文化导论》中列举了五种与文化研究关系密切的意识形态定义。一是指"为某一特定人群所接合的观念系统"，类似于特拉西最初所谓的观念的集合。二是将意识形态视为某种"掩饰、扭曲或欺骗，用来描述某些文本和实践如何呈现对现实加以歪曲的图景"，即马克思所指出的虚假意识。三是指代"意识形态构成"，比如任何文本都指向特定的意识形态，都围绕着不平等、剥削和压迫被结构出来。四是意识形态作为一种结构表现为无意识的内涵，但承担着表意和话语的功能。其理论倾向与批评实践的主要代表为罗兰·巴特。五是阿尔都塞的意识形态理论，强调意识形态的无意识内涵和实践功能。①伊格尔顿在《意识形态导论》中也认为意识形态有着多重的话语指向，比如：社会生活中意义、符号和价值的产生过程，具有特定社会群体或阶级特征的思想体系，有助于使占主导地位的政治权力合法化的思想；有助于使占主导地位的政治权力合法化的错误思想，为主体提供一个位置，由社会利益驱动的思想形式，身份的思考，话语与权力的结合点……②下面，我结合经典马克思主义与西方马克思主义对意识形态问题的思考，反思意识形态的话语内涵及其对西方文化政治理论的影响。

最早提出"意识形态"概念的是法国大革命时期的贵族特拉西。特拉西认为，意识形态是一种观念学，主要对人的观念和思想进行系统的研究，探索人类认识的起源、边界，分析认识的可靠性和可能性，尝试以精密的方法描述人的心灵。在特拉西那里，观念学的主要任务是"研究认识的起源、界限和认识的可靠性的程度"③。特拉西试图通过运用从观念还原到感觉的方法，摈弃宗教、形而上学及其他各种传统、权威性的偏见，从而在可靠的感觉经验的基础上，重新阐发政治、伦理、法律、经济、语言、教育等各门科学的基本观念，并用于指导具体的物质实践。在《德意志意识形态》中，马克思从唯物史观出发，对意识形态进行了科学的研究和阐发。俞吾金曾指出："《德意志意识形态》不仅仅属于意识形态概念发展史，不仅仅属于马克思主义哲学发展史，也是整个人类思想史上的一部划时代的著作，它不仅预示了意识形态将成为我们这个时代的哲学主题，而且为解

---

① 〔英〕约翰·斯道雷：《文化理论与大众文化导论（第五版）》，常江译，北京大学出版社，2010，第2~6页。

② Terry Eagleton, *Ideology: An Introduction*, London：Verso, 1991, pp. 1-2.

③ 俞吾金：《意识形态论》，上海人民出版社，1993，第23页。

开意识形态之谜提供了一把钥匙。"① 马克思主要从四个层面科学地阐释了意识形态问题。

一是认为意识形态是"观念的上层建筑"。马克思指出："在不同的财产形式上，在社会生存条件上，耸立着由各种不同的、表现独特的情感、幻想、思想方式和人生观构成的整个上层建筑。整个阶级在其物质条件和相应的社会关系的基础上创造和构成这一切。通过传统和教育承受了这些情感和观点的个人，会以为这些情感和观点就是他的行为的真实动机和出发点。"② 恩格斯认为："马克思发现了人类历史的发展规律，即历来为繁芜丛杂的意识形态所掩盖着的一个简单事实：人们首先必须吃、喝、住、穿，然后才能从事政治、科学、艺术、宗教等等；所以，直接的物质的生活资料的生产，从而一个民族或一个时代的一定的经济发展阶段，便构成基础，人们的国家设施、法的观点、艺术以至宗教观念，就是从这个基础上发展起来的，因而，也必须由这个基础来解释。"③

二是认为意识形态作为一种观念的上层建筑，不过是资产阶级虚假观念的表现，是维持其统治的虚假谎言。如马克思、恩格斯在《德意志意识形态》中认为资产阶级的假仁假义的虚伪的意识形态用歪曲的形式把自己的特殊利益冒充为普遍的利益。恩格斯说："意识形态是由所谓的思想家有意识地、但是以虚假的意识完成的过程。推动他行动的真正动力始终是他所不知道的，否则这就不是意识形态的过程了。"④ 在马克思、恩格斯看来，思想观念和意识的生产都与物质实践活动、物质交往和现实生活的语言交织在一起，是物质生活的直接表现，任何意识形式都是物质实践的反映。资产阶级的意识形态理论家却用抽象的理论和话语构建其思想体系，将虚幻的绝对精神视为真实的存在。黑格尔的哲学可谓是资产阶级意识形态的典型表现，他把真实的现实世界视为抽象的绝对精神的现象，从而将现实世界的矛盾视为理论和思想的矛盾，将物质生活世界的斗争简化为理论和话语的斗争。恩格斯说："更高的即更远离物质经济基础的意识形态，采取

---

① 俞吾金：《意识形态论》，上海人民出版社，1993，第 4 页。
② 《马克思恩格斯选集》第 1 卷，人民出版社，2012，第 695 页。
③ 《马克思恩格斯文集》第 3 卷，人民出版社，2009，第 601 页。
④ 《马克思恩格斯全集》第 39 卷，人民出版社，2016，第 94 页。

了哲学和宗教的形式。在这里，观念同自己的物质存在条件的联系，越来越错综复杂，越来越被一些中间环节弄模糊了。"① 这种远离物质基础和现实生活的资产阶级观念与思想，都是虚假的意识形态形式。

三是认为意识形态是统治阶级的思想。马克思和恩格斯认为，任何一个时代的统治阶级，为了维系自身统治的合法性，都会通过意识形态的编织和宣传，将自由、平等、博爱等有限的权利普泛化为普遍的民权。比如资产阶级的理论和观念本身不过是其阶级的生产关系和所有制的产物，资产阶级的法权不过是维系自身统治的工具，但资产阶级通过意识形态的生产，最终抽离了阶级性而使之成为全社会共同遵循的知识、话语、道德法则、精神价值与美学意识。马克思认为抽象的思想和观念，不过是统治阶级物质关系的理论表现。"任何一个时代的统治思想始终都不过是统治阶级的思想"，"每一个企图取代旧统治阶级的新阶级，为了达到自己的目的不得不把自己的利益说成是社会全体成员的共同利益，就是说，这在观念上的表达就是：赋予自己的思想以普遍性的形式，把它们描绘成唯一合乎理性的、有普遍意义的思想"。② 资产阶级的思想家为了维护资产阶级的统治地位，将物质现实生活中的社会关系神秘化，用抽象的理念遮蔽、抹杀现实中的各种矛盾，以抽象的任性代替具体的任性，以普遍的平等与自由观念遮蔽现实中的不平等。在马克思、恩格斯看来，资产阶级意识形态不过是固化其统治合法性的工具和手段。

四是从唯物主义理论出发来认识意识形态，并对之展开批判。马克思说："物质生活的生产方式制约着整个社会生活、政治生活和精神生活的过程。不是人们的意识决定人们的存在，相反，是人们的社会存在决定人们的意识。……随着经济基础的变更，全部庞大的上层建筑也或慢或快地发生变革。在考察这些变革时，必须时刻把下面两者区别开来：一种是生产的经济条件方面所发生的物质的、可以用自然科学的精确性指明的变革，一种是人们借以意识到这个冲突并力求把它克服的那些法律的、政治的、宗教的、艺术的或哲学的，简言之，意识形态的形式。我们判断一个人不

① 《马克思恩格斯选集》第 4 卷，人民出版社，2012，第 260 页。
② 《马克思恩格斯选集》第 1 卷，人民出版社，2012，第 420、180 页。

能以他对自己的看法为根据，同样，我们判断这样一个变革时代也不能以它的意识为根据；相反，这个意识必须从物质生活的矛盾中，从社会生产力和生产关系之间的现存冲突中去解释。"① 这种对意识形态的唯物主义认识，为我们批判性反思意识形态问题提供了理论的依据。任何意识形态都不是单纯的理论话语生产，而是根源于具体的物质生产实践，因而，对意识形态问题的反思，就必须立足于对人类劳动实践之历史的唯物主义思考，必须将理论和观念的问题放到物质生活之中进行考察，才能真正发现意识形态的秘密。恩格斯说："每一历史时期的观念和思想也可以极其简单地由这一时期的经济的生活条件以及由这些条件决定的社会关系和政治关系来说明。"② 列宁指出："物质生产力的状况是所有一切思想和各种不同趋向的根源。"③ 经典马克思主义理论家从唯物主义认识论的维度探讨了意识形态问题，强调从具体的物质现实生活出发来理解意识形态。这也就意味着，真正的意识形态斗争绝不仅仅是文化观念领域的斗争，而是必须回到经济基础主导的物质生活世界，并从具体的现实生活世界出发来理解意识形态与文化问题。

西方马克思主义更为重视意识形态的研究。佩里·安德森在《西方马克思主义探讨》中指出，西方马克思主义开始将理论研究的重心全力转向上层建筑和文化领地。这种转向主要表现为：从以往的经济和政治斗争转向文化斗争和文化批判，从宏观的阶级政治转向了微观的文化政治。像葛兰西的文化领导权理论，卢卡奇的历史与阶级意识理论，法兰克福学派的否定哲学与社会批判理论，英国新左派的文化研究理论等，都具有这样的特征。这种转向固然同资本主义社会的经济发展与社会变革相关，但更多地表现出西方马克思主义试图以意识形态变革代替传统阶级革命的政治目的和文化理想。西方马克思主义者普遍转向上层建筑和意识形态文化领地，下面，我结合葛兰西、威廉斯、阿尔都塞以及伊格尔顿等人的理论，简要论述西方马克思主义的意识形态理论。

葛兰西对经济基础和意识形态结构进行了一种非还原论的理解，他所谓的历史联合体（historical bloc）强调的是物质生产实践和上层建筑与意识

---

① 《马克思恩格斯文集》第 2 卷，人民出版社，2009，第 591~592 页。
② 《马克思恩格斯选集》第 3 卷，人民出版社，2012，第 723 页。
③ 《马克思的学说》，《列宁选集》第 2 卷，人民出版社，1995，第 425 页。

形态的整体性。在葛兰西看来，意识形态并非完全抽离物质世界的更高地悬浮在空中领地的思想，而是同物质世界密切联系为一个整体性结构。威廉斯企图用文化唯物主义的概念代替经济基础与意识形态的二元划分，虽然他并不否定经济基础的前提性和基础作用，但在具体的文化分析中却以文化的整体性消解经济基础与上层建筑的二元论。威廉斯认为传统的以阶级斗争模式为主导的社会主义革命，过于强调经济和政治持续而非文化和人性问题，在他看来，成功的社会革命运动不仅表现为经济与政治斗争，而且是一场富有情感和想象的文化改革运动。另外，西方马克思主义认为，意识形态作为统治阶级的世界观和观念结构，并不一定就是虚假的思想。葛兰西区分有机的意识形态和随意的意识形态，认为前者是既定的社会意识结构，而后者是虚假的个人幻想。卢卡奇认为，如果把意识形态看作经济过程机械的被动产物，那就根本没有理解意识形态的本质。他提出肯定性的意识形态概念，甚至将马克思主义思想视为"唯物主义意识形态"。威廉斯在《马克思主义与文学》中指出，20世纪意识形态理论发展的一种主要趋势是，无论是在马克思主义传统之内还是之外，意识形态概念普遍表现出相对中性的含义，即一定的阶级和集团的信仰体系。"意识形态（就其通常意义而言）是指一种相对正规的、被清晰表述出来的关于意义、价值和信仰的体系，这类意义、价值和信仰可以被抽象为某种'世界观'或'阶级观点'。"① 伊格尔顿提出一般意识形态、作者意识形态、文本意识形态和审美意识形态等概念，认为文学意识就是审美意识形态生产的理论。阿尔都塞认为意识形态是一种表象体系，"意识形态是具有独特逻辑和独特结构的表象（形象、神话、观念或概念）体系，它在特定的社会中历史地存在，并作为历史而起作用"②。在阿尔都塞那里，"意识形态是个人与其实在生存条件的想象关系的'表述'"③，阿尔都塞把人类与人类社会的关系区分为"人类同自己生存条件的关系"（真实的关系/历史现实）以及"人类同自己生存条件'体验的'和'想象的'关系"，即意识形态的表述并不

---

① 〔英〕雷蒙德·威廉斯：《马克思主义与文学》，王尔勃、周莉译，河南大学出版社，2008，第116~117页。

② 〔法〕阿尔都塞：《保卫马克思》，顾良译，商务印书馆，2010，第227~228页。

③ 陈越编译《哲学与政治：阿尔都塞读本》，吉林人民出版社，2003，第352页。

是针对实在的生存条件，而是人类与现实生存条件的想象性关系。詹姆逊把视意识形态为错误意识的传统观念视为消极的意识形态，即意识形态的消极方面表现为阶级性错误意识，而意识形态的积极方面则表现为对群体性实践的肯定。詹姆逊提出意识形态的七种模式：错误意识，领导权或阶级合法化、物化，日常生活的意识形态，文化工业（法兰克福学派），心理主体与意识形态的国家机器（阿尔都塞），支配权的意识形态，语言上的异化。总之，在西方马克思主义者那里，意识形态的理论向度与内涵表现得更为多元，出现了多种不同的关于意识形态的理论阐释。

　　西方马克思主义开始普遍强调和突出意识形态的物质性内涵。意识形态不再被视为是纯粹的理论和话语形态，而是同具体的物质生产实践相结合。同时，意识形态作为一种文化的构成，同样具有物质性的内涵，比如语言的物质性、各种艺术的物化形态等。马克思在论述意识形态问题的时候也并没有回避意识形态的物质性内涵，他认为精神一开始就受到物质的纠缠："物质在这里表现为震动着的空气层、声音，简言之，即语言。语言和意识具有同样长久的历史；语言是一种实践的、既为别人存在因而也为我自身而存在的、现实的意识。"① 西方马克思主义者葛兰西十分重视意识形态的物质性内涵，这一思想直接影响了阿尔都塞的意识形态理论。阿尔都塞认为，意识形态作为一种表象体系，将个人征召、传唤为主体，意识形态只有在人的主体之中且通过它才能存在，它是以主体为中心的，使得我们将世界自然地指向我们自己，本能地"传唤"主体。进而阿尔都塞宣称主体的思想"就是他的物质的行为，这些行为嵌入物质的实践，这些实践受到物质的仪式的支配，而这些仪式本身又是由物质的意识形态机器来规定的——这个主体的观念就是从这些机器里产生出来的"②。阿尔都塞认为，"一种意识形态总是存在于某种机器当中，存在于这种机器的实践或各种实践当中。这种存在就是物质的存在"③。阿尔都塞所谓的意识形态国家机器，强调的正是意识形态生产和传播的物质性存在形态。威廉斯也认为意识形态具有物质性，他指出："'思维'和'想象'其实从社会

---

① 《马克思恩格斯文集》第 1 卷，人民出版社，2009，第 533 页。
② 陈越编译《哲学与政治：阿尔都塞读本》，吉林人民出版社，2003，第 359 页。
③ 陈越编译《哲学与政治：阿尔都塞读本》，吉林人民出版社，2003，第 356 页。

过程一开始便存在着，并且它们只能通过无可争辩的物质形式——用人声和器具产生音响，书写或印制文字，在帆布和泥灰上涂抹颜料，在大理石或其他质料上雕琢加工等等——才会为人们所理解接受。把这些具体的物质社会过程从整个物质社会过程中排除出去是错误的，这就如同将所有的物质社会过程贬低成一种为了某些另外的抽象‘生活’目的而实施的、仅仅具有技术性的手段一样。‘人类发展’的‘实践过程’从一开始就必须包括这一切，而不仅仅指一些完全脱离了‘思维’和‘想象’的技术手段。”①威廉斯的文化唯物主义思想重视文化和意识形态研究的物质性维度。

西方马克思主义的意识形态理论，关注意识形态与权力的关系。意识形态作为统治阶级的思想，显然承担着统治阶级文化权力生产和传播的职能，具有固化统治、实现统治合法化的治理性内涵。也正是因为将文化、意识形态与权力问题联系起来，西方马克思主义的文化研究才普遍带有了文化政治的意义。葛兰西的文化领导权理论认为无产阶级应该通过文化领域的霸权争夺来推进革命的进程，所谓的领导权其实就是市民社会文化领地思想意识、道德艺术等方面形成的理论话语权和审美感性权力。葛兰西的霸权理论深刻影响了西方马克思主义的意识形态理论，像威廉斯对文化的定义，对组织传播与感觉结构的分析，都谈到了文化意识形态与权力的关系。在威廉斯看来，权力并不仅仅表现为阶级斗争的宏大叙事模式，而是成为一种弥散的形态，在文化文本和话语中生产与传播。文化和意识形态乃是一个对话和冲突的场域，正是在冲突和抵制的模式下，文化和意识形态表现为某种协商、对抗和接合的模态。而且，正如阿尔都塞所言，意识形态经常表现为无意识的状态，所以文化和意识形态的权力生产与播撒往往也表现为微观的隐秘状态。列斐伏尔的日常生活理论、詹姆逊的政治无意识理论等，都强调权力在话语、表意体系、文本和日常生活中的微观形态。西方马克思主义者关于意识形态与权力问题的思考，最终将文化研究导向文化政治批评，文化政治的目的正在于通过文化分析来破译资产阶

---

① 〔英〕雷蒙德·威廉斯：《马克思主义与文学》，王尔勃、周莉译，河南大学出版社，2008，第67~68页。

级的意识形态镜像，从而在文化批判的话语政治中生成文化改革与治理的力量。

　　本章主要从文化、政治、权力、话语和意识形态等五个关键概念出发，通过对这五个关键词的辨析，从整体上把握西方马克思主义文化政治理论的概貌和主要理论内涵。西方马克思主义普遍关注理论话语和文化意识形态领域，视西方马克思主义为文化批判的理论武器。葛兰西的文化领导权、威廉斯开创的文化唯物主义等，都开始重视文化领域内思想意识与情感结构的变革，并用文化这个概念涵摄经济基础与上层建筑，通过对文化的总体性反思来推动社会主义的革命理想。首先，西方马克思主义对文化的理解有很大改变，文化不再被视为精英阶层垄断的精神产品，而是如威廉斯所言，文化变成了日常生活中表征意义并负载价值的普遍存在。这就意味着，工人阶级和普通大众也是文化的生产者和消费者，社会主义革命不能仅仅局限于经济基础和政治等上层建筑的领地，而是要拓展到文化意识形态的界域，并通过漫长的革命来推动工人阶级意识成熟和社会主义文化领导权建设。其次，西方马克思主义普遍重视理论生产和文化批判对社会的"政治关切"，将阶级政治转换为文化政治，将宏大的政治革命叙事转换为微观的生活政治、话语政治甚至是后马克思主义所谓的大学的学术政治。许多西方马克思主义者认为，阶级斗争的权力模式体现的是权力的集中和同一性，忽视了资本主义社会发展过程中权力生产的弥散效应和运作的微观性特征。像葛兰西的文化领导权理论、卢卡奇与列斐伏尔的日常生活批判理论等，都关注到文化领域中微观权力的生产，这种微观权力的生产和播撒突出表现为社会异化在日常生活中的扩散以及意识形态对人的情感结构的无意识控制。因而，要想真正厘清资本主义社会的异化结构以及意识形态的压抑性机制，就必须从文化和艺术的经验世界入手，或从结构主义的理论出发，去批判性审视微观权力的意识形态运作所带来的异化问题，以祛除阶级压迫所造成的文化奴役。再次，西方马克思主义普遍重视话语和意识形态的研究，在威廉斯、斯图亚特·霍尔等英国新左派的文化研究理论中，文本的话语分析成为文化马克思主义重要的理论方法。在拉克劳与墨菲等后马克思主义那里，话语变成了一种替代唯物论的话语接合理论。

他们大多认为任何经验世界的物质性存在都必须转换为话语形态，从而在话语的接合中形成文化思想和精神形态。这种对话语的重视也使西方马克思主义的文化政治批评带有了浓厚的话语唯心主义印记。最后，西方马克思主义普遍用意识形态批判替代经典马克思主义的政治经济学研究，企图将意识革命视为推动社会主义革命的文化力量。而到了后马克思主义那里，由于受福柯、德里达等人的理论影响，西方马克思主义早期那种意识形态批判也被追求差异性、多元民主政治的话语分析所取代，总体性的意识形态批判最终散落于话语的异质与断裂地带。

随着西方资本主义社会政治、经济结构的变化，特别是大众文化的全面兴起，理论话语的再生产不断震动着西方资本主义社会的意识形态。左翼文化知识分子从社会主义政治立场出发，结合资本主义社会的发展，力图推动马克思主义同多重理论话语的接合，运用马克思主义理论以期实现马克思主义理论的批判性价值和功能，这种带有社会主义政治关切的意识形态倾向是值得肯定的。但是，纵观西方马克思主义发展的历史长河，我们可以明显发现，有些西方马克思主义者所继承和发展的马克思主义，已经偏离了马克恩、恩格斯和列宁等马克思主义者所创立的革命理论和革命路径。虽然卢卡奇晚年重新回到列宁主义，重申革命的现实性；虽然葛兰西在倡导文化领导权的同时始终秉持无产阶级革命的理想；虽然英国新左派的文化研究确实推动了文化的民主化进程，并为无产阶级进行文化赋权；虽然阿尔都塞努力捍卫科学的马克思，伊格尔顿和詹姆逊依旧坚持阶级性话语在马克思主义理论生产中的主导地位，并坚持马克思主义的真理性……但马克思主义的政治经济学批判理论、坚定的唯物主义理论意识和辩证法思想，总体性的社会目标和朝向实践的革命激情，在西方马克思主义那里已经呈云淡风轻之势。"阵地战"、"游击战"和隐秘的"偷猎式斗争"，微观文化领地的话语政治成为西方马克思主义的政治斗争范式。总之，我们要始终从批判的视域出发，反思其理论的缺陷和不足。唯有如此，才能真正从西方马克思主义理论中获取具有创造性的理论资源和实践价值。

第二章　葛兰西与文化政治在西方的兴起

　　就西方文化语境而言，西方马克思主义从强调经济基础、物质结构对整个社会历史发展的决定作用转向强调上层建筑和文化意识形态，从阶级政治转向文化政治。从卢卡奇、葛兰西、戈德曼、阿尔都塞和法兰克福学派，到英国新左派的文化研究，再到以拉克劳、墨菲为代表的后马克思主义等，西方马克思主义逐步抛却经济政治与阶级革命的宏大叙事，转向上层建筑领域的文化革命，形成文化政治的理论与实践路径。西方马克思主义对文化与意识形态的重视，最终使社会政治革命与阶级斗争演变为知识界的文化批判、艺术批评、大众文化研究等学术行动，文化政治模式替代了阶级革命模式，知识界扛起"文化革命"的大旗，同资本主义制度展开漫长而艰难的"阵地战"。文化政治强调文化与意识形态领域的权力斗争，认为阶级解放的最终实现在于共同文化和集体意识的形成，这无疑是一种典型的改良主义政治，是西方马克思主义知识分子转向消极革命之后的政治抉择。文化政治如何发生？谁创建了文化政治的理论范式与话语结构？西方理论界普遍认为，是葛兰西的霸权理论促成了文化政治的兴起。葛兰西对经济基础与上层建筑关系的辩证分析，对文化与意识形态的重新思考，对市民社会与文化霸权的研究，对大众文化与知识分子问题的探讨等，直接或间接地影响了新左派文化研究、英美马克思主义的文化政治理论。探讨西方文化政治理论的话语内涵和理论谱系，不能不首先深入反思葛兰西的实践哲学和文化霸权理论。

一 葛兰西与西方马克思主义文化政治的缘起

西方马克思主义理论滥觞于匈牙利的卢卡奇与意大利的葛兰西。卢卡奇的黑格尔主义的马克思主义已经开始溢出经典马克思主义经济基础与上层建筑理论的辩证模式，并从革命实践转向阶级意识的文化思考。葛兰西的历史联合体理论反对经济决定论，其文化霸权理论突破了阶级斗争的革命模式，转而从上层建筑与意识形态话语接合的文化层面反思原有的文化理论。我主要从文化政治的理论视域出发，思考葛兰西的文化霸权理论对西方马克思主义文化研究，特别是文化政治理论与实践的话语影响。

葛兰西全名为安东尼奥·葛兰西（Antonio Gramsci，1891—1937），1891 年生于意大利撒丁岛阿莱斯镇一个小职员家庭，意大利共产党创始人之一，意大利著名的马克思主义理论家。1926 年被捕入狱，在狱中创作了著名的《狱中札记》。1937 年，葛兰西因病在罗马逝世。在众多西方马克思主义理论家之中，葛兰西的地位可以说是举足轻重。由于葛兰西跳出了庸俗马克思主义的经济决定论与机械唯物论的理论桎梏，强调在具体的历史过程中辩证理解马克思主义，从以阶级分析为主导的政治经济学模式转向以权力分析为主导的文化政治学模式，从而使其理论与僵化的机械决定论有了很大不同。安德森将葛兰西视为黑格尔式的马克思主义者，他认为葛兰西除了受经典马克思主义影响外，还吸收了马基雅维利、黑格尔、柏格森、克罗齐、拉布里奥拉以及卢卡奇、柯尔施等西方马克思主义者的思想，最终形成了葛兰西式的"开放的马克思主义"。阿尔都塞、威廉斯、斯图亚特·霍尔、本尼特以及拉克劳、墨菲等人，都曾谈到葛兰西对自己的理论影响。

作为西方马克思主义的主要奠基者与开创者之一，葛兰西成为西方文化知识界挥之不去的理论幽灵。将葛兰西的文化理论视为文化政治的滥觞，基本成为西方马克思主义文化研究界的共识。但是，很少有人梳理葛兰西文化理论与西方马克思主义文化政治的渊源性关系。我们认为，要想真正弄清楚文化政治的语义内涵以及葛兰西的文化理论如何衍生出文化政治的理论范式，就必须回到葛兰西提出的整体性问题域之中，反思葛兰西的文化与政治理论。这种重返的态度和整体性的问题意识非常重要，重返意味着我们是历史化地看待葛兰西，整体性意味着我们是从辩证、综合的理论立场出发，而非片面、拆解式地理解葛兰西的文化理论。只有追溯葛兰西的哲学和文化霸权理论，才能理解葛兰西之后的文化理论家，如威廉斯、阿尔都塞、斯图亚特·霍尔、拉克劳与墨菲以及托尼·本尼特等，何以都推崇文化研究的"葛兰西转向"，也才能真正明白西方马克思主义文化政治的理论与实践倾向。

葛兰西确立了文化政治的唯物论、历史化和辩证法的理论效度。西方马克思主义的文化政治理论强调文化和意识形态在政治革命中的主导作用，但并不完全否定和排斥马克思主义的唯物论和辩证法。大多数西方马克思主义者承认马克思主义的唯物论和辩证法，但也有一些所谓的后马克思主义将马克思主义理论"幽灵化"，从而使马克思主义从一种科学的理论变成了弥散的、被诸多理论接合的多元马克思主义话语。葛兰西作为西方马克思主义的重要理论家，虽然开始跳出经典马克思主义阶级革命的宏大叙事模式，转而强调文化斗争和意识形态建设的文化霸权模式，但他既没有抛弃马克思主义的理论与方法，也没有背离社会主义的革命理想。葛兰西的最大贡献，正在于他能够从具体的历史语境出发，结合意大利的政治、经济和文化，创造性地运用马克思主义。葛兰西认为马克思在《资本论》里所分析的资本主义政治经济结构和社会历史条件正在发生改变，俄国发生的"反《资本论》的革命"不可能在西方民主化的资本主义国家获得实现，意大利的历史与现实已经难以产生经典马克思主义所构想的阶级革命，资产阶级政治与经济统治的不断强化，市民社会意识形态文化霸权的无孔不入，葛兰西认为，无产阶级如果不从上层建筑、意识形态入手展开文化夺权，革命就不可能取得最后成功。立足于这样的理解，葛兰西将理论关注的重点转向上层建筑和文化领地。安德森说，葛兰西"把文化领域上层建筑的自治和功效当作一个政治问题，并联系到同社会秩序存亡之间的关系，对这个问题作理论性阐明"。[①] 汤普森认为"葛兰西的全部著作都在试图解

---

① 〔英〕佩里·安德森：《西方马克思主义探讨》，高铦等译，人民出版社，1981，第99页。

决上层建筑这一概念所带来的问题"①。

在强调上层建筑主导作用的同时，葛兰西并未否定经济基础和物质结构对社会历史存在的终极决定，他在认同马克思主义这一基本原理的基础上，将经济基础和上层建筑辩证接合起来。葛兰西的历史联合体理论，强调的正是经济基础和上层建筑在历史化进程中的辩证自反、互涉接合的关系结构。葛兰西曾这样说道："没有经济改革在社会领域和经济领域的地位转换，文化改革能否存在？被压迫的社会阶级能否得到文化上的提高？精神和道德改革必须同经济改革纲领发生联系——实际上经济改革纲领正是精神和道德改革自我体现的具体方式。"② 在谈到意识形态的物质性问题时，葛兰西指出："马克思的另一个命题是说，一个大众的信念往往具有物质性力量或某种那样的东西所具有的同样的能量，这一点也很有意义。我认为，对于这些命题的分析，倾向于加强历史集团的概念——在这一概念里，正是物质力量是内容，而意识形态是形式——虽然形式和内容之间的这种区分只有纯粹的训导价值——因为如果没有形式，物质力量在历史上就会是不可设想的，而如果没有物质力量，意识形态就只会是个人的幻想。"③ 对经济基础与上层建筑辩证自反关系的强调，反映出葛兰西将马克思主义的历史唯物论与黑格尔的精神辩证法接合起来的理论诉求。这种接合为西方文化政治话语范式的发生与发展设定了基本的话语结构与理论方向。特别是葛兰西对意识形态物质性的认识，影响了威廉斯文化唯物主义思想，启发了阿尔都塞的意识形态与意识形态国家机器理论的创立。

从历史联合体的理论视域出发，葛兰西重新思考了资本主义社会的上层建筑问题，他把上层建筑分为政治社会与市民社会，政治社会是指国家行政机关、军队、监狱、法庭等专政的工具，市民社会指各种民间组织的总体，包括教会、学校、工会、文化艺术团体、新闻媒介等机构。葛兰西认识到，随着资本主义国家经济与政治体制性壁垒的进一步固化，统治集团不再主要依靠政治社会国家机器的强制统治，而是转向市民社会，充分利用文化和意识形态力量，实现统治权力的合法性建构，使民众对统治集

①　〔英〕汤普森：《意识形态与现代文化》，高铦等译，译林出版社，2005，第70页。

②　〔意〕葛兰西：《狱中札记》，曹雷雨等译，河南大学出版社，2014，第150~151页。

③　〔意〕葛兰西：《狱中札记》，曹雷雨等译，河南大学出版社，2014，第457~458页。

团的世界观、意识形态与统治权产生协商式的认同，这就是葛兰西所谓的霸权。在葛兰西那里，统治权是统治阶级以权力垄断与政治压制的方式统治国家，主要表现为权力在政治社会自上而下的单向度运作。霸权并不表征某种单面的权力形态，如经济权力、政治权力或文化权力，而是指向多重权力的接合。葛兰西之所以批判工团主义的经济斗争，批判列宁的阶级联盟理论，批判克罗齐的唯心主义哲学以及曼佐尼、维尔加的文学思想，正在于他认识到，单方面的经济、政治与文化革命，都难以撼动资产阶级固化的权力结构，必须展开一场总体性的社会革命："同赢得政治的和经济的权力问题一道，无产阶级还要面临如何赢得知识权力的问题。正如它需要考虑在政治上和经济上将自己组织起来一样，它也需要考虑在文化上如何将自己组织起来。"① 葛兰西从两个方面思考了霸权问题："一个社会集团的霸权地位表现在以下两个方面，即'统治'和'智识与道德的领导权'"。② 在葛兰西那里，霸权一方面指政治社会运用国家机器如法律制度、警察、军队、监狱等达成社会各个阶层对现状的一致性认同；另一方面，霸权并非只是居于主导地位的社会阶层强制使用国家机器来维系统治，而是指统治阶级通过市民社会的各种文化机构和文化形式，将统治权力和意识形态内化为民众的文化习俗、世界观、生活世界的价值与意义元素等，从而使各阶层对现存统治产生自主认同。霍勒布指出："霸权的概念不仅有助于我们理解，在经济上占统治地位的集团强制性运用国家机器维持现状的统治方式，而且能够让我们理解市民社会，包括教育、宗教和家庭以及日常生活实践的微观结构等，如何以及在何处有助于促使意义和价值的生产，而这些意义和价值能够维持社会上各个阶层对社会现状的自发性赞同。"③ 在这两个层面，葛兰西更强调文化霸权："一个社会集团能够也必须在赢得政权之前开始行使'领导权'。"④ 无产阶级如果不构建自己的知识/道德集团，不形成自己的文化霸权，那么，即便获得经济与政治的统治权，

---

① D. Forgacs and Geoffrey, *Antonio Gramsci: Selection from Cultural Writings*, Cambridge: Harvard University Press, 1991, p.41.

② 〔意〕葛兰西：《狱中札记》，曹雷雨等译，河南大学出版社，2014，第59页。

③ Renate Holub, *Antonio Gramsci: Beyond Marxism and Postmodernism*, London: Routledge, 1992, p.5.

④ 〔意〕葛兰西：《狱中札记》，曹雷雨等译，河南大学出版社，2014，第59页。

也难以建构真正意义上的社会主义国家，因为整个市民社会的文化价值观念、世界观与意识形态都还是受资产阶级文化霸权主导。葛兰西强调经济、政治与文化结构的总体性融合，而这种融合以文化霸权的建构为基础和前提，换句话说，文化霸权是社会主义经济与政治霸权得以顺利实施并获得认同的体制性保证。

二　文化霸权与文化政治

文化霸权理论重新诠释了文化、意识形态、权力与政治的语义内涵，为西方马克思主义文化政治话语范式的生成提供了重要的理论支撑。葛兰西对文化作了全新的理解，赋予文化以相对自主性的历史存在和功能价值，强调文化在权力生产与建构中的主导性作用。文化并非对物质生产与经济关系的被动反映，而是整个社会生活中生成的蕴含着价值和意义元素的表意符码，其间包裹着意识形态与权力关系。葛兰西的文化思想经历了两个不同的历史发展阶段，在俄国十月革命之前，葛兰西受黑格尔、克罗齐、柏格森等人的影响较大，其文化思想倾向于唯心主义，主要从人性论或人道主义的立场思考文化，如他在《社会主义与文化》一文中将文化定义为一种精神："它是一个人内心的组织和陶冶，一种同人们自身的个性的妥协；文化是达到一种更高的自觉境界，人们借助于它懂得自己的历史价值，懂得自己在生活中的作用，以及自己的权利和义务。"[1] 葛兰西 1915 年正式接触到马克思主义哲学和政治经济学理论，其后又受到俄国十月革命的影响，开始从马克思主义与社会主义意识形态立场来思考文化问题，注重对资产阶级文化与意识形态的理论批判，将大众文化视为构建工人阶级新文化以及反资产阶级文化霸权的主要文化类型。

葛兰西在论述文化时，强调文化的整体性、冲突性、批判性与联合性特征。整体性是指文化实践同经济、政治活动相结合的完整性状态。文化并非那种高高在上的精神存在，也不是脱离民众的被精英垄断的知识和艺

---

[1]　李鹏程编《葛兰西文选》，人民出版社，2008，第 5 页。

术，更不是纯粹的意识形态形式。在葛兰西看来，文化不能在一种与人的日常生活隔绝的状态下创造和传播，社会主义的劳工教育、即将到来的阶级革命以及社会主义者对未来的规划是必然联系在一起的整体性历史进程。文化涉及日常生活的方方面面，任何政治活动、经济生产和日常生活实践，都可以视为文化的具体表征。同机械僵化的经济决定论相比，葛兰西对文化的整体性结构的强调，无疑有着积极进步的理论意义，既批判了纯粹从经济活动来思考一切社会问题的还原论，也避免意识形态批判所带来的过度理论化。冲突性指文化领域是充满矛盾斗争的战场，葛兰西说："人们如果没有意识到世界观的历史性，没有意识到这种世界观所代表的发展阶段以及它同其他世界观或其他世界观的要素相矛盾这一事实，那么，在最直接和最本质的意义上，就不能够成为哲学家，就不能够具有批判的、融贯一致的世界观。"① 伊格尔顿在谈及葛兰西霸权理论时指出："无论什么时候，在社会中总是存在着取代形式的以及直接对抗形式的政治和文化这样一些意义重大的因素。"② 当然，葛兰西既强调冲突又肯定不同文化之间的融合，只有冲突而没有融合的文化必然会走向一种意识形态的封闭。冲突和融合可以带来文化边界的移动，容忍差异的冲突可以带来不同意义和价值的历史性接合。批判性是指文化应该成为阶级革命运动中的批判性和建构性的政治力量。知识分子应该秉持批判的态度介入文化领域，以实践哲学为武器，对资本主义的文化和意识形态展开批判，进而创造新文化，建构具有社会主义意识形态性质和主导性世界观的"集体意志"。葛兰西特别强调实践哲学的批判性功能，"把理论与实践同一起来是一种批判的行动，在这种行动中证明实践的合理性和必要性或理论的现实性和合理性"③。文化的批判性一方面指同旧文化做斗争，另一方面指新文化的重建问题。葛兰西之所以批判未来主义运动，正在于它把主要精力放在了对资本主义旧文化的破坏上面，未能创造出代表人民意志的新文化。文化的联合性指的是文化具有构建文化共同体的功能。葛兰西1917年就曾写过《文化的联

---

① 〔意〕葛兰西：《狱中札记》，曹雷雨等译，河南大学出版社，2014，第366页。
② 〔英〕雷蒙德·威廉斯：《马克思主义与文学》，王尔勃、周莉译，河南大学出版社，2008，第121页。
③ 李鹏程编《葛兰西文选》，人民出版社，2008，第297页。

合》，强调文化组织的重要性，文化教育的目的就是以文化的方式组织民众，形成文化的联合体。在《狱中札记》中，葛兰西进一步阐述了文化联合的政治意义，通过这种联合，形成文化与社会的统一，进而将分散、多元的意志焊接在一起，最终形成共同的世界观或集体意志。

自葛兰西开始，意识形态理论从抽象的思想体系向日常生活体验与话语实践层面转化。在葛兰西那里，意识形态不是被动反映经济基础的观念的上层建筑，也不是纯粹为统治阶级服务的绝对虚假的思想意识。葛兰西从历史联合体的理论出发，强调意识形态的有机整体性、弥散性、物质性与实践性特征。意识形态并非与经济、政治分离的纯粹思想观念，而是统治集团"含蓄地表现于艺术、法律、经济活动和个人与集体生活的一切表现之中"① 的世界观。这既强调了意识形态的有机整体性，也指出了意识形态的弥散性特征。麦克里兰认为葛兰西具体强调了"意识形态在当代社会复杂的弥漫现象"②。意识形态作为统治阶级的世界观，并非更高地悬浮于空中的思想意识，而是弥漫、交织于社会物质结构之中。没有物质的形式结构，意识形态就失去了载体。葛兰西对意识形态物质性的强调，直接影响了阿尔都塞的意识形态与意识形态国家机器理论。意识形态作为统治阶级的世界观，并不是纯粹封闭自足的观念性存在，而是内化于整个市民文化结构之中。统治阶级通过一系列的政治与文化实践，实现自身意识形态的普遍化与合法化。被统治阶级要么在具体的社会生活中顺从、共享、践行统治集团的意识形态，要么在反霸权文化影响下，以具体实践反抗统治集团的意识形态。葛兰西特别强调意识形态的实践功能，他认为现代资本主义更多依靠意识形态的文化实践来构建霸权，而非直接的政治统治。社会主义革命的首要任务，就是通过建构一个知识/道德集团，以实践哲学来教育、引导民众，运用文化和意识形态来创造真正的革命主体并使他们行动，意识形态能够"'组织'人民群众，并创造出这样的领域——人们在其中进行活动并获得对其所处地位的意识，从而进行斗争"③。葛兰西对意识

---

① 〔意〕葛兰西：《狱中札记》，曹雷雨等译，河南大学出版社，2014，第373页。
② 〔英〕大卫·麦克里兰：《意识形态》，孔兆政、蒋龙翔译，吉林人民出版社，2005，第42页。
③ 〔意〕葛兰西：《狱中札记》，曹雷雨等译，河南大学出版社，2014，第457页。

形态的创造性阐释，直接影响了西方马克思主义的意识形态与文化政治理论。

　　葛兰西重新思考了权力和政治问题。在葛兰西之前，关于权力的分析主要集中在上层建筑的政治社会领域，权力表现为统治集团运用国家机器实施的自上而下的单向度的政治统治。葛兰西将上层建筑分为政治社会和市民社会，并区分了统治权（domination）与霸权（hegemony）概念。统治权是统治阶级以权力垄断与政治压制的方式统治国家，霸权则表达了一种广义的政治支配关系，它所描述的是统治阶级通过操纵精神道德与文化领导权对社会加以引导而非统治的过程。霸权并非统治阶级世界观与意识形态的单纯传达，而是不同阶级的思想意识、文化与世界观交错杂糅形成的共谋化的政治权力格局。霸权表征了一种新的权力观，首先，权力并非只源自政治社会的国家机器，只表现为统治权，而是辐射、弥散在整体性的经济、政治与文化意识形态结构之中。就如威廉斯所言："霸权形式可以涉及现实的民主选举，也可以涉及'闲暇'和'私人生活'等有意义的现代生活领域。"[1] 其次，权力并非绝对恒定的存在，而是在历史化的进程中生产和运作。如斯蒂夫·琼斯所言："葛兰西否认权力是个可以一劳永逸地得到的概念。相反，他将其设想为一个发展中的过程，即使在某个统治阶级或集团不再能产生赞同的时刻也是有效的。"[2] 在葛兰西那里，权力既是动态生成的，同时又具有历史延续性。最后，葛兰西将权力模式引入文化与意识形态领域，改变了传统阶级革命的单一性权力格局。托尼·本尼特认为："葛兰西的领导权概念提供了一个理论框架，阶级斗争在其中通过一种非简约论的方式被理论化。这种非简约论的方式能够给文化和意识形态力量所发挥的作用以应有的重视。"[3] 葛兰西的文化霸权理论，强调的正是权力在文化与意识形态领域的运行状态。文化霸权并不表现为权力的单向施行，而是强调权力在统治集团与被统治集团之间形成的"均势妥协"格局，

---

① 〔英〕雷蒙德·威廉斯：《马克思主义与文学》，王尔勃、周莉译，河南大学出版社，2008，第118~119页。

② 〔英〕斯蒂夫·琼斯：《导读葛兰西》，相明译，重庆大学出版社，2014，第4~5页。

③ 〔英〕本尼特：《本尼特：文化与社会》，王杰、强东红等译，广西师范大学出版社，2007，诸论第19页。

不同的文化权力通过对抗与协商机制，在广义的政治意志之下实现权力的分享与共谋。葛兰西对文化、意识形态与权力的思考同时改变了他对政治的看法，以往对政治的理解主要局限于政治社会，更多指向阶级政治、革命政治与政党政治。葛兰西在思考文化霸权理论时发现，同过去相比，发达资本主义国家的政治问题变得更为复杂，"无论如何，在这些政党中，文化职能占主导地位，从而意味着政治语言变成行话。换言之，政治问题与文化问题混为一谈，因此变得非常棘手"①。政治与文化的结合，意味着文化实践都成为广义的政治，政治最终变成了表征权力关系的文化政治，文化霸权强调的正是政治在文化领域实现其合法化的权力逻辑。

葛兰西认为，发达资本主义国家通过市民社会的各种文化机构与意识形态介质，构建起自身的文化霸权，将资本主义社会多维复杂的思想观念，以及不同阶层的世界观整合、熔铸到统一的政治秩序之下，实现了资本主义民主政治的合法化。底层民众虽然在经济与政治上受到资产阶级压迫，但由于在意识形态层面陷入了与资产阶级共享文化的镜像之中，因而对其统治产生了自觉认同和接纳。无产阶级要想革命成功，首先必须以反霸权（counter-hegemony）的文化意识形态来揭露、批判和破坏资产阶级的文化霸权。葛兰西在论述无产阶级文艺时曾如此说道："摧毁文明的现存形式，别无选择。'摧毁'这个字眼在这一领域同在经济领域具有不同的涵义：它丝毫不意味着剥夺人类为了自身的生存和发展必需的物质产品；它意味着摧毁精神上等级森严的统治秩序、偏见、偶像和僵化的传统，意味着毫不畏惧新生事物和勇敢精神，毫不畏惧奇异的怪物。"② 另外，反霸权意味着构建与资本主义文化异质的无产阶级新文化，通过新文化的建设，最终实现无产阶级的文化霸权。在论述霸权问题时，葛兰西充分认识到知识分子的重要性。就资本主义文化霸权而言，正是资产阶级文化知识分子充当了霸权建构的主体。无产阶级要想摧毁资产阶级的文化霸权，就必须有自己的知识分子群体，产生具有社会主义价值观的有机知识分子，形成无产阶级的"知识/道德集团"（intellectual/moral bloc）。与资本主义传统、保守的知

---

① 〔意〕葛兰西：《狱中札记》，曹雷雨等译，河南大学出版社，2014，第177页。
② 〔意〕葛兰西：《论文学》，吕同六译，人民文学出版社，1983，第106页。

识分子不同，无产阶级知识分子主要从工业劳动中诞生，并始终同劳动人民站在一起，"积极地参与实际生活不仅仅是做一个雄辩者，而是要作为建设者、组织者和'坚持不懈的劝说者'"①。在葛兰西那里，有机知识分子是反霸权的先锋与构建无产阶级文化霸权的主体，所谓的阵地战乃是由无产阶级知识分子发动的、针对资产阶级文化与意识形态的战争。受葛兰西影响，西方文化研究者普遍认为，文化政治首先是一种知识分子政治，知识分子作为文化革命的主体，以抵抗、批判的姿态介入文化公共空间，用文化政治的形式来挑战资产阶级文化霸权。当然，反霸权和构建霸权的文化政治实践，并非仅是简单地抵抗和挑战，知识分子应深入上层建筑的领地，在具体的文化生产、消费与文化治理实践中，仔细甄别选择，破除资产阶级文化的虚伪镜像，揭露意识形态的谎言，批判性建构以社会主义性质为主导的共同文化，最终消除经济、政治与文化世界的权力压抑，形成无产阶级的文化霸权。

三　西方马克思主义文化政治批评的
"葛兰西转向"

自葛兰西之后，西方马克思主义在文化与意识形态领地不断拓展，形成了法兰克福学派的大众文化批判理论、英国新左派文化研究、阿尔都塞的结构主义文化理论、后马克思主义文化理论等多种话语形态。法兰克福学派的大众文化批判理论进一步发展了葛兰西的文化现代性思想，强化了知识分子的反霸权意识和对资本主义文化意识形态的批判性，但他们所秉持的精英主义文化立场，缺少政治经济学分析的单一性文化批判及其所坚持的审美现代性价值向度，使得他们的文化批判理论失去了葛兰西文化政治理论中所蕴含的阶级与民族意识、底层精神与人民性价值，这种建立在少数人解放的等级主义文化秩序基础上的文化理论，并不能反映无产阶级与人民大众的真实文化诉求，充其量不过是资产阶级自由人文主义意识形

---

① 〔意〕葛兰西：《狱中札记》，曹雷雨等译，河南大学出版社，2014，第7~8页。

态的翻版与复制。以阿尔都塞为代表的结构主义文化理论，较为直接地受到了葛兰西的影响。阿尔都塞说："这就是我——追随葛兰西——称之为意识形态国家机器制度的东西，它指的是一整套意识形态的、宗教的、道德的、家庭的、政治的、审美的以及诸如此类的机构，掌握权力的阶级运用这些机构，在统一自身的同时，也成功地把它的特殊的意识形态强加给被剥削群众，使之成为后者自己的意识形态。"① 但阿尔都塞并没有完全继承葛兰西历史联合体的思想，而是转向了对政治、经济与文化结构的意识形态分析。同葛兰西的理论相比，阿尔都塞的结构主义文化理论表现出明显的本质主义与浓烈的悲观主义倾向。结构主义马克思主义的理论局限，最终促成了西方文化研究由阿尔都塞主义向葛兰西主义的转向："正是由于阿尔都塞的理论为我们带来了种种顾虑，文化研究领域才最终转向意大利马克思主义者安东尼奥·葛兰西的著作。"② 英国新左派的文化研究理论，将大众文化从法兰克福学派的批判视域中拯救出来，赋予其文化的合法性。在对大众文化的研究中，威廉斯等人发展出文化主义的方法与理论路径。文化主义强调文化研究的唯物主义性质，强调人的主观经验、情感结构和文化意志在社会历史变革中的基础性作用，认为文化本身乃是一种整体性的生活方式，人在文化生活世界的斗争与联合构成社会变革的历史，但文化主义在思考文化经验、感觉结构、阶级意识、共同文化等问题时，相对忽视文化实践与意识形态结构的辩证效度，有陷入经验主义与抽象人道主义的危险。基于此，斯图亚特·霍尔认为应回到葛兰西的著作中去："文化研究通过运用葛兰西著作中探讨过的一些概念，试图从结构主义与文化主义著作的最好要素中推进其思路，使其非常接近于对这一研究领域的需要。"③ 在斯图亚特·霍尔之后，托尼·本尼特提出大众文化研究的"葛兰西转向"问题："葛兰西著作的批判精神全没有大众文化批评家叫人忍无可忍的傲慢态度，同时又丝毫无意去鼓吹一种大众主义，既避免也否定了结

① 陈越编译《哲学与政治：阿尔都塞读本》，吉林人民出版社，2003，第239页。
② 〔英〕约翰·斯道雷：《文化理论与大众文化导论（第五版）》，常江译，北京大学出版社，2010，第98页。
③ 罗钢、刘象愚主编《文化研究读本》，中国社会科学出版社，2000，第65页。

构主义和文化主义的二元对立。"① 霍尔和本尼特强调将文化主义与结构主义接合起来，开辟文化研究的第三条道路，他们在葛兰西那里发现了这种接合的可能。后马克思主义的文化与政治理论，最初以阿尔都塞主义的面孔出现在西方马克思主义的舞台，他们对经典马克思主义的解构和对左翼政治的偏离，使他们的理论带有了强烈的后现代、解构主义与反本质主义的征候，因而被视为"不作保证的马克思主义"甚至是"反马克思主义"的。后马克思主义者同样推崇葛兰西，拉克劳、墨菲的口号就是："回到领导权斗争中去。"墨菲在《葛兰西与马克思主义理论》一书的引言"今天的葛兰西"中，开篇就指出："如果说 20 世纪 60 年代马克思主义的历史以阿尔都塞主义为主导，那么，毫无疑问，今天我们已经进入了一个新的阶段：那就是葛兰西主义。"② 在《领导权与社会主义的策略：走向激进民主政治》一书中，拉克劳和墨菲从民主政治的理论视域出发，对葛兰西的"霸权"理论进行了全面拆解与重构，赋予霸权以民主性、多元性、差异性、对抗性、接合性等特征，最终形成了与传统左翼文化政治完全不同的认同性身份政治理论。通过对西方马克思主义文化理论的简单追溯，可以发现，回到葛兰西已成为西方马克思主义历史化与语境化进程中最具共识性的理论选择。下面，我结合文化政治理论，简要谈谈西方文化研究中的"葛兰西转向"问题。

　　文化政治的知识生产基本上是在葛兰西霸权理论的结构框架之内展开的，正是在葛兰西霸权理论的影响下，西方马克思主义进一步思考了文化、政治与权力问题，形成了文化政治的语义内涵与话语结构。文化政治对文化的思考，首先是批判庸俗马克思主义的经济决定论和历史还原论，将文化视为包孕着多维复杂权力关系的政治与意识形态结构，并赋予文化相对的自治性和独立性。以威廉斯为例，他关于文化是整体性生活方式的论述，强调的正是文化与经济、社会的总体化格局，这种认识规避了一些马克思主义者对文化的简约主义与还原论理解。在《漫长的革命》中，威廉斯致

---

① 〔英〕本尼特：《大众文化与"转向葛兰西"》，陆扬、王毅选编《大众文化研究》，上海三联书店，2001，第 62 页。

② Chantal Mouffe, *Gramsci and Marxist Theory*, London, Boston and Henley: Routledge & Kegan Paul, 1979, p. 1.

力于分析文化、媒介与文学，以"揭示实际存在的感觉结构——那些存活在作品和各种关系当中的意义和价值，并阐明使这些结构得以形成和改变的历史发展过程"①。但正如汤普森所言，文化不是整体的生活方式而是整体的斗争方式。20世纪70年代后，受葛兰西影响，威廉斯对先前的文化理论有所修正，开始更加关注文化与权力的关系，"70年代，根据葛兰西的霸权概念，他重新塑造了社会过程的概念，据此将社会看成统治的、残余的和新兴的文化形式之间冲突的竞技场"②。这种对文化的认识，被西方马克思主义广泛接受。文化政治不再把政治限定在政治社会，将政治视为纯粹的政党政治、阶级政治，而是从葛兰西的市民社会与文化霸权理论出发，将政治理解为蕴含着权力要素的文化与意识形态实践。政治在葛兰西那里已开始挣脱一元论结构，孕育出了多元民主的游牧政治的胚胎。墨菲指出，"葛兰西的霸权概念不仅与多元主义相容，而且还暗含着多元主义"③。文化政治对权力的认识，明显承袭了葛兰西霸权理论对权力的思考。文化政治的使命，正在于破除权力隐匿在文化肌理的虚伪镜像，祛除非法的监禁与奴役，恢复文化的真理维度与自然景观，最终达成主体的觉醒与反抗。

　　西方马克思主义虽然对文化政治的话语范式达成了普遍认同，但在理论方法层面，又表现出明显的差异性。以威廉斯等为代表的英国新左派文化研究者，开辟了文化政治的文化主义路径。文化主义强调经济基础与上层建筑的相互作用，将文化实践置放在具体的社会结构之下展开分析，凸显人的经验、感觉结构、情感意志等主观意识的能动性在社会历史发展进程中的能动作用，"文化主义正确地指出，某个确定时刻意识斗争的发展和组织是进行历史分析、意识形态分析和意识分析不可缺少的因素"④。但由于文化主义对经济基础与意识形态结构缺乏辩证认识，没有看到主体经验在社会经济、政治与意识形态结构中被形塑的复杂性，容易跌入抽象的人道主义与文化民粹主义的理论陷阱。以阿尔都塞为代表的结构主义马克思

---

① 〔英〕威廉斯：《漫长的革命》，倪伟译，上海人民出版社，2013，第311页。

② 〔美〕丹尼斯·德沃金：《文化马克思主义在战后英国：历史学、新左派和文化研究的起源》，李凤丹译，人民出版社，2008，第143页。

③ Chantal Mouffe, *Gramsci and Marxist Theory*, London, Boston and Henley: Routledge & Kegan Paul, 1979, p.15.

④ 罗钢、刘象愚主编《文化研究读本》，中国社会科学出版社，2000，第64页。

主义，从结构主义的理论立场出发，形成文化研究的结构主义方法，将文化研究发展为以意识形态批判为主导的文化政治学。结构主义的活力表现在它对"决定性条件"、对理论与意识形态结构的强调以及对经验的解中心化。在阿尔都塞看来，任何具体的文化实践，都必须置放到系统化的结构中去才能获得理解，任何文化经验都是意识形态表征与建构的产物。结构主义对意识形态结构的强调，为文化研究注入了有机性与整体性的理论要素。但结构主义的局限性也非常明显，它没有从经济基础与上层建筑辩证自反的逻辑出发来思考文化与意识形态问题，而是以非历史化、多元决定的范式，赋予意识形态以绝对主体的历史地位。结构主义在消解经验中心主义的同时，强化了结构的主导性。在结构主义那里，意识形态更多的是作为维系霸权建构的压抑性主体的面孔出现，这就使结构主义的反霸权文化实践带有了某种悲观主义的色彩。当意识形态作为无意识形态的结构再生产经济关系与文化主体时，当意识形态国家机器与压迫性国家机器紧密结合，共同压制异质性权力的出现时，文化政治的革命可谓是一场无望的救赎。就此而言，结构主义缺少文化主义的乐观主义精神与反抗意识。正是因为看到了文化主义与结构主义各自的利弊，斯图亚特·霍尔与托尼·本尼特才提出著名的"葛兰西转向"问题，以实现意识形态结构分析与具体文化经验的辩证统一。

除了强调文化主义与结构主义的接合，一些文化学者还提出应注重文化研究的政治经济学维度，麦克盖根就曾指出，一味追求阐释策略而罔顾文化消费的历史与经济条件的思路，使"一度深入人心的新葛兰西式霸权理论"已然转向毫无批判力的民粹主义。"假若文化研究脱离了政治经济学，则必然变成一套毫无政治效应的阐释法，进而也就不可避免地堕落为既存权力的剥削与压迫结构的同谋。"① 将政治经济学与文化意识形态分析统一起来，强调文化研究的唯物主义与辩证法效度，可规避文化政治蜕变成抽象的意识形态分析与文化民粹主义的话语表演。

受葛兰西影响，西方马克思主义文化政治逐步摆脱阶级政治的一元论

---

① 〔英〕约翰·斯道雷：《文化理论与大众文化导论（第五版）》，常江译，北京大学出版社，2010，第265页。

格局，将社会主义文化与政治实践导向祛阶级化的民主革命路径。西方马克思主义者普遍认为，葛兰西关于霸权、集体意志的思考，与卢卡奇的"阶级意识"、戈德曼的"世界观"、列宁的"阶级联盟"已有很大不同。葛兰西说："历史的行为只能由'集体的人'来完成，要达成一种'文化-社会的'统一，必须以此为前提：具有异质的目的的、多种多样的分散的意志，在平等的共同的世界观的基础上，怀着同一个目的而焊接在一起。"①集体意志是不同阶级通过共享文化形成的广义的政治意志，它是由分歧与认同、对抗与联合的意识形态辩证生成的差异共同体。葛兰西虽然没有抛弃历史决定论与阶级结构的元逻辑立场，但他的集体意志与霸权理论，无疑给西方马克思主义的社会主义想象注入了民主与多元的内核。像威廉斯的文化政治理论，已开始强调文化意识形态领域的民主革命。他认为，社会主义革命必须开辟新的政治斗争形式："我认为必须通过持续不断的启智和教育手段，从总体上和细节上打垮资本主义社会产生的意义和价值体系。这是我所说的那种'漫长的革命'的文化进程。我把它称为'漫长的革命'，意思是说它是一场真正的斗争，是有组织的工人阶级争取民主和经济胜利的必要斗争的一部分。"②在《漫长的革命》中，威廉斯虽然坚持历史决定论，相信工人阶级作为革命主体的政治身份以及总体性的社会主义革命范式，但由于威廉斯相对忽视文化与意识形态的斗争性、对抗性，从而使文化革命变成了消极浪漫的文化改良，基于整体生命与普遍人性的"共同文化"，呈现出祛阶级化的调和主义倾向。

自威廉斯之后，以拉克劳、墨菲为代表的后马克思主义，在反历史决定论、反阶级政治方面走得更远。拉克劳、墨菲试图通过重构一种激进的民主政治来替代阶级政治构想，所谓激进是指不再信仰阶级结构的一元论模式，而是将作为"霸权主体"的工人阶级置换为具体的"行动者"。所谓民主是指差异共同体与社会多样性政治格局的形成，如墨菲所言，左翼的任务不可能是放弃自由民主的思想，而是按照激进多元与民主的方向去深化和扩展。在构建激进民主政治理论时，拉克劳与墨菲同样选择了回到葛

---

① 〔意〕葛兰西：《狱中札记》，曹雷雨等译，河南大学出版社，2014，第409页。

② 〔英〕威廉斯：《希望的源泉：文化、民主、社会主义》，祁阿红、吴晓妹译，译林出版社，2014，第83~84页。

兰西的理论上。在《领导权与社会主义的策略：走向激进民主政治》中，他们从后结构主义、后现代主义与反本质的立场出发，对葛兰西的霸权理论进行了历史性转化。"从列宁主义的阶级联盟到葛兰西的'智识的和道德的'领导权概念，霸权任务日益扩展，以至于对葛兰西来说，社会行为者不再是阶级而是'集体意志'。"① "对于葛兰西来说，政治主体严格地说不是阶级，而是合成的'集体意志'，同样，领导权阶级所连接的意识形态要素没有必然的阶级属性。"② 正是从葛兰西的霸权理论中，拉克劳与墨菲找到了话语接合的可能，并在多元民主的意识形态结构场域中，企图建构与阶级政治以及激进左翼政治完全不同的文化政治话语范式。

在西方马克思主义文化政治发展的理论进程中，葛兰西的文化霸权理论无疑具有开创性的历史性意义和作用。面对欧洲工人运动的失败和意大利工人阶级革命现实，葛兰西从文化出发来重新思考无产阶级革命的问题，他敏锐地捕捉到东西方社会结构的差异性，并指出这种差异性主要体现在市民社会与文化公共空间的建设方面。葛兰西认为西方社会的上层建筑由国家政治结构和市民社会的文化公共领域两部分构成。这就意味着，在西方社会，资产阶级不仅在政治上获得了统治权，同时也必然获得了文化上的领导权。如马克思所言，任何一个时代居于主导的思想必然是统治阶级的思想。西方资产阶级要构建自身统治的合法性，就必须从政治上的统治权和文化意识形态两个方面入手，最终建构自己统治权力的合法性。正是从这一理论视域出发，葛兰西指出，无产阶级的社会主义革命不能局限于政治经济领域的暴力革命，而必须通过无产阶级的知识分子集团，通过有机知识分子来发展无产阶级的文化并在市民社会的公共空间争夺文化领导权。

葛兰西的霸权理论关注市民社会的文化空间、日常生活地带甚至是人的感性经验世界。霸权既强调统治权的集中性和总体性结构，又重视权力

---

① 〔英〕拉克劳、〔英〕墨菲：《无须认错的马克思主义》，周凡主编《后马克思主义：批判与辩护》，中央编译出版社，2007，第126页。

② 〔英〕拉克劳、〔英〕墨菲：《领导权与社会主义的策略：走向激进民主政治》，尹树广、鉴传今译，黑龙江人民出版社，2003，第73页。

生产运作过程中的微观化形态和弥散效应。正是这种理论意识使西方马克思主义开始重视文化和意识形态研究，进而将社会主义革命看成人的思想和感觉的革命。葛兰西的历史联合体理论规避了庸俗马克思主义的经济决定论，强调了经济基础的物质生产结构和上层建筑的文化意识形态生产之间的辩证融合。葛兰西重视文化的群众性基础和人民性价值，认为实践哲学要求知识界同普通群众接触，有机知识分子要联系群众和人民，从而建立起道德—智识集团，形成广义的政治联合体。葛兰西并没有将文化局限在精英文化的领地，恰恰相反，实践哲学需要实现的就是通过民众感兴趣的文化，进而提升大众的文化素养。葛兰西认为新文化就是具有人民性的文化，而知识分子心中必须有真正的普通人民群众，才能创造出人民的文化。同时，知识分子要想真正创造出具有人民性价值的文化，就必须真正走向劳动实践，不仅做一个雄辩者，而且要做建设者、组织者和"坚持不懈的劝说者"。总之，葛兰西虽然强调文化和意识形态的领导权建设，但他始终还是坚持阶级斗争的模式和社会主义的革命理想。佩里·安德森曾说葛兰西是西方马克思主义者中最后一个谈论阶级斗争的理论家，这也是葛兰西最接近经典马克思主义的地方。

当然，葛兰西的文化政治理论也有许多值得我们进行批判性反思的地方。比如，他相对轻视对资本主义社会的政治经济学研究，过于强调文化意识形态的独立性价值，理论上倾向于黑格尔主义的马克思主义。他虽然强调阶级斗争的实践，但更多指理论斗争与文化话语层面的意识形态实践。葛兰西强调知识分子的政治选择，但知识分子的世界观到底如何形成？所谓的无产阶级世界观到底是黑格尔的绝对精神，抑或克罗齐所谓的主观心灵的先验存在，还是物质实践的历史过程中形成的社会主义意识形态？葛兰西强调大众文化作为人民文化对文化领导权构建的作用和力量，但他显然过于高估了大众文化形塑工人阶级文化意识的功能。就像霍加特在论及工人阶级文化时虽然强调文化的大众性和民主性，却批判美国式的大众消费文化对工人阶级那种有机文化形态的冲击。葛兰西显然并没有认识到后现代消费社会大众文化的负面性价值，他对人民文化的想象也带有一定的理想主义色彩。此外，葛兰西的文化领导权开启了西方马克思主义文化研究的话语政治路径，即将现实的革命政治斗争挪到话语的领地，用话语的接合替代了现实生活世界的唯物主义实践。这种模式消解了阶级革命的对立性、一元论和意识形态的结构封闭性模式，将社会主义革命导向多元民主的文化改革主义向度。后马克思主义者拉克劳、墨菲等人将葛兰西视为其理论的先驱，认为葛兰西的文化理论超越了左翼激进政治革命的传统，形成了一种对抗性的政治和多元民主的革命范式。这种多元民主的政治立场和话语接合的唯心主义转向，一定意义上销蚀了西方资本主义社会左翼知识分子的社会主义革命信仰，偏离了历史唯物主义路径。

第三章 威廉斯的文化唯物主义
与文化政治理论

雷蒙德·威廉斯（Raymond Williams，1921—1988），20 世纪中叶重要的西方马克思主义文艺理论家和文化批评家，文化研究的奠基者之一。威廉斯 1921 年出生于威尔士潘狄村的一个工人阶级家庭，1933 年进入英国剑桥大学学习并参加社会主义俱乐部和共产党学生支部。毕业后曾在牛津大学的成人教育班任教，1974 年开始在剑桥大学耶稣学院担任戏剧讲座教授，直至去世。威廉斯是英国著名的马克思主义文化理论家，文化研究理论范式的开创者之一。他的《文化与社会》（1958）和《漫长的革命》（1961）二书可以说是文化研究里程碑式的论著。威廉斯从文化研究入手，反对传统文学理论的研究范式，提出从社会与文化语境的整体性视域来研究文化和文学艺术，将文学艺术视为独特的文化形式。威廉斯的文化理论延续了英国 19 世纪以来以泰勒、阿诺德等人为代表的文化传统，继承了阿诺德将文化视为反对无政府主义、控制与接合社会结构之工具载体的文化政治观念，接受其自由人文主义的精神内核，但抛弃了精英主义的理论前见，转而走向社会民主主义；他既批判利维斯、艾略特等人的伟大传统论与高雅文化观，提出消除精英文化与大众文化之间的鸿沟，强调大众文化积极的文化政治意义，又自觉将"细察"学派的文本细读作为文化研究的方法，并辩证吸收艾略特将文化视为一种整体的全部生活方式的思想；他接受马克思主义的历史唯物论，强调经济基础的优先性地位，"如果我们要理解文化进程的现实，经济基础无疑是最重要的概念"[1]，但反对对经济基础/上层建筑作机械僵化、公式化的解读，并批判反映论与再现论，强调将文化与社会

---

[1] Raymond Williams, *Culture and Materialism*, London：Verso, 2005, p. 33.

融合起来，从经验性的历史与人的感觉结构出发，对社会结构作整体性的理解与阐释。特别是在受戈德曼、卢卡奇、阿尔都塞以及葛兰西等人的思想影响之后，作为西方马克思主义的理论家、英国新左派的重要理论家，威廉斯对经典马克思主义理论有哪些继承？他又如何通过借鉴和吸收卢卡奇、戈德曼、葛兰西、阿尔都塞等西方马克思主义者的理论，并结合英国文化研究的理论传统与个人的文化经验，形成英国新左派的文化政治理论与实践范式？笔者拟从威廉斯的文化唯物主义思想出发，对威廉斯的文化政治理论和实践展开批判性反思与阐释。

一　重新思考文化：文化唯物主义的理论内涵

　　威廉斯在辩证吸收经典马克思主义理论、英国文化与社会的理论传统、西方文化马克思主义以及英国左翼文化思潮的基础上，形成了自己的文化唯物主义理论。何为文化唯物主义？威廉斯认为，文化唯物主义"是一种在历史唯物主义语境中强调文化与文学的物质生产之特殊性的理论"①。文化唯物主义是"研究文化如社会和物质等生产过程的理论，研究特定的文化实践和'各门艺术'，把它们视为社会所利用的物质生产手段，包括从作为物质性'实践意识'的语言，到特定的写作技术和写作形式，直到电子传播系统"②。从威廉斯对文化唯物主义的理论界定来看，他用文化的整体性存在涵摄社会物质实践与精神生产的二元结构，强调社会的物质实践进程与特定的精神情感结构及文化意义模式的对应关系，认为经济基础与政治实践都表现为具体的文化观念与情感结构。因而，西方马克思主义文化理论应重点关注上层建筑中的各种文化实践，在对文化、文学艺术、传播、电影电视等文本话语的深入思考中发掘人性经验的历史样态，并通过不断的文化革命与人性改良来推动经济基础与上层建筑的变革。很

---

① 〔英〕雷蒙德·威廉斯：《马克思主义与文学》，王尔勃、周莉译，河南大学出版社，2008，第6页。

② Raymond Williams, *Problems in Materialism and Culture: Selected Essays*, London: Verso, 1980, p. 243.

显然，威廉斯虽赞同马克思主义的历史唯物主义方法，也始终坚持社会主义的文化实践与政治归属，但同经典马克思主义相比，其理论路径已大异其趣。

威廉斯文化唯物主义理论的整体性特征，首先表现为他对庸俗马克思主义基础/上层建筑公式化理解的反拨。威廉斯反对庸俗马克思主义的经济决定论，强调经济、政治与文化实践的结构同源性。工业革命、民主革命与文化革命并非各自独立，而是彼此交织融合。政治、经济与文化在社会历史变迁中相互作用、难以剥离。在威廉斯那里，文化是包孕多元社会经济、政治与情感结构的整体性生活方式，文化观念"是针对我们共同生活的环境中一个普遍而且是主要的改变而产生的一种普遍反应"①，文化因素"包括生产组织、家庭结构、表现了或支配着社会关系的各种制度结构，以及社会成员赖以相互沟通的各种特有形式"②。这种整体性观念，自始至终贯穿于威廉斯的文化研究之中。

威廉斯强调文化的物质性特征，文化并非纯粹抽象的观念体系与审美的形而上存在，而是本身就同物质世界有着千丝万缕的联系。文化与文学艺术本身是社会活动与物质生产的一部分，是物质实践的语言。威廉斯反对利维斯主义淡化社会历史背景的审美批评传统，强调文化研究的历史意识。任何文化与文艺实践，都必须置于具体的历史语境之中进行考察。历史的视域与方法强调基础/上层建筑关系结构的动态性与复杂性，凸显文化在历史进程中斗争与冲突的活性状态。威廉斯的"感觉结构"与"共同文化"理论，都具有强烈的历史感，它们不是静态的固化结构，而是始终在历史变革中更新发展。"一个社会的形成过程就是寻找共同意义与方向的过程，其成长过程就是在经验、接触和发现的压力下，通过积极的辩论和修正，在自己的土地上书写自己的历史。"③ 威廉斯重视经验对文化研究的主导意义，强调经验对构建认识型知识与情感结构的重要作用。文化进程乃是广大而普遍的思想与感觉运动，是日常生活经验的生成、积淀、溶解与

---

① 〔英〕威廉斯：《文化与社会》，吴松江、张文定译，北京大学出版社，1991，第 374 页。
② 〔英〕威廉斯：《漫长的革命》，倪伟译，上海人民出版社，2013，第 51 页。
③ 〔英〕威廉斯：《希望的源泉：文化、民主、社会主义》，祁阿红、吴晓妹译，译林出版社，2014，第 4 页。

变迁，共同文化表述的就是共同经验。"文化是共同的意义，是整个民族的产物，但也有个体的意义，是一个人全部个人和社会经验的产物。"① 丹尼斯·德沃金指出，威廉斯"承认文化生活的无形组成部分只有根据经验才能了解，正如他相信，通过经验，我们可以理解社会过程的总体性一样"②。文化唯物主义突出文化的政治内涵，强调文化对社会与人性等深层力量的关注和介入。威廉斯通过发掘文化复杂的政治意义与功能，以文化斗争与建设的方式推进社会主义的总体性革命进程。

　　威廉斯认同马克思、恩格斯关于物质与意识之辩证关系的理论、对社会问题的历史阐释维度以及对上层建筑之复杂状态的分析。威廉斯指出："任何针对马克思主义文化理论的现代探讨从一开始都必定要考虑到具有决定性的基础和被其决定的上层建筑这一前提。"③ 威廉斯虽然突出文化的意义与功能，但并没有放弃"基础"作为文化之前提条件的优先性地位。威廉斯认为，英国工党之所以最终走向失败，关键在于其费边主义的文化政治实践未能触动由所有制、分配与交换所决定的资本主义社会关系结构。威廉斯反对庸俗马克思主义对基础/上层建筑的公式化理解："就我自身而言，我反对经济基础与上层建筑的公式，并不是因为其方法论上的缺陷，而是它的僵化机械、抽象静止的特征。"④ 威廉斯强调物质实践的前提与基础性地位，但拒绝"决定"的概念，因为"决定"的理论容易将上层建筑视为被动反映经济基础的静态存在，从而忽略了上层建筑同基础的复杂关系以及文化在历史进程中的多元形态与能动作用。威廉斯认为，传统的以阶级斗争为主导的社会主义革命，过于强调经济与政治秩序的建构而非人的秩序，忽略了文化革命与领导权建设的重要作用。一个成功的社会主义运动，不仅表现为经济与政治的革命斗争实践，而且也是一场富有情感和想象的文化革命。但是，威廉斯对基础/上层建筑复杂关系

---

① 〔英〕威廉斯：《希望的源泉：文化、民主、社会主义》，祁阿红、吴晓妹译，译林出版社，2014，第10页。

② 〔美〕丹尼斯·德沃金：《文化马克思主义在战后英国：历史学、新左派和文化研究的起源》，李凤丹译，人民出版社，2008，第130页。

③ 〔英〕雷蒙德·威廉斯：《马克思主义与文学》，王尔勃、周莉译，河南大学出版社，2008，第80页。

④ Raymond Williams, *Culture and Materialism*, London: Verso, 2005, p. 20.

的分析以及对文化能动性的认识，又过度强调了文化的主导性功能，特别是他的共同文化理论，完全是建立在普遍人性论基础上的阶级调和主义思想，这就背离了经典马克思主义的立场，最终滑向英国自由人文主义的文化传统。

威廉斯的文化唯物论深植于西方马克思主义的理论传统之中，受葛兰西、卢卡奇、戈德曼、阿尔都塞等人思想的影响。威廉斯与英国新左派开辟的文化研究范式，延续了西方马克思主义的理论路径。威廉斯虽然没有抛弃经典马克思主义基础/上层建筑的关系结构模式，但他更多地还是强调从文化的总体性视域出发，批判性反思英国资本主义文化与意识形态的历史、经验与结构问题。通过文化研究介入上层建筑，以文化批判、文化改革与文化治理的方式来构建社会主义文化与意识形态形式，进而最终促进经济与政治结构的变革。威廉斯的文化唯物论与葛兰西的霸权理论、卢卡奇的总体性理论、戈德曼与阿尔都塞的结构主义等有着诸多内在关联。威廉斯早期的文化理论强调文化的联合、改良、多元主义等特征，淡化对文化冲突进程中权力运行机制与斗争形式的关注。在接触到葛兰西的文化霸权理论之后，威廉斯对先前的文化唯物论思想作出了许多修正，如开始反思早期文化理论中那种抽象的人性论与虚假民主思想。威廉斯认为，文化作为"整体性生活方式"的概念忽视了不平等、剥削与权力关系，霸权理论则强调了文化与权力的复杂关系结构，以及文化作为意识形态斗争方式在日常生活的经验世界以及感觉结构中的革命性功能。威廉斯的文化整体性思想，同卢卡奇的总体性理论（Totality）以及戈德曼的结构与世界观思想有着逻辑与历史的关联。威廉斯曾在《文化与唯物主义》中专门论及卢卡奇的总体性与戈德曼的发生结构主义理论。威廉斯承续了卢卡奇的总体性思想与戈德曼的结构概念，认同二者的整体性观念与历史意识，但抛弃了卢卡奇关于阶级意识的宏大叙事立场，强调超越阶级性的共同文化理念与普遍人性思想，批判戈德曼过于强调伟大文学作品对"可能意识"精神结构的本质主义书写，忽略了感性世界弥漫、破碎之具体经验形态与情感结构在推动文化历史进程中的重要性等。威廉斯同阿尔都塞一样强调结构在文化进程当中的重要性，但威廉斯认为，结构并非经验的主导，相反却是经验的沉积与构型。表征主体历史性在场的情感结构乃是文化经验的产物，而非如阿尔都塞所言是意识形态虚构的假象。总之，在威廉斯那里，我们既可以看到西方马克思主义理论幽灵的绵延，又可以看到他结合英国社会历史传统所作出的辩证吸收与创造性转化。

作为英国马克思主义文化政治的典型形态，威廉斯的文化唯物论既有对英国文化传统的理论延续，又有明显的超越和发展。威廉斯关于文化的定义以及他对文化政治的强调，显然受到艾略特、阿诺德、利维斯等人思想的影响。威廉斯继承了阿诺德对文化所持的自由人文主义思想。在阿诺德那里，文化既是知识与道德、美与真理的化身，同时又具有启蒙、消除无政府状态、弥合阶级分层以及对社会整体实施控制的文化政治意义。Glenn Jordan 和 Chris Weedon 指出："确切地说，阿诺德的《文化与无政府主义》是一本关于政治的书……阿诺德的主题是：给工人阶级提供文化教育以使他们免于走向无政府主义或社会革命。"① 威廉斯虽然强调大众文化的民主性与革命性意义，凸显成人教育的文化功能，但他的多元文化观以及长期革命的文化政治思想，似乎又保留了阿诺德的精英意识与文化改良主义精神。威廉斯关于文化的三重定义并没有走出阿诺德、泰勒以及利维斯等人的文化等级主义陷阱，他对剩余文化、主导文化与新生文化的分类以及其折射出的文化进化论思路，与泰勒等人的文化改革理论如出一辙。不同的是，威廉斯始终带着批判资本主义文化、构建社会主义文化理想的鹄的谈论文化问题。威廉斯关于文化是一种整体性生活方式的论述，显然来自艾略特的文化定义。只不过艾略特更强调高级文化与知识精英的作用，威廉斯则提倡普遍的文化民主与文化的多元平等发展机制。威廉斯深受利维斯的影响，他的《文化与社会》《漫长的革命》《乡村与城市》等，基本上采用的是利维斯主义的文本细读模式，他对文化机制与情感结构的研究更多来自文本阐释，即通过艺术是审美与文化构型来发掘人性隐秘的历史脉动，但又用马克思主义的文化唯物论修正了利维斯的文化救赎论。威廉斯在批判性接受英国自由主义文化传统的同时，又受到英国左翼思潮的影

---

① Glenn Jordan and Chris Weedon, *Cultural Politics: Class, Gender, Race and the Postmodern World*, Blackwell Publishers, 1995, p. 36.

响，从而在思想和情感上倾向于马克思主义。威廉斯信仰社会主义，倡导经济平等、政治自由与文化民主，但他反对英国左翼（主要是二战前受苏联马克思主义影响的左派）对马克思主义机械僵化的接受，认为传统的以阶级斗争为主导范式的社会主义革命难以成功，"贝弗里奇报告"的实施与英国福利社会形成的无阶级社会症象，使传统左翼所信仰的阶级政治走向终结。当直接的政治已难以撼动资本主义的大旗，威廉斯选择了文化政治的理论与实践方式，试图通过文化的长期革命来打垮资本主义。威廉斯的文化唯物论，可以说既吸收了自由人文主义的精髓，又保留了英国马克思主义的左翼文化传统。但也正因如此，威廉斯的文化唯物论思想才显得异常复杂。

二 文化唯物主义的文化政治：威廉斯文化研究的政治转向

　　英国新左派的文化研究充分拓展了文化的政治效用，形成了与传统左翼的阶级政治完全不同的文化政治理路。威廉斯是新左派的主要成员之一，他的文化唯物论构成了新左派文化政治的主导性理论与实践范式，对英国马克思主义文化理论产生了广泛而深刻的影响。通过文化介入社会，可以说是自19世纪后期至战后英国自由主义与左翼知识分子共同恪守的理论传统。只不过到了威廉斯那里，他开始将自由人文主义、马克思主义与英国左翼的知识谱系接合起来，将文化研究发展成为同整个资本主义社会结构相抗衡的"长期革命"。威廉斯的文化唯物论致力于从文化的物质性结构层面出发，通过研究文学艺术中的经验构型，检视凝聚、弥散在文本肌理中的压抑性权力关系，借此破译资本主义的意识形态与文化幻象，以此践行他的社会主义政治理想。就此而言，威廉斯的文化唯物论具有明确而强烈的政治倾向。艾伦·新菲尔德曾如此谈及文化唯物论的政治性："没有一种文化实践不带有政治意义……文化唯物论并不像一些传统文学批评那样走向神秘化，或将文学批评视为是对特定文本的自然、显见或正确的阐释。相反，它毫不讳言对以种族、性别和阶级等为借口而对人们进行剥削的社会秩序展开政治介入。"① 威廉斯自己也从不回避文化研究的政治属性，他认为，文化唯物主义的初衷就是要对文学和艺术作社会和政治的分析，只不过威廉斯所谓的政治，并非经典马克思主义所言的那种宏大的革命政治，而是以整体性方式存在的文化政治。② 威廉斯所谓的深层力量，主要指整个社会的物质文化基础、复杂的文化机制与感觉结构等。关注这种深层力量，其实就是强调文化政治在社会历史进程中的重要性。威廉斯说："我们正在进入一个风险更多、机会也更多的文化政治时期。"③ 中国学者赵国新指出："在文化唯物论和文化研究背后，隐含着一种带有浓厚人文主义色彩的文化政治观念：从政治批判入手，去改变民众的社会意识，进而改造社会压迫的现象。这就是威廉斯等英国新左派所奉行的文化政治。"④ 文化研究的目的，正在于通过文化政治介入社会结构的深层肌理，进而在具体的文化斗争实践中推动经济、政治与文化的总体性变革。

作为英国马克思主义文化政治的典型形态，威廉斯的文化唯物论具有明确的社会主义政治指向。威廉斯始终站在马克思主义的意识形态立场与构建社会主义文化领导权的思想地基之上，对资本主义经济、政治与文化体制展开反思与批判。在《文化与社会》中，威廉斯虽然还没有完全摆脱阿诺德与利维斯的影响，但我们可以明显感受到他对精英主义与保守主义的文化批判，以及对马克思主义的价值认同。只不过威廉斯批判经典马克思主义过于强调经济与政治斗争而不重视工人阶级文化意识的培育，认为"一个社会主义政党的任务不只是组织政治变革和经济改革，更为重要的是，它还必须在工人中间培养并扩大真正的社会主义意识"⑤。威廉斯反对那种单纯地将社会主义文化视为社会主义经济与政治制度的天然产物的思想，转而强调文化权力斑驳复杂的历史与逻辑构织状态。任何历史时期都

① Jonathan Dollimore and Alan Sinfield ed. , *Political Shakespeare: Essays in Cultural Materialism.* 2nd. ed , Ithaca and London：Cornell University Press. 1994, p. viii.

② 〔英〕威廉斯：《政治与文学》，樊柯、王卫芬译，河南大学出版社，2010，第89页。

③ 〔英〕威廉斯：《希望的源泉：文化、民主、社会主义》，祁阿红、吴晓妹译，译林出版社，2014，第265页。

④ 赵国新：《新左派的文化政治：雷蒙·威廉斯的文化理论》，外语教学与研究出版社，2009，第26页。

⑤ 〔英〕威廉斯：《文化与社会》，吴松江、张文定译，北京大学出版社，1991，第212页。

必然存在剩余文化、主导文化与新生文化的结合与博弈，即便是居于主导的文化霸权，也并非一劳永逸地居于统治地位。正是因为认识到文化在社会主义运动当中的重要性，威廉斯才将阿诺德、利维斯等人的自由人文主义思想同马克思主义革命理论对接起来。这种带有调和主义特色的文化马克思主义，虽然将社会主义的政治信仰作为其文化革命的终极理想，但与经典马克思主义的阶级革命模式已有了明显不同。威廉斯坦言他试图在斯大林主义与费边主义之外寻求社会主义政治运动的第三条道路，即通过推动日常世界的文化经验与感觉结构的长期革命，反抗资本、权力与人性的异化与资本主义的文化压迫，追求社会的平等、公平与正义，最终构建社会主义的共享价值与共同文化。或许，威廉斯的文化唯物论已偏离了经典马克思主义的历史之维，甚至带有后马克思主义的理论意识，但他对文化问题的社会与政治思考，又为我们反思和批判资本主义文化意识形态提供了诸多启示。

威廉斯从马克思主义的理论视域出发，将文化与社会结构接合起来，凸显文化的政治属性与功能。在威廉斯看来，文化并非如自由主义者所认为的那样，是超越于经济与政治之外、表征人性美好完善的价值存在，而是针对我们共同生活状况的历史进程所形成的普遍反映。文化不是纯粹自律的知识、道德与审美之物，而是渗透着复杂权力意识的整体性社会结构，是多重权力博弈、冲突与斗争的意识形态战场。威廉斯说："如果有人把文化定义为一种将斗争排除在外的整体生活方式——那显然必须要遭到最尖锐的反对和纠正。""冲突是文化作为一种整体生活方式的结构前提，任何对文化的社会主义解释必须也必然包括冲突。不蕴含冲突的文化定义是错误的。"① 威廉斯将文化视为受多重权力支配、包孕着观念与价值冲突的整体性生活方式，认为经济、政治与上层建筑领域的矛盾必然最终表现为文化斗争，甚至将文化领导权的争夺与社会主义文化意识的成熟视为主导经济与政治革命的决定性条件。威廉斯在强调文化的冲突与斗争维度的同时，又对英国庸俗马克思主义与传统左派的文化理论展开了批判。威廉斯指出，作为上层建筑的文化并非经济基础的被动反映与摹写，而是由各种

---

① 〔英〕威廉斯：《政治与文学》，樊柯、王卫芬译，河南大学出版社，2010，第122页。

文化传统、经济与政治活动、文化物质机构、传播方式、文学艺术等共同形成；文化不仅表现为抽象化的世界观与意识形态形式，同时也积淀为日常生活经验与文化习俗。这就意味着，"阶级统治的形式不仅存在于政治、经济的制度与关系里，而且存在于生动活泼的经验、意识形式中"，"这种观念因而不同于下述的观念：新的制度及关系将会自动地创造出新的经验以及新的意识"。① 从历时性维度而言，经济与政治变革阻断不了文化的延续性；从共时性维度而言，具有不同政治与意识形态立场的文化，比如资产阶级文化与社会主义文化并非彼此隔断独立，而是呈相互冲突博弈的权力竞争状态。威廉斯受葛兰西霸权思想的影响，将阶级统治的形式看成由许多政治力量、社会力量和文化力量组成的复杂关联体。正是由于认识到文化的复杂性，威廉斯才拒绝简单地使用资产阶级文化、工人阶级文化的话语命名，而是用共同文化、共享文化来表达他对社会主义的文化想象。威廉斯之所以要研究现代悲剧、现代主义与先锋艺术，正在于他认识到现代悲剧、先锋艺术等文艺实践通过创造新的艺术形式，形成了新的感觉结构与文化经验，孕育出反资产阶级主导文化的新生文化形态。威廉斯并没有像法兰克福学派那样否定大众文化，也没有像卢卡奇那样只推崇社会主义现实主义文学，而是从文化唯物主义的立场出发，在批判性反思资本主义整体性文化结构的基础上，培育和建构社会主义文化的核心价值。

在威廉斯的文化政治理论中，"感觉结构"（情感结构）是一个非常重要的概念，它区别于卢卡奇的阶级意识、戈德曼的世界观与阿尔都塞的意识形态结构理论。1954 年，威廉斯在与奥罗·迈克尔合著的《电影导论》中首次提出感觉结构的概念，认为任何一个特定时期的戏剧都同那一时期的感觉结构有着根本的联系，将感觉结构视为一种共同的文化经验。感觉结构并非抽象的世界观，也非经典马克思主义所理解的党性或意识形态。"（感觉结构）截然不同于一个时代的官方思想或是被普遍接受的思想，后者总是在它之后出现。"② 在威廉斯看来，感觉结构是多重文化权力在冲突、

① 〔英〕威廉斯：《关键词：文化与社会的词汇》，刘建基译，生活·读书·新知三联书店，2005，第 202~203 页。
② 〔英〕威廉斯：《政治与文学》，樊柯、王卫芬译，河南大学出版社，2010，第 153 页。

斗争与融合的历史化进程中形构而成的感性经验形式。主导的文化权力在同多元异质文化权力的冲突与斗争中上升为阶级的意识形态，并同潜在、弥散的异质性文化经验与情感意识构成整个文化的张力性结构。文化霸权并非统治阶级单向度的权力施动，而是表现为统治阶级的主导权力在同异质性文化权力的冲突与竞争中，通过持续性的文化改革来创新感觉结构，从而获得普遍的文化与政治认同并最终实现领导地位合法化的权力博弈过程。异质性文化权力往往会利用社会公共性的文化机构与文化形式，同主导文化对抗并创造出新的阶级意识与情感，形成负载新的意义与价值的感觉结构并通过文化与文艺实践贯注到民众的日常生活实践之中。感觉结构表现为意识与情感等活性经验的溶解与流动状态，而非固态化的抽象思想。一个时期可能具有相对稳定的感觉结构，但由于整个社会的经济、政治与文化实践始终处于不断变化之中，这种持续流动的经验状态赋予感觉结构永恒的"历史化"命运。从文化唯物主义立场出发，威廉斯将文学艺术视为表现、熔铸、生成与更新感觉结构的重要物质性载体。威廉斯对感觉结构的分析，主要表现在他对电影、戏剧、文艺作品等文化形式的体验与阐释之中。需要指出的是，威廉斯早期对感觉结构的理解，更多的是将作家、艺术家甚至将中产阶级的文化趣味与情感意识视为社会普遍的感觉结构，未能从阶级、年龄、性别等诸多层面思考感觉结构的复杂状态，也未能对感觉结构的历史性变迁作出深刻的唯物主义阐释。而且，将文学艺术中的感觉结构扩大化为社会普遍的整体性经验意识，也犯了主观经验论错误。

威廉斯接受马克思主义的政治信仰，将社会主义视为人类历史的终极归宿，但他抛弃了马克思主义的阶级革命模式，转而强调文化层面的"长期革命"，企图用文化改革与文化治理取代经典马克思主义的经济与政治夺权。威廉斯结合马克思主义的人道主义与自由主义的文化民主思想，提出共同文化的理念。威廉斯批评艾略特的精英主义文化立场，他认为："艾略特的立场我不可能接受，因为从本质上看，它所认可的是一个在其他方面根本无法接受的社会——其社会和经济的不平等到了难以容忍的地步，同时它还企图保持一个控制传统机构的阶级社会，可是在一个发达的资本主义正在改变传统文化的世界上，这种企图无论如何都是不现实的。"[①]"我们需要一个共同的文化，这不是为了一种抽象的东西，而是因为没有共同的文化，我们将不能生存下去。"[②]一个不健康的社会，就是从多方面阻止共同文化形成的社会。如何理解威廉斯所谓的共同文化呢？首先，共同文化建立于生命平等的根基之上，是民众平等参与建构的带有共同经验的文化。"在任何层次上，共同的文化都不是平等的文化。但是，生命的平等总是共同的文化所必须具备的，否则共同的经验就不会有价值。"[③]威廉斯反对将共同文化视为思想一致、步调一致的文化，他所谓的平等，乃是生命存在的平等，是生活方式、参与方式与创造方式的平等，"在谈到共同文化的时候，我们所要求的是一种自由的、贡献式的、创造意义和价值观的共同参与过程，而这正是我一直想加以界定的"[④]。其次，共同文化体现出社会主义民主的价值与意义，是人民共享的文化。威廉斯认为，全体社会成员应致力于创造共同文化而非一个阶级或集团的文化，"一个民族的文化只能由它的全体成员在生活中来创造：一种共同文化不是少数人的意义或信念的一般性延伸，而是创造条件，让人民作为一个整体参与到表述意义和价值观的活动中来，参与到其后对这样和那样的意义、这样和那样的价值观的活动中来"[⑤]。再次，共同文化是多元异质的文化联合体，是在冲突与斗争中走向团结并衍生共同意义与价值的文化。多元异质性强调了文化场域中权力的不平衡性，同时赋予了文化研究的文化政治内涵。文化批评的理论与实践目的，正在于破除多元文化之间的区隔性壁垒，并通过创设文化民主生产与传播机制，以普遍共同的文化经验来培育共享的文化意义与价值。亦如伊格尔顿所言："如果每个人都能够通过社会主义民主的机构，充分参与这一文化的建造，那么结果很可能是远比用一种共享的'世界观'联系在一起的文化更多异质性的文化。"[⑥]最后，共同文化是多元

---

① 〔英〕威廉斯：《希望的源泉：文化、民主、社会主义》，祁阿红、吴晓妹译，译林出版社，2014，第39页。
② 〔英〕威廉斯：《文化与社会》，吴松江、张文定译，北京大学出版社，1991，第395页。
③ 〔英〕威廉斯：《文化与社会》，吴松江、张文定译，北京大学出版社，1991，第396页。
④ 〔英〕威廉斯：《希望的源泉：文化、民主、社会主义》，祁阿红、吴晓妹译，译林出版社，2014，第43页。
⑤ 〔英〕威廉斯：《希望的源泉：文化、民主、社会主义》，祁阿红、吴晓妹译，译林出版社，2014，第41页。
⑥ 〔英〕伊格尔顿：《后现代主义的幻象》，华明译，商务印书馆，2000，第98页。

异质的文化联合体，是在冲突与斗争中走向团结并衍生共同意义与价值的文化。多元异质性强调了文化场域中权力的不平衡性，同时赋予了文化研究的文化政治内涵。比如，通过构建文化生产与传播的民主机制，反抗独裁式、家长式与商业式的权力垄断，发展工人阶级文化的社会性与集体性意识以对抗资本主义文化的极端个人主义特征，通过发展文化生产的专业化与公共化，进而摆脱文化受经济资本与意识形态权力宰制的工具化命运。

三　威廉斯文化政治理论的借鉴意义

我们在前面分析了威廉斯文化唯物论的内涵以及文化研究的政治转向，对威廉斯的文化政治理论作出了较为全面的解读与阐释。威廉斯通过辩证融合经典马克思主义、西方马克思主义与英国自由人文主义传统，形成了英国马克思主义文化政治的典型形态，对西方乃至整个左翼文化研究产生了广泛而深远的理论影响。由于威廉斯的文化政治理论本身带有强烈的历史化与地域化特色，是经典马克思主义同 20 世纪中后期英国社会历史对接的产物，这就意味着，我们在研究威廉斯的文化政治理论时，应始终秉持批判的话语立场对其展开辩证的反思，既要看到威廉斯对大众文化研究的理论的发展与创新，又要看到其对经典马克思主义的理论偏离；既要反思威廉斯文化政治理论所产生的积极现实意义，又要正视其缺陷与不足。特别是中国的文化知识分子，更应回到中国当代的政治与文化语境，立足经典马克思主义的理论立场，结合中国本土文化研究的理论与现实问题，以发展创新中国的马克思主义文化理论为价值指归，对威廉斯的文化政治理论展开历史化、本土化的借鉴吸收与辩证扬弃。下面，我结合前面的论述，就威廉斯文化政治理论对中国当代马克思主义文化研究的借鉴意义与理论影响作简要分析。

威廉斯文化政治的理论借鉴意义主要表现在如下几个方面。一是文化唯物主义所蕴含的整体性观念，即将经济、政治与文化视为相互融合的整体性社会结构，而非彼此分化独立的领域。威廉斯的《漫长的革命》已经开始为整体性社会进程意识进行辩护，反对将社会进程的个别领域与整个社会意识的历史发展进程分开。在《政治与文学》中有学者谈到威廉斯的文化理论时认为："马克思主义中有一个经济至上主义的基础/上层建筑范式，你的作品包含了对这一范式的令人印象深刻的批判。与此同时，你总是坚持，任何关于社会的理论必须是一种综合性的理论，把社会总体作为一个整体来把握。"① 当然，强调整体性并非用文化的总体结构替代经济和政治，而是说任何经济与政治实践同时也必须是人的文化实践，文化不是经济被动决定并反映意识形态的工具性载体，而是融贯于经济和政治实践之中。布尔迪厄就曾指出："从事实践的阶级都有一个明确的目的，就是追求金钱利润的最大值，但是另一方面，如果它们的活动不带有文化或艺术实践及其产品的无目的性，它们也同样不能被界定为从事实践的阶级。"② 中国当代文化研究可以充分吸收这种整体性理论，将文化问题与经济发展和意识形态建设结合起来思考。

二是文化场的多元异质性与领导权建设问题。我们在前面谈到，威廉斯并没有单向度地强调社会主义文化的同一性与绝对性，而是将文化视为蕴含着多重权力冲突与博弈的张力性结构场域。统治阶级应通过文化改革，推动共同的感觉结构与文化经验的形成，从而在共享的意义与价值秩序中构建文化领导权。中国当代文化建设应充分尊重文化的多元发展，辩证吸收不同文化中有意义与价值的元素，在和而不同的文化权力格局中凸显社会主义文化的优势与主导权，形成高度的文化自觉与文化自信。

三是社会主义文化民主、人民性与人道主义内涵。威廉斯批判文化传播的独裁式、家长式与商业式传播机制，倡导文化的民主传播，"从任何一种全局性的视角出发，都不可能看不到几乎在所有地方正在崛起的一种决心，那就是人民应该当家作主，作出自己的决定，而不是把这种权利让渡给任何一个特定的群体、族群或阶级"③。文化传播不能被视为权力控制的机器或资本牟利的工具，应致力于建构普遍的意义与价值。威廉斯对文化民主性、人民性价值的强调，凸显出马克思主义的人道主义立场，即将人

---

① 〔英〕威廉斯：《政治与文学》，樊柯、王卫芬译，河南大学出版社，2010，第138页。

② 〔法〕布尔迪厄：《文化资本与社会炼金术：布尔迪厄访谈录》，包亚明译，上海人民出版社，1997，第191页。

③ 〔英〕威廉斯：《漫长的革命》，倪伟译，上海人民出版社，2013，第2页。

视为历史的根本前提与最终目的。中国当代文化研究应限制资本对文化机制的侵蚀，自觉抵制商业式文化生产与消费对文化的捆绑与操控。我们应大力批判文化产业的过度资本化与商业化，注重文化建设的社会效益，强调大众文化生产与消费的民主性和人民性价值，从而切实推动文化的公共性、民主性和人民性价值的实现。

四是文化改革与治理的文化政治策略。威廉斯所谓的"漫长的革命"其实就是奉行文化改革主义规划，强调文化知识分子对文化体制的政治介入。威廉斯赞同改革者与批判者："改革者和批判者都是成员。他们真诚地想改变总体生活方式的这一面或那一面，但这种愿望与对这一总体生活方式所包含的一般价值的坚持并行不悖，也与其对社会的根本连续性和统一性——这是改革者和批判者们通常坚持不放的——的坚定主张协调一致。"① 为实现共同文化的理想，威廉斯提出了许多文化改革与治理的策略，比如剧院、电影院应交给独立的公共机构管理，授权给演员社团；艺术委员会应作为中间体不受政府组织的直接控制并拥有独立分配公共款项的权力；地方当局修建绘画工作室并租赁给画家们使用；等等。

作为英国马克思主义文化研究的主要代表，威廉斯的文化理论相当复杂，我们虽试图作较为全面而详尽的分析阐释，但仍不免有挂一漏万之嫌，其理论之深奥幽微之义，亟待进一步的理解与阐释。通过对威廉斯文化政治理论的考察，我们认为，西方马克思主义的文化政治理论，反映出特定历史时期与特定社会形态下，西方左翼知识分子对资本主义的明确批判态度与价值立场，但这种将社会主义革命的历史使命寄托于文化改革的民主主义思想，乃是西方工人阶级革命与社会主义激进政治走向衰落之后，左翼知识分子无可奈何的文化抉择。西方发达资本主义通过一系列的经济、政治与文化改革，以福利社会与消费主义意识形态造成无阶级化的社会假象，导致激进革命的冷却。当经济与政治领域的阶级革命已成明日黄花，西方左翼知识分子选择用文化政治的阵地战方式，对资本主义制度展开意

① 〔英〕威廉斯：《漫长的革命》，倪伟译，上海人民出版社，2013，第99页。

识形态批判，试图以文化改革与治理的方式，在资本主义的社会结构内部置入社会主义的文化基因，进而通过文化领导权的争夺来推动社会的总体性变革。

从经典马克思主义的理论立场来反思威廉斯的文化政治理论，可以发现它有如下几个方面的理论缺憾。一是威廉斯在反对庸俗马克思主义机械决定论的同时，又用文化的整体性结构替代了经济基础在社会历史中的主导性位域，甚至将其视为"维持系统"，这就偏离了经典马克思主义的理论地基，走向了过于强调文化与意识形态批评的后马克思主义立场。虽然威廉斯声辩说反对基础/上层建筑的二元区分与决定论的目的是"强调文化实践是物质生产的形式"[①]，而非否定马克思主义的历史唯物论，但结合威廉斯的整个文化研究理论而言，他并没有发展出文化分析的政治经济学模式，反而更多地是通过对文化的物质形式与文本经验的研究，回溯式地思考人与社会的历史性变迁。二是威廉斯对文化普遍意义与价值的过度强调，其实是用人道主义的历史观取代了经典马克思主义的历史唯物论。威廉斯认为社会主义就是建立意义与价值的新秩序："其目的在于解放，它以所有人的需要为起点，以现实平等为基础，而不是以跟地位或是借由市场的自由运作而建立起来的等级相应的等级化需要为起点。"[②] 社会主义对人类关系的想象就是邻里和睦与兄弟友爱的平等相处，就是对普遍人性与社会性价值的追求与遵从。威廉斯说："我在《文化与社会》里所描述的那个传统之所以重要，就因为它把对于社会的思考建立在我们的'普遍人性'的基础上，而不是建立在某种已被接受的系统的需要之上。"[③] 威廉斯的共同文化构想，折射出的正是这种普遍人性思想与人道主义的历史观。伊格尔顿曾指出，威廉斯的共同文化理论强调"共同体的手段"，即社会主义的公共机构，"只有通过一种完全参与的民主，包括过去规范物质生产的民主，进入的通道才能完全打开以发泄这种文化多样性。简而言之，确立真正的文化多元论，需要协同一致的社会主义行动"[④]。但是如何形成社会主义的公共

---

① 〔英〕威廉斯：《政治与文学》，樊柯、王卫芬译，河南大学出版社，2010，第365页。

② 〔英〕威廉斯：《漫长的革命》，倪伟译，上海人民出版社，2013，第117页。

③ 〔英〕威廉斯：《漫长的革命》，倪伟译，上海人民出版社，2013，第122页。

④ 〔英〕伊格尔顿：《文化的观念》，方杰译，南京大学出版社，2006，第101页。

机构？又如何展开社会主义的文化行动？通过建基于普遍人性之上的文化改良，是否可以打开不同阶级之间的文化隔膜？如何在资本主义的经济与政治体制中规划共享文化的美好蓝图？这些问题，显然难以通过单纯的社会主义文化行动获得解决。三是威廉斯文化政治理论的"祛阶级化"倾向明显不合理、不科学。在威廉斯的文化政治理论当中，经济与政治领域的阶级斗争让位于文化上的阶级冲突，社会主义作为有组织的历史运动，应首先考虑工人阶级意识的培育与社会主义文化领导权的建设。威廉斯反对从阶级分化的立场理解文化，因为这样有可能因意识形态的结构封闭性而导致阶级性的文化区隔与文化控制。威廉斯强调阶级冲突，但化解阶级冲突的方式并不是阶级革命，而是文化层面的斗争与改革。威廉斯强调阶级之间的身份流动性与文化融通性，认为不同阶级可以通过共享文化的意义与价值，在广义的政治意志下形成无阶级化的政治联盟。四是威廉斯文化唯物论对经验的强调，使其文化政治理论具有了强烈的经验主义色彩。"我把范围局限于英国社会，并不是因为我对世界上其他地方所发生的事情毫无兴趣，而是因为我感兴趣的那种证据，只有在我们生活的地方，才能真正地获得。"[①] 在接触到结构主义理论之后，威廉斯意识到这种经验主义的危险性，即并不是任何文化经验都可以被传递，并不是任何经验都是主体真实的意识表达。威廉斯文化唯物论的经验主义倾向，在后期英国文化研究理论中得到了不同程度的纠正。

总之，作为英国文化研究的开山鼻祖，威廉斯从理论上尝试解释文化的多维度性质，尝试分析它与其他社会实践的相互依赖关系，这不仅为文化研究开辟了道路，也帮助了被利维斯们认为是糟粕的大众文化合法化，并且开辟了对电视传媒、舞蹈、足球等生活日常实践的批判与理论分析领域。战后英国经济的繁荣，高新技术与传播媒体得到了空前的发展，加上高等教育的普及带来人们文化水平的提高，青年文化、流行文化的兴起，也令新左派思想家们清晰地看到了文化实践作为一种微观政治的重要意义，看到了大众文化所具有的抵抗意义。所以，威廉斯的文化理论与学术之外的政治运动形成了紧密的联系，而威廉斯在现实生活中以文化左派的身份

---

① 〔英〕威廉斯：《漫长的革命》，倪伟译，上海人民出版社，2013，第6页。

始终关注社会底层，不遗余力地为其争取民主权利。他始终关注文化研究，并不是因为文化拥有解释一切的权力，而是因为文化被轻视了。威廉斯通过自己的研究证明，文化在当代社会发展中起着越来越基础的作用。以威廉斯为代表的英国新左派文化研究，为西方马克思主义文化政治批评提供了文化唯物主义的理论范式，有利于强化马克思主义对文化研究的理论指导意义。

第四章　阿尔都塞与结构主义的文化政治

20世纪以来，西方马克思主义有一个共同的理论趋向，就是将研究重心从经济、政治转向文化观念的领地。在这一理论转向的历史进程中，西方马克思主义者从经典马克思主义的思想地基出发，对资本主义社会产生的社会文化现象展开研究，形成了许多新的理论话语范式，如卢卡奇的物化理论、葛兰西的文化领导权理论、法兰克福学派的大众文化批判理论、威廉斯的文化唯物主义思想、阿尔都塞的意识形态理论等。这些理论致力于探讨资本主义在新的历史语境下生成的诸多现实问题，力图以文化政治的方式推动资本主义上层建筑的变革。在这些理论形态之中，阿尔都塞的意识形态理论尤为值得关注，他通过将马克思主义与结构主义接合起来，形成了颇具特色的结构主义文化政治话语范式，对文化研究的意识形态批评理论产生了广泛而深远的影响。斯图亚特·霍尔指出："阿尔都塞的理论对文化研究的介入及其后续的发展几乎是对该领域进行了重塑。"[①] 罗钢、刘象愚认为："在西方马克思主义发展的不同阶段，对文化的关注有不同的侧重，从卢卡契、柯尔施直到早期的威廉斯，他们主要是从批判经济决定论出发，强调文化的解放力量，强调人的主观意识的能动作用。直到七十年代，人们才逐渐把文化作为意识形态来进行分析。推动这种变化的一个关键人物是法国结构主义马克思主义思想家阿尔都塞。"[②] 可以说，阿尔都塞为文化研究提供了诸多丰富的思想资源，推动了西方马克思主义文化研究理论的历史化发展。我主要结合其哲学、文化与文艺思想，反思阿尔都塞如何将结构主义与马克思主义辩证融合起来，进一步推动文化研究意识

[①] 转引自〔英〕约翰·斯道雷《文化理论与大众文化导论（第五版）》，常江译，北京大学出版社，2010，第87页。

[②] 罗钢、刘象愚主编《文化研究读本》，中国社会科学出版社，2000，前言第11页。

形态批评范式的生成与建构。

一　阿尔都塞与西方马克思主义理论的结构主义转向

结构主义作为一种哲学思潮或研究方法，兴起于 19 世纪，由瑞士语言学家索绪尔所首创。索绪尔将语言视为一种符号系统，认为语言学应该研究的不是具体符号的意义，而是符号的组合规律，是意义与声音之间的关系结构。继索绪尔之后，法国的人类学家列维·斯特劳斯将结构主义的理论与方法运用于文化人类学研究，强调文化系统中的普遍模式与恒定结构，认为任何文化表意实践背后都存有深层的文化结构。结构主义利用索绪尔的语言学方法，对反映论与经验主义哲学发起了挑战，为文化研究开辟出新的理论空间。但由于结构主义过于强调共时性的结构分析，将符号表意、主体性视为文化与意识形态建构的产物，甚至将结构视为恒定静态的系统存在，从而偏离了历史唯物主义与辩证法的思想地基。就此而言，结构主义又天然带有反马克思主义的理论征候。阿尔都塞从结构主义的理论与方法视域出发，重新阐释马克思主义并试图"保卫马克思"的科学与真理性，这种将结构主义与马克思主义接合的理论尝试在学界引起了强烈反响。卢克·费雷特指出，阿尔都塞"不同于正统的结构主义，这种结构主义倾向于特定系统中完整的分类学，倾向于一种'语法'，一种组合规则或这些要素的体系。而阿尔都塞只对正确理解马克思主义和将这种理解付诸行动感兴趣"。① 汤普森则认为，阿尔都塞的结构主义是一种静态的结构主义，难以对经验世界的矛盾变化展开有效论证，"阿尔都塞及其助手对唯物主义产生质疑，他们没有提供改进的路径，而是取代了它"②。本书以为，阿尔都塞更多地是在运用结构主义的方法来重新思考马克思主义，但也存在着许多误读与过度阐释。下面，我结合几个主要的理论问题，思考阿尔都塞如何将结构主义与马克思主义融合起来，这种融合为西方马克思主义文化研

---

① 〔澳〕卢克·费雷特：《导读阿尔都塞》，田延译，重庆大学出版社，2014，第 41 页。
② Edward Palmer Thompson, *The Poverty of Theory & Other Essays*, London：The Merlin Press Ltd，1978，p. 4.

究提供了哪些可以借鉴的理论资源。

阿尔都塞为了将马克思主义同资产阶级意识形态区隔来开，首先提出了"总问题"的概念。"每种思想都是一个真实的整体并由其自己的总问题从内部统一起来，因而只要从中抽出一个成分，整体就不能不改变其意义。""为了认识一种思想的发展，必须在思想上同时了解这一思想产生和发展时所处的意识形态环境，必须揭示出这一思想的内在整体，即思想的总问题。""事实上，哲学的结构、问题、问题的意义，始终由同一个总问题贯穿着。"① 可以说，总问题的概念是我们思考阿尔都塞诸多理论命题的切入点。正是立足于思想的总问题，阿尔都塞指出，马克思的理论经历了不同的发展阶段。第一阶段的著作限制在康德、费希特类型的总问题之中；第二阶段受费尔巴哈人本主义总问题的影响，《1844年经济学哲学手稿》则明显带有黑格尔唯心主义总问题的痕迹。从1845年开始，马克思清算了自己理论中的资产阶级唯心主义成分，实现了从青年马克思向成熟马克思、从意识形态向科学唯物主义理论总问题的转变。这种转变的主要表征就是，马克思不再主要从人的概念出发来思考资本主义，而是转向对整个社会关系结构的分析。"马克思不是借助于人这个荒谬的概念，而是通过完全不同的概念——生产关系，阶级斗争，法律的、政治的和意识形态的关系——来理解那些现象的。"② 阿尔都塞认为，这种转向充分反映出马克思主义挣脱资产阶级意识形态结构的褴褛，进而形成了科学唯物主义的理论总问题。他指出："在认识中作为认识对象生产出来的恰恰是这种结构，这种被思维的具有各个相互连结部分的总体。只有生产出这种结构，这种思维的整体，我们才能认识构成资产阶级社会的现实结构，现实的具有各个相互连结部分的总体。"③ 阿尔都塞通过对马克思主义理论的全面解读，提出马克思自1845年之后开始转向对资本主义社会结构的理论思考，如在《哲学的贫困》中，马克思提出"每一个社会中的生产关系都形成一个统一的整体"④，在《1857年导言》中，马克思说，问题"不在于它们在'观念上'的顺序。

———————

① 〔法〕阿尔都塞：《保卫马克思》，顾良译，商务印书馆，2010，第48~61页。
② 陈越编译《哲学与政治：阿尔都塞读本》，吉林人民出版社，2003，第217页。
③ 〔法〕阿尔都塞：《读〈资本论〉》，李其庆、冯文光译，中央编译出版社，2001，第45页。
④ 《马克思恩格斯文集》第1卷，人民出版社，2009，第603页。

而在于它们在现代资产阶级社会内部的结构。"① 在《1859 年政治经济学批判序言》中，马克思进一步提出社会结构的问题。《资本论》的写作，其主要目的就是对资本主义的经济结构与规律展开科学分析。正是通过对资本主义经济结构、生产关系结构、上层建筑与意识形态结构的研究，马克思逐渐形成了自己的理论总问题。阿尔都塞从马克思主义的理论总问题出发，提出征候阅读、认识论的断裂、矛盾与多元决定、理论反人道主义等诸多新的理论命题。

　　阿尔都塞在论述"征候式阅读"时总是不忘从理论的总问题出发，因为征候的产生正在于不同的总问题所产生的不同阅读范式。一种理论总问题会围绕着自己的问题域进行认识论的再生产而忽视或遮蔽超过其理论总问题的话题，对这种意识形态的盲视正是造成阿尔都塞所谓的文本"空白"与话语沉默的原因。阿尔都塞认为任何阅读都是一种被意识形态的栅栏围困并生成带有偏见的阅读。"总问题领域把看不见的东西规定并结构化为某种特定的被排除的东西即从可见领域被排除的东西，而作为被排除的东西，它是由总问题领域所固有的存在和结构决定的。""这些新的对象和问题在现存理论领域内必然是看不见的，因为它们不是这一理论的对象，因为它们是被理论拒绝的东西，因而必然是与这个总问题所规定的看得见的领域没有必然联系的对象和问题。它们是看不见的东西，因为它们理所当然地从看得见的领域被排挤出来。"② 在阿尔都塞看来，看不见的那种空白之处乃是由看得见的东西所规定、所掩盖或遮挡。一般而言，固守某种意识形态的理论家，只能看见其封闭的意识形态领域的内容，很难超越其范式的局限而看到意识形态结构之外的存在。这也是阿尔都塞提出"认识论断裂"的原因，即只有通过某种"认识论的断裂"，才能破除意识形态的襁褓并看到其结构之外的新东西。"为了看到这种看不见的东西，为了看到这些'忽视'，为了在完整的文章中证明这些空缺，在细心写作的文章中证明这些空白，我们所需要的不是敏锐和注意的目光，而是另一种有教养的新的目光，这种目光本身是马克思借以说明总问题转换的'场所变换'对看的行为进

---

① 《马克思恩格斯文集》第 8 卷，人民出版社，2009，第 32 页。
② 〔法〕阿尔都塞：《读〈资本论〉》，李其庆、冯文光译，中央编译出版社，2008，第 18 页。

行思考的产物。"① 主体置身于新的场所，也就是借用新的理论方法和新的知识范式对被盲视和遮蔽的部分进行阅读。

阿尔都塞据此提出马克思的两种阅读的方式。第一种阅读是马克思自己的阅读，用自己的论述和文本表述其阅读内容。"这种阅读的结果无非是一致性和不一致性的记录，是对斯密的发现和空白、功绩和缺陷、他的出现和不出现的总结。实际上，这是一种回顾式的理论的阅读。"② 这种阅读在阿尔都塞看来乃是一种简单的认识论生产，马克思如何从自身出发直接看出斯密理论中的空缺。第二种阅读是说马克思从斯密等人的理论中看到一些他们自己看不到却在文本中隐藏的理论秘密，之所以能够看出古典政治经济学的沉默，乃是因为马克思抛弃了那种反映论的认识论范式，形成了生产论的认识论。古典政治经济学没有回答它所提出的问题，但是却在其沉默处生产出一个新的、没有相应问题的回答。它在自己完全不知道的情况下"变换了场所"即提供了产生新的理论总问题的方法和范式。罗蒙洛索夫和舍勒等析出了氧气，虽然受"燃素说"的理论限制而未能科学地理解氧气这一新的化学现象，但其空缺处却隐含着拉瓦锡的科学理论，推动了新的科学范式的形成。阿尔都塞将马克思的第二种阅读称为"征候式阅读"："我们姑且把它称作'征候读法'。所谓征候读法就是在同一运动中，把所读的文章本身中被掩盖的东西揭示出来并且使之与另一篇文章发生联系，而这另一篇文章作为必然的不出现存在于前一篇文章中。"③ "我的要求无非就是对马克思以及马克思主义的著作逐一地进行'征候'阅读，即系统地不断地生产出总问题对它的对象的反思，这些对象只有通过这种反思才能够被看得见。""我们在阅读《资本论》的时候也使用了一系列的双重阅读即'征候阅读'：我们阅读《资本论》，看到了《资本论》中可能仍然以看不到的东西的形式存在的东西；而这种'阅读'的后退通过同时完成的第二种阅读占领了我们所能赋予它的全部领域。"④ 正是这种"征候

① 〔法〕阿尔都塞：《读〈资本论〉》，李其庆、冯文光译，中央编译出版社，2001，第20页。
② 〔法〕阿尔都塞：《读〈资本论〉》，李其庆、冯文光译，中央编译出版社，2001，第8页。
③ 〔法〕阿尔都塞：《读〈资本论〉》，李其庆、冯文光译，中央编译出版社，2001，第21页。
④ 〔法〕阿尔都塞：《读〈资本论〉》，李其庆、冯文光译，中央编译出版社，2001，第26、27页。

式阅读"实现了文本中可见与不可见之矛盾的呼应，从而打破意识形态的栅栏和结构的封闭性，进而在不断的互文性阅读中实现认识的再生产，推动理论范式的革命和科学的认识论范式的生成。

阿尔都塞立足马克思主义的理论总问题，对资产阶级意识形态进行了彻底清算。阿尔都塞认为，马克思主义理论通过创构科学唯物主义的总问题，最终突破资产阶级意识形态的壁垒与襁褓，形成结构的断裂。阿尔都塞说："任何科学的理论实践总是同它史前时期的、意识形态的理论实践划清界限：这种区分的表现形式是理论上和历史上的'质的'中断，用巴什拉的话来说，就是'认识论的断裂'。""断裂的每次出现都使科学同它过去的意识形态相脱离，揭露科学的过去是意识形态，从而创建科学。"[1] "断裂就是变异，由此一门新的科学在不同于旧的意识形态总问题的新的问题基础上建立起来了。"[2] 在阿尔都塞看来，"认识论的断裂"主要经历了三个阶段。首先是前科学的意识形态实践，即马克思1845年之前的思想。在这一历史时段，由于马克思主要受康德、黑格尔、费尔巴哈等人的影响，其理论主要限制于资产阶级意识形态的总问题、总结构之中。由于马克思首先接受的是德国古典哲学与英国古典政治经济学等资产阶级理论，这种意识形态结构对马克思的塑造，必然使马克思的思想打上资产阶级意识形态的烙印，因为任何思想家首先都生活在一个意识形态的世界之中，即便马克思始终以哲学批判的方式，试图冲破意识形态的襁褓，但意识形态结构的窥伺与萦绕又为马克思主义科学理论的析出设置重重障碍。其次是重新退回并走向断裂。阿尔都塞认为，马克思之所以没有沿着资产阶级意识形态的道路持续走下去，而是实现了科学与意识形态的彻底决裂，是因为马克思从意识形态的虚幻世界"重新退回"到了现实的物质世界，发现了新的现实。阿尔都塞用了"重新退回"一词，意在说明马克思并非对资产阶级意识形态超越与扬弃，而是通过回到物质现实生活的地基，重新发现新的问题。"科学究其含义而言是同意识形态的决裂，科学建立在另一个基地之上，科学是以新问题为出发点而形成，科学就现实提出的问题不同于意识

---

① 〔法〕阿尔都塞：《保卫马克思》，顾良译，商务印书馆，2010，第159页。
② 〔法〕阿尔都塞：《读〈资本论〉》，李其庆、冯文光译，中央编译出版社，2001，第176页。

形态的问题，或者也可以说，科学以不同于意识形态的方式确立自己的对象。"① 这里所说的发现新问题，指马克思和恩格斯通过退回到现实的物质世界，重构了唯物主义的思想地基和理论总问题。最后是断裂之后另起炉灶，最终形成马克思主义的科学理论。在阿尔都塞看来，马克思之所以能够走向认识论的断裂，关键在于他经历了推翻和扫除意识形态神话的"真实历史"与阶级斗争的"临床经验"，能够立足唯物主义的思想地基重建马克思主义的思想大厦。阿尔都塞关于"认识论断裂"的思想，曾一度遭到西方马克思主义者的批判和攻击，但阿尔都塞并没有放弃这一理论信念。在《自我批评论文集》中，阿尔都塞再次声称，必须证明马克思主义与资产阶级意识形态的绝对对抗性，即马克思主义同资产阶级意识形态有基本的坚持不懈的断裂，"断裂既不是幻象，也非如莱维斯（John Lewis）所言，是一个神话。"② 或许，阿尔都塞的"认识论断裂"理论确实有过度理论化、唯科学化与形而上学的痕迹，但他对马克思主义理论总问题、总结构与科学性的分析与论证，又为人们重新思考和认识马克思打开了新的理论通道。

从总体结构的理论视域出发，阿尔都塞提出了矛盾与多元决定的概念。阿尔都塞首先强调经济结构的终极决定性："一种结构在结合的统一体中对其他结构的这种支配地位，可以归结为经济结构'最终决定'非经济结构的原则。"③ 但正如恩格斯所言，历史的创造乃是由无数互相交错的力量、无数个力的平行四边形所产生和形成的总结果。经济基础虽然是终极的决定因素，但从人类历史来看，经济基础从来没有单独发生过作用，而是同上层建筑的各种结构融合生成多重矛盾的集合，也就是阿尔都塞所谓的矛盾的多元决定形态。阿尔都塞之所以提出矛盾的多元决定论，首先是为了批判经济决定论与技术主义，这种经济主义的理论倾向回避了马克思对社会整体结构的复杂观照，从而变成机械僵化的马克思主义；其次，阿尔都塞认为马克思主义由于对社会结构中矛盾多元、不平衡关系的强调，形成了与黑格尔完全不同的历史观与辩证法。在阿尔都塞看来，黑格尔是一元

---

① 〔法〕阿尔都塞：《保卫马克思》，顾良译，商务印书馆，2010，第66页注释2。
② Louis Althusser, *Essays in Self-Criticism*, Translated by Grahame Lock, London: NLB, 1976, p. 107.
③ 〔法〕阿尔都塞：《读〈资本论〉》，李其庆、冯文光译，中央编译出版社，2001，第110页。

论者，所有历史阶段包含单一性矛盾，即黑格尔所谓的绝对精神。他认为历史不过是绝对精神的自否定、自生产，是绝对本质的对象化。马克思以结构的辩证法超越了黑格尔的一元论辩证法："根据有结构的复杂整体赋予矛盾的职能，矛盾从此就有了复杂的、有结构的和不平衡的规定性。"① 复杂多元、不平衡的矛盾所形成的历史动力，构成马克思主义辩证法的理论内核与实践向度。阿尔都塞从结构主义的系统性思想出发，重新思考了马克思主义的总体性问题。他认为，马克思主义的总体性是一种结构的总体性，是多重结构辩证接合形成的统一体。不同的结构相互冲突融合，形成差异性的矛盾动力，由此推动历史的辩证运演。阿尔都塞从多元决定论的理论出发，提出了两个非常重要的观点：一是社会经济结构的革命不能迅即改变现存的上层建筑与意识形态，因为上层建筑具有相对稳定性和自主性；二是由革命所产生的新社会，通过其新的上层建筑形式或特殊的环境，可以促使旧因素保持下去或死而复生。这种理论思考突出了上层建筑与意识形态结构在总体性革命中的重要性，为西方马克思主义文化研究转向意识形态批评提供了可资借鉴的理论参照。

卢卡奇的物化理论、萨特的"存在主义是一种人道主义"、加罗蒂的"马克思主义的人道主义"、汤普森的"社会主义的人道主义"思想都坚持将马克思主义视为人道主义。汤普森说："社会主义的人道主义是人的，因为它再一次把现实的男人和女人置于社会主义理论和抱负的中心；它又是社会主义的，因为它重申了共产主义的革命视角。"② 阿尔都塞反对将马克思主义、社会主义视为人道主义，在他看来，人道主义是资产阶级的意识形态，是"认识论断裂"前期马克思不成熟的思想。一方面，阿尔都塞强调人道主义的历史进步意义，"我决不至于贬低这一伟大的人道主义传统，它的历史功绩在于为反对封建主义、反对教会，以及反对它们的意识形态专家进行了斗争，在于赋予了人以地位和尊严"③。另一方面，阿尔都塞又认为："这种人道主义观是从人的本质，从自由的人这个主体，从

---

① 〔法〕阿尔都塞：《保卫马克思》，顾良译，商务印书馆，2010，第205页。
② Edward Palmer Thompson, "Socialist Humanism an Epistle to the Philistines," *The New Reasoner*, No. 1, Summer 1957, pp. 108–109.
③ 陈越编译《哲学与政治：阿尔都塞读本》，吉林人民出版社，2003，第210页。

需求、劳动和愿望的主体，从伦理活动和政治活动的主体出发，企图把人道主义当作理论来解释社会和历史。"① 人道主义的历史观过于强调人在历史演进过程中的主体地位，强调人性这个虚幻的人本学概念，忽视了马克思成熟时期对资本主义社会结构、阶级斗争以及各种关系结构的科学分析，从而最终将马克思主义拘囿在资产阶级意识形态的襁褓之中。阿尔都塞由此提出理论的反人道主义的命题："马克思表明，归根到底决定着某种社会形态并且让我们能够理解它的东西，不是什么幻想出来的人的本质或人性，不是人，甚至也不是人们，而是跟经济基础密不可分的那种关系，即生产关系。"理论的"反人道主义"，"意味着拒绝把对社会形态及其历史的解释植根于那种抱有理论企图的人的概念"②，"必须把人的哲学神话打得粉碎；在此绝对条件下，才能对人类世界有所认识。援引马克思的话来复辟人本学或人道主义的理论，任何这种企图在理论上始终是徒劳的。而在实践中，它只能建立起马克思以前的意识形态大厦，阻碍真实历史的发展，并可能把历史引向绝路"③。阿尔都塞的这一思想在西方学界一度引起广泛争论。

二　阿尔都塞意识形态理论的话语内涵

前面我们主要从思想的总问题、认识论的断裂、矛盾与多元决定论、理论的"反人道主义"等方面论述了阿尔都塞如何从结构主义的层面重新思考、阐释马克思主义理论。通过前面的分析，可以发现，意识形态是阿尔都塞哲学话语体系中的一个核心命题。比如，他谈思想的总问题时指出，马克思主义之所以是科学的理论，是因为马克思主义的唯物论区别于意识形态的总问题；认识论断裂的主要内涵，是指马克思主义理论以科学的认识论同资产阶级意识形态的唯心主义实践论产生断裂；矛盾与多元决定论

---

① 〔法〕阿尔都塞：《立场》，转引自李青宜《阿尔都塞与"结构主义马克思主义"》，辽宁人民出版社，1986，第 156 页。
② 陈越编译《哲学与政治：阿尔都塞读本》，吉林人民出版社，2003，第 217 页。
③ 〔法〕阿尔都塞：《保卫马克思》，顾良译，商务印书馆，2010，第 226 页。

强调了意识形态结构的自主性与多重接合性；理论的反人道主义则将人道主义视为典型的资产阶级意识形态，并认为马克思主义通过转向对资本主义经济结构、阶级斗争与生产关系等方面的研究，将人的存在具体化为整体性的关系结构，从而彻底粉碎了抽象而虚幻的人道主义意识形态。此外，阿尔都塞所提出的"征候式"阅读思想、艺术理论等，都同意识形态理论有着密切关联。不理解阿尔都塞的意识形态理论，就难以真正理解阿尔都塞的整个哲学和文化理论，也就难以理解西方文化研究和文艺批评中所盛行的意识形态批评范式。

阿尔都塞从结构出发，把意识形态视为人类社会在阶级斗争的历史中生成的总体性结构。意识形态并非单纯由经济基础决定并外在于经济基础的观念的上层建筑、一种纯粹的精神意识或理论体系，而是同具体的物质生产实践相结合，并通过再生产现存秩序的规范价值与各种生产关系，形成意识形态的总体性结构。在阿尔都塞看来，意识形态既不是胡言乱语的谎言，也不是历史的寄生赘瘤，而是社会生活的一种基本结构。这种结构由经济基础终极决定，在阶级斗争的历史经验中生成。阿尔都塞一方面承认意识形态有自己的历史，即由特定历史时期的物质结构与经验生活所决定的具体的意识形态存在；另一方面，阿尔都塞又认为意识形态没有历史，他通过理论的抽象赋予意识形态一种永恒、超历史性的机制和结构。作为结构的意识形态并不仅仅是观念的集合，而是人类社会历史的一种表象体系。阿尔都塞利用并改造了拉康的思想，把意识形态视为一种无意识的深渊结构，一种近似于语言的"大他者"，它根源于经济基础和阶级斗争，却具有半自主性与多元决定的内涵，它既源于经验性世界，同时又作为表象结构而决定着具体经验世界与主体性的生成。阿尔都塞从结构的层面重新界定意识形态理论，试图将其从传统哲学的概念范畴中拯救出来，进而转向意识形态的结构和机制研究，以破除理论实践进程中的历史主义与经验主义幻象，为科学从意识形态空气与土壤中的析出探寻出路。

作为结构和表象体系的意识形态，到底具有哪些特征与内涵？阿尔都塞首先将意识形态与科学理论区隔开来，将意识形态视为科学理论的前结构。他曾在《保卫马克思》中对"理论"与"意识形态"作了明确区分。

"理论"具有科学性和真理性，其产生的根基是唯物论与辩证法；"意识形态"的本质则是封闭性与虚假性，其根源是经验主义与唯心主义。正是从理论的"真理"性维度出发，阿尔都塞将社会主义称为科学，将人道主义称为意识形态：社会主义是科学的概念，而人道主义是个意识形态的概念。理论是人的自由自觉的精神生产，目的在于认识真理、指导实践，具有应然性和普适性。意识形态作为一种上层建筑，受制于特定的经济基础和政治权力，是统治阶级根据切身利益构建出来的总体性意识，具有历史性和实践性。作为表象体系的意识形态之所以不同于科学，是因为在意识形态中，实践的和社会的职能压倒理论的职能（或认识的职能）。理论具有批判性、自洽性和完满性，理论实践在对"意识形态"的批判和超越中形成科学的认识。意识形态是统治阶级想象与虚构出来的思想观念，作为一种无意识的结构，意识形态用唤询的方式塑造主体、构建身份，在想象性体验与认同中构建"合法性"逻辑。阿尔都塞强调理论（科学），反对意识形态，但他又认为，理论的产生有特定的"意识形态"语境，阿尔都塞貌似强调了理论与意识形态既相互区别又辩证依存的关系，但仔细分析则可以发现，他依然是站在西方基础主义与普遍本质论的哲学框架之内看问题，对科学理性的过度信仰，以及强行将理论设定为意识形态乌托邦维度的思想，都与马克思主义产生了不同程度的龃龉。

总之，阿尔都塞认为意识形态不同于科学，科学是纯粹的理论实践，超越阶级意识与现实经验的历史性局限，而意识形态则完全为特定的阶级利益服务，更加注重历史与现实中的政治秩序建构与道德伦理目的。科学与意识形态又不截然分离，阿尔都塞之所以强调马克思主义的"认识论断裂"，正在于他坚持意识形态与科学的二元论逻辑，但这种二元论显然陷入了本质主义的理论陷阱。有论者指出："按照跟意识形态抽象对立起来的方式把科学提出来，是很大的错误。在一定的情况下，意识形态只有通过采取科学的方法，它的实际社会作用才能逐渐获得实现。"① 阿尔都塞后来对这一思想有所修正，在写于 1972 年的《自我批评论文集》中，承认把科学

---

① 〔法〕阿图塞等：《自我批评论文集》（补卷），林泣明、许俊达译，台湾远流出版事业股份有限公司，1991，第 127 页。

和"意识形态"思辨地对立起来是犯了"理论主义的"错误。齐泽克也认为，意识形态并不一定是错误的，"至于其肯定性的内容，它可能是'正确的'，十分准确的，因为真正要紧的不是如此断定的内容，而是这一内容与暗含在其自己的说明过程中主观立场之间的联系的方式"①。意识形态不是为了追求真理，而是借助于"真理的外表"服务于某种秘而不宣的权力，这可能是意识形态与科学的真正区别。

其次，阿尔都塞将意识形态视为个人与其实在生存条件的想象关系的表述。"'人们'在意识形态中'对自己表述'的并不是他们的实在生存条件、他们的实在世界，相反，在那里首先对他们表述出来的是他们与这些生存条件的关系。"② 这种关系并非真实存在的表述，而是想象、体验甚至是无意识聚合而成的文化结构。就此而言，意识形态熔铸于人类历史和人的社会关系的方方面面，弥散流淌在人性的心灵血脉之中。

再次，阿尔都塞认为，主体是构成意识形态的基本范畴，意识形态招募、传唤主体，并通过主体行使意识形态的功能。"主体之所以是构成所有意识形态的基本范畴，只是因为所有意识形态的功能就在于把具体的个人'构成'为主体。"③ 作为结构的意识形态必须通过对主体的招募、传唤和塑造，来实现意识形态的生产、传播和实践的功能，从而维系统治权力在经济、政治与文化秩序中的自由运转。意识形态通过并利用主体实现其自身的历史化与合法化，主体则在意识形态结构的塑造中构建自身的精神属性，比如阶级意识、种族意识、身份意识、性别意识等。由于阿尔都塞强调意识形态先在于主体的结构属性，以及主体被动领受意识形态的招募与征询的工具性，因而主体最终成为受意识形态操控和主导的臣服性主体，仅有少数的人（如马克思）能够突破意识形态结构的封闭性壁垒，成为"坏主体"进而走向与统治阶级意识形态的彻底断裂。

最后，阿尔都塞认为意识形态具有物质性。"一种意识形态总是存在于某种机器当中，存在于这种机器的实践或各种实践当中。这种存在就是物

① 〔斯洛文尼亚〕齐泽克等：《图绘意识形态》，方杰译，南京大学出版社，2002，第7页。
② 陈越编译《哲学与政治：阿尔都塞读本》，吉林人民出版社，2003，第354~355页。
③ 陈越编译《哲学与政治：阿尔都塞读本》，吉林人民出版社，2003，第361页。

质的存在。"① 意识形态必须通过具体的物质形式，如各种机构、仪式、文本甚至是人的身体来展开具体的实践。

从意识形态的物质性理论出发，阿尔都塞批判意识形态理论的观念学倾向，进一步提出意识形态国家机器的概念。这一思想明显受到意大利马克思主义者葛兰西的影响。阿尔都塞说道："据我所知，我现在走的路以前只有葛兰西一个人有所涉足。他有一个'引人注目的'观念，认为国家不能被归结为（镇压性）国家机器，按他的说法，还应包括若干由'市民社会'产生的机构，如教会、学校、工会等等。"② 但阿尔都塞认为，葛兰西并没有谈论过意识形态国家机器的概念，而只提出过霸权机器（hegemonic apparatuses），而且，葛兰西将公共的国家和私人的市民社会分开，并将文化霸权的争夺主要限定于市民社会领地。在阿尔都塞看来，这种划分是难以成立的，因为在葛兰西的理论当中，作为私人领域的市民社会往往难以同公共的国家分离开来。由于葛兰西受克罗齐等人影响，并没有真正思考旧的宗教和意识形态同马克思主义理论之间的断裂，从而使文化领导权的争夺变得暧昧不明。统治阶级要想真正实现自己的统治，必须掌握意识形态的物质机构和仪式化的生产机制，即阿尔都塞所谓的意识形态国家机器，而不可能让意识形态以文化的形式在私人化的市民社会空间肆意妄为。当然，阿尔都塞也深刻意识到，意识形态国家机器生产的是柔性权力，是精神、情感与想象世界的认同机制，"为了维护它的权力，统治阶级必须改造权力，使之从暴力的基础转到同意的基础上来。依靠其臣民的自由的、习惯性的同意，这个统治阶级需要启发一种不能只用武力来维持的顺从。永远矛盾着的意识形态体系就是为这个目的服务的"③。阿尔都塞吸收了葛兰西霸权思想中的积极元素，但对其作了理论的修正。他虽然强调意识形态结构中权力博弈与冲突的机制，以及领导权的动态性历史实践，但又过于凸显意识形态国家机器对主体的规训与塑造功能，对意识形态结构中的权力斗争秉持悲观主义的态度。费雷特指出："虽然存在着敌对的意识形态以及使这些意识形态得以表达的机构，但是，作为一种有效的社会反抗形式，

---

① 陈越编译《哲学与政治：阿尔都塞读本》，吉林人民出版社，2003，第356页。
② 陈越编译《哲学与政治：阿尔都塞读本》，吉林人民出版社，2003，第334页。
③ 陈越编译《哲学与政治：阿尔都塞读本》，吉林人民出版社，2003，第239页。

它们通过被收编进占据统治地位的意识形态与机构被大大地中性化了。在威廉斯看来，这低估了文化形式、文化观念以及反对、抗拒占统治地位的意识形态或与之决裂的力量在社会生活复杂整体中的作用。"① 阿尔都塞之所以一方面强调马克思主义理论同资产阶级意识形态的认识论断裂，另一方面又矛盾地将意识形态被科学取代视为理论的空想，根本原因在于他被固化于意识形态封闭的结构系统之中，未能深刻领悟历史唯物主义的经济发展、阶级斗争与理论实践对意识形态结构的突破和重建。

阿尔都塞的意识形态理论强调话语的权力属性，认为意识形态的功能最终通过话语获得实现。阿尔都塞说："阶级斗争的现实是通过'思想''展现'的，思想则是通过词语'展现'的。在科学和哲学的推理中，词语（概念、范畴）是知识的'工具'。而在政治的、意识形态和哲学的斗争中，词语也是武器、炸药或者镇静剂和毒药。"② 将意识形态视为话语结构，用意识形态的话语世界代替现实世界，是阿尔都塞结构主义马克思主义理论的典型特征。意识形态就是理论、概念与话语构筑的表象体系，意识形态国家机器通过话语的讲述招募并塑造主体，生产既定的社会关系结构，通过话语权力确立主体的身份以及他们对意识形态的真理性识别机制。对话语结构的强调，使阿尔都塞从经验主义的历史与现实逃逸，进而走向理论实践的围城。有论者指出："阿尔都塞对经验主义的恐惧导致他将历史与社会从属于僵化而抽象的理论原则之下。这一神秘的结果，借用马克思批判黑格尔的一句话就是：真实的现实仅仅是理念的外部显现。"③ 阿尔都塞将意识形态视为话语的理论，使其最终背离了现实阶级斗争，转向了理论实践与意识形态批判，造成了西方马克思主义以话语批判为主要标志的文化政治转向。

---

① 〔澳〕卢克·费雷特：《导读阿尔都塞》，田延译，重庆大学出版社，2014，第179页。

② 〔法〕阿图塞：《列宁和哲学》，杜章智译，台湾远流出版事业股份有限公司，1990，第28页。

③ Simon Clarke, Terry Lovell, Kevin McDonnell, Kevin Robins, Victor Jeleniewski, *One-Dimensional Marxism: Althusser and the Politics of Culture*, London and New York: Allison & Busby, 1980, p. 166.

三　阿尔都塞与文化意识形态批评范式的
理论建构

通过反思阿尔都塞的哲学与意识形态理论，可以看出，他始终坚持从政治立场来思考哲学问题。阿尔都塞将哲学视为带有政治意味的理论实践，一种熔铸着阶级意识与霸权逻辑的话语批判行动。"哲学基本上是政治的"，"哲学是政治在一定领域、面对一定现实、以一定方式的继续。哲学在理论领域，或者更确切地说，同科学一起展现政治；反过来，哲学在政治中，同从事阶级斗争的阶级一起展现科学性"。① "哲学归根到底是理论领域中的阶级斗争"，"这些词语是理论领域中阶级斗争的武器。而且由于这是整个阶级斗争的一部分，由于阶级斗争的最高层次就是政治的阶级斗争，因此，哲学中所用的这些词语也就是政治斗争的武器"。② "理论与实践的融合意味着每一种政治都包含着哲学，而每一种包含着实践意义的哲学都是政治。"③阿尔都塞认为，任何哲学家的理论都不可避免地包含着政治性，只不过资产阶级的哲学家是有学问的奴才，其理论为资产阶级意识形态服务。马克思主义哲学则是真正通向解放政治的科学，因为它通过确立新的哲学实践进而达到改造世界的目的。"马克思……通过拒绝把哲学当做'哲学'来生产却又在他的政治的、批判的和科学的著作中实践着这种哲学——简言之，他通过开创一种——在同一时刻作为阶级斗争的赌注和特许场所的——哲学和社会实践之间新的'批判的和革命的'关系，成为第一个向我们指明道路的人。这种新的哲学实践服务于无产阶级的阶级斗争，不仅没有给它强加一种压迫性的意识形态统一性，反而为它创造了有利于社会实践的解

①　〔法〕阿图塞：《列宁和哲学》，杜章智译，台湾远流出版事业股份有限公司，1990，第69页。
②　〔法〕阿图塞等：《自我批评论文集》（补卷），林泣明、许俊达译，台湾远流出版事业股份有限公司，1991，第85、84页。
③　Louis Althusser, *The Humanist Controversy and Other Writings* (1966–67), François Matheron ed., Translated and with an Introduction by G. M. Goshgarian, London and New York: Verso, 2003, p. 207.

放与自由发展的意识形态条件。"① 阿尔都塞从哲学的政治化这一理论立场出发，进而将一切话语实践都视为与意识形态相关的文化政治实践。比如，他认为布莱希特的戏剧革命就和马克思的哲学革命很相似，它们只是由于政治才存在，同时，它们又是为了废除其存在所仰仗的这个政治而存在。由于阿尔都塞强调意识形态的宏大结构对话语的主导，以及哲学和艺术的话语同意识形态的断裂与疏离的属性，因而，这种文化政治带有了典型的结构主义特征。一方面，意识形态作为非历史的永恒结构，是话语权力展示、交锋与博弈的场所，话语主体和话语文本在此获得生产与建构；另一方面，历史本身的多元决定属性，又使得意识形态并不必然呈现绝对的封闭性与统一性，而是在哲学的政治实践与文化的话语斗争中走向敞开、流转甚至断裂。艺术与文化批评可以通过与真理结盟，来揭橥和打破意识形态的话语壁垒与虚假征候。阿尔都塞这种结构主义的文化政治理论，对西方马克思主义文化研究与文艺批评产生了深刻影响。下面，我主要结合阿尔都塞的文化与艺术理论，探讨西方马克思主义文化与文艺意识形态批评范式的生成与建构。

阿尔都塞的结构主义马克思主义理论以及他对意识形态概念的重新思考，为西方文化研究提供了许多新的理论资源与话语范式。贾妮思·佩克说："阿尔都塞之所以能够在 20 世纪 70 年代以后的英国文化研究领域荣获巨大声誉，是因为他提供了一种可以将马克思主义与结构主义进行融合的新思路，而这代表了当时人文社科领域的最前沿。"② 约翰·斯道雷认为"阿尔都塞为文化研究作出的最大贡献在于其对意识形态这一概念进行了全方位的深掘"③。阿尔都塞强调从社会结构出发来反思具体的文化经验，认为任何文化表意实践和话语表征都在意识形态的结构与机制下展开，文化乃是意识形态权力镜像在经验世界的征候式反照。斯图亚特·霍尔把这种受阿尔都塞理论影响的文化研究范式命名为结构主义范式，并对其理论特

---

① 陈越编译《哲学与政治：阿尔都塞读本》，吉林人民出版社，2003，第 249 页。

② 〔美〕贾妮思·佩克：《斯图亚特·霍尔、文化研究以及悬而未决的文化与"非文化"的关系问题》，张亮、李媛媛编《理解斯图亚特·霍尔》，北京师范大学出版社，2016，第 35 页。

③ 〔英〕约翰·斯道雷：《文化理论与大众文化导论（第五版）》，常江译，北京大学出版社，2010，第 87 页。

征展开了详细的分析。他认为结构主义的文化研究具有三种活力：第一种活力是对"决定性条件"的强调，即"那种不只建基于还原的'人们'之间关系的结构关系"。结构主义强调抽象的必要性，这种抽象的理论实践能够给历史主义与经验主义的研究提供有益的补充。第二种活力是对"整体"概念的强调，以及结构作为整体的不可避免的复杂性，"结构主义具有（较高）的概念能力，去思考由实践差异、而不是由实践同源性构成的结构统一体。"第三种活力在于用意识形态结构消解经验的中心化，"没有'意识形态'，'文化'对特殊生产方式再生产的影响就不能得到理解"①。除了斯图亚特·霍尔所指出的这些积极意义之外，我们认为，阿尔都塞意识形态理论对文化研究的积极影响还表现为，对意识形态物质性与意识形态国家机器的分析，推动了文化研究转向对意识形态物质结构的研究，如英国《银幕》杂志对电影生产机制的研究、托尼·本尼特的博物馆研究等，显然受到阿尔都塞意识形态国家机器理论的影响；对符号学理论的吸收，以及在此基础上形成的意识形态话语理论，推动了文化研究的话语转向；斯图亚特·霍尔的表征理论、拉克劳与墨菲的话语接合理论、本尼特的阅读构型理论等，无不渗透着阿尔都塞意识形态话语理论的幽灵。对意识形态的物质性、表征实践、无意识等特征的强调，推动文化研究进一步转向对日常生活文化实践的研究，如格罗斯伯格所言："文化研究描述了文化是如何影响人们日常生活的。它探究的是人们如何被特定的社会结构或力量支配或剥离，社会结构或力量以矛盾的方式组织起了人们的日常生活。文化研究剖析的是人们的日常生活如何被经济、社会、文化和政治权力的轨迹宰制。"② 同时，阿尔都塞的理论对文化研究也产生了一些消极影响，如过于强调意识形态结构的自主性而忽略了经济与政治结构的主导性；过于强调意识形态的话语属性，致使文化研究的意识形态分析缺乏历史意识与经验实践的唯物主义支撑。此外，过于强调意识形态的表象体系与无意识作用，忽略了无意识、常识与习俗同有组织的意识形态之间的内在联系。如果意识形态总是表现为无意识的存在，那么阶级意识与领导权的建构将变得不

---

① 罗钢、刘象愚主编《文化研究读本》，中国社会科学出版社，2000，第61~64页。
② 〔美〕格罗斯伯格：《文化研究的未来》，庄鹏涛等译，中国人民大学出版社，2017，第7页。

可能。过于强调统治阶级意识形态国家机器对意识形态的生产逻辑与意识形态维系阶级统治的实践功能，忽视被统治阶级的意识形态建设及意识形态结构中的权力博弈关系。正因为看到了这一点，西方文化研究才最终转向葛兰西的文化领导权理论："正是由于阿尔都塞的理论为我们带来了种种顾虑，文化研究领域才最终转向意大利马克思主义者安东尼奥·葛兰西的著作。"[①] 总之，阿尔都塞对西方文化研究意识形态批判范式的生成与建构产生了持续而深刻的影响，他既为文化研究注入了理论思想的活力，同时也带来许多消极的影响，亟待我们在辩证与批判的思考中不断做出理论的修正。

阿尔都塞从他的意识形态理论出发，对艺术的本质及文艺批评问题展开了深刻思考。在阿尔都塞那里，艺术与意识形态有着极为复杂的关系。首先，艺术源于意识形态结构，再现和表征意识形态的内容。艺术乃是美学与意识形态的辩证融合，是意识形态的美学面孔。其次，阿尔都塞区分了一般的艺术与真正的艺术。一般的艺术是意识形态的机械复制或直接再现，它忠实地传达意识形态的声音，被动摹写意识形态话语，是意识形态生产与播撒的工具性载体。真正的艺术蕴含着真理的属性，它既不是意识形态的复制品，也非中立地呈现意识形态，而是通过审美的创造，在批判中形成艺术美学经验与知识同意识形态的间离或断裂效果。阿尔都塞说："我并不把真正的艺术列入意识形态之中，虽然艺术的确与意识形态有很特殊的关系。"[②] 这种特殊的关系表现在，艺术通过审美地传达与表现意识形态，使我们看清或觉察到意识形态，从而在审美实践中形成挣脱意识形态的精神与情感力量。结合阿尔都塞的论述可以看出，他更多地将艺术视为一个意识形态的美学结构，这个美学结构并非为现存意识形态提供永久合法化的美学外衣，而是通过在内部制造距离，使人能够看清意识形态，从而产生批判的政治效应。就此而言，艺术同哲学一样具有了政治属性，艺术的美学目的并不是维系意识形态秩序，而是揭露意识形态对现实本真存

---

① 〔英〕约翰·斯道雷：《文化理论与大众文化导论（第五版）》，常江译，北京大学出版社，2010，第 98 页。

② 〔法〕阿图塞：《列宁和哲学》，杜章智译，台湾远流出版事业股份有限公司，1990，第 241 页。

在的镜像遮蔽，拆除笼罩在主体意识结构中的意识形态幻象，从而以审美的方式产生意识形态变革的政治力量。

阿尔都塞的艺术理论以及他的文艺批评实践，对西方马克思主义文艺理论与批评范式产生了重要影响。受阿尔都塞的启示，马歇雷将文学视为一种意识形态的形式，"在教育的意识形态国家机器中，文学充当着占统治地位的意识形态再生产的手段"①。文学的职能在于产生意识形态的话语，从而维持着意识形态的再生产。但马歇雷同时指出，文学并非统治阶级意识形态的单向度传达，而是同意识形态保持着一种离心结构的模式。马歇雷说："作品确是由它同思想体系的关系来确定的，但是这种关系不是一种类似的关系（象复制那样）：它或多或少总是矛盾的。一部作品既是为了抗拒思想体系而写的，也可以说是从思想体系产生出来的。"② 文学作品既源出于意识形态又抵制意识形态，由此形成充满矛盾与冲突的张力性文本结构。"这种冲突并不是文本的缺陷，它揭示了在文学作品中存在着'他者'，而文本正是通过这种冲突的方式与自身之外的世界维持着关联。对文学作品进行解读就是要揭示其非独立性，并时刻牢记在文本的物质实在中包含着的某种缺席的痕迹，这种缺席乃是文本自身不可或缺的特性之一。"③ 在马歇雷看来，文学文本并非完全受主导意识形态的操控，而是充满着许多异质性征候，这些异质性征候以沉默或者逃匿等方式隐秘藏身于文本的美学肌理之中。马歇雷在此运用了阿尔都塞的"征候"理论，并提出文学的征候式批评范式。文学批评就是要发掘隐藏于文本话语中的意识形态征候，让沉默发声，从而破除主导意识形态的压迫，并生成通往自由与解放的反抗力量。伊格尔顿也认为文学是一种意识形态的生产，文学生产的对象是意识形态，工具是语言符号，方式是审美创造，产品是一种新的意识形态或曰审美的意识形态。伊格尔顿从文学的审美意识形态属性出发，提出一切文学批评都是政治批评的理论，"毫无必要把政治拖进文学理论；就像南

---

① 〔澳〕卢克·费雷特：《导读阿尔都塞》，田延译，重庆大学出版社，2014，第 164 页。

② 陆梅林选编《西方马克思主义美学文选》，漓江出版社，1988，第 612~613 页。

③ Pierre Macherey, *A Theory of Literary Production*, London：Routledge & Kegan Paul, 1978, pp. 79-80.

非运动的情况那样，它从一开始就在那里存在"[1]，"那种认为存在'非政治'批评形式的看法只不过是一种神话，它会更有效地推进对文学的某些政治利用"[2]。伊格尔顿对丁尼生诗歌《公主》《悼念》，以及理查逊小说《克拉莉莎》的意识形态分析，都明显受到阿尔都塞意识形态理论与马歇雷"征候式"文学批评的影响。詹姆逊认为文学叙事是一种社会象征性行为。文学叙事中的社会象征性行为，乃是融贯着意识形态质素的整体性存在，即詹姆逊所谓的"意识形态素"："每一特定时期的文化或'客观精神'都是一种环境，那里栖居的不仅是承袭的词语或幸存的概念，还有那些社会象征类型的叙事整体，我们称之为意识形态素。"[3] 意识形态素是文学生产的"终极原材料"，任何一个文学作品都可以看作"对那个终极原材料进行改造的一件复杂作品，那个终极原材料就是所论的意识形态素"[4]。文学作为一种社会象征性行为，既是对多元意识形态之历史与现实的辩证重写，又诉诸历史化、总体性与乌托邦的寓言结构，实现对阶级矛盾的想象性、象征性解决。文学文本因此成为蕴含着政治无意识的美学形式，而文学批评与阐释的目的就是发掘文本中的意识形态与乌托邦寓言。通过对马歇雷、伊格尔顿与詹姆逊的文艺意识形态理论的简要分析，我们可以看出阿尔都塞意识形态理论在西方马克思主义文艺意识形态批评中的话语踪迹。当然，后阿尔都塞时代的西方马克思主义者，并没有完全因袭阿尔都塞的意识形态理论，而是通过融合多种理论资源与话语范式，不断突破阿尔都塞意识形态理论的话语局限，进一步丰富和发展了文艺意识形态批评的理论形态与话语范式。

通过整体反思阿尔都塞的结构主义马克思主义理论、意识形态理论及

---

[1]　〔英〕伊格尔顿：《当代西方文学理论》，王逢振译，中国社会科学出版社，1988，第280~281页。

[2]　〔英〕伊格尔顿：《当代西方文学理论》，王逢振译，中国社会科学出版社，1988，第300页。

[3]　〔美〕詹姆逊：《政治无意识：作为社会象征行为的叙事》，王逢振、陈永国译，中国社会科学出版社，1999，第171页。

[4]　〔美〕詹姆逊：《政治无意识：作为社会象征行为的叙事》，王逢振、陈永国译，中国社会科学出版社，1999，第76页。

其对西方马克思主义文化与文艺意识形态批评的影响，可以看出阿尔都塞在西方马克思主义文化研究与文艺批评领域的重要性。阿尔都塞从"保卫马克思"出发，提出从理论上确保马克思主义的科学性，认为科学的马克思主义是工人阶级革命和社会主义事业的理论保证。这种对科学的马克思主义的理论追求是值得我们充分肯定的。阿尔都塞立足于结构主义的理论视域，特别是在葛兰西市民社会与文化霸权理论的基础上提出了意识形态和意识形态国家机器的概念，丰富了意识形态理论内涵。阿尔都塞虽然强调意识形态结构的先在性和无意识征候，但仍然将经济基础视为"终极决定"的因素。阿尔都塞批判庸俗马克思主义的历史还原论和黑格尔式的历史总体性与辩证法，提出历史发展的多元决定论，突出了意识形态在历史进程中的精神作用。阿尔都塞关于哲学也是一种政治实践、意识形态理论的话语政治内涵以及文艺生产与文艺批评的意识形态属性等命题，为西方马克思主义文化研究、文化政治理论与实践范式的发展提供了许多可供借鉴的话语资源。阿尔都塞提出与威廉斯文化唯物主义完全不同的结构主义文化政治范式，结构主义的文化政治强调文化与意识形态结构的相对自主性与稳定性，强调意识形态结构对历史文化经验的先在决定性与渗透性。不管是文化主体还是作为符号表征的话语，都必须将其置于整体的社会结构与表征体系之中展开研究。结构主义文化政治对意识形态结构、话语表征体系以及权力运行机制等方面的强调，一定程度上弥补了文化唯物主义过于注重经验主义实践，不注重整体性结构反思的理论不足。阿尔都塞的意识形态理论绕开了将意识形态当成精神现象或理论体系的普遍思路，直接把它纳入社会物质生产结构当中进行讨论。他认为，劳动力的再生产需要的不仅仅是技能的再生产（"本领"），同时还要求再生产出劳动力对现存秩序的各种规范的顺从（"规范"），在这个意义上，意识形态已经不是传统意义上的由经济基础决定的上层建筑，它本身已经深入社会生产关系的再生产当中，构成社会再生产的始终在场的现实维度。而且，阿尔都塞关于意识形态国家机器的理论突破了将意识形态视为抽象的观念体系的思想，转而强调意识形态的物质性肌体。意识形态不是理论的空中楼阁，也不是话语的自说自话，而是通过对社会关系的再生产融入整个物质生产机制之中。阿尔都塞认为，主体并非如我们想象的那般独立自主，它是由文化或意识形态"传召"和建构的。研究主体性就是研究社会文化和意识形态对主体性的构建。在阿尔都塞看来，人始终都处于意识形态机器的控制当中。因而，对主体的思考必然关涉各种意识形态的形式。阿尔都塞对艺术与意识形态的关系的思考虽然充满着矛盾，但他认为真正的艺术并不是意识形态，而是通过一种审美的机制呈现意识形态，即艺术通过审美的形式来让读者识别意识形态的运作机制和话语形态，从而形成一种距离，艺术因此变成了疏离意识形态的美学形式。

从经典马克思主义的理论来看，阿尔都塞的文化政治理论亦有许多值得商榷之处。比如，他用结构研究取代了历史进程中鲜活的经验变迁，盲视和遮蔽了历史唯物主义的经济、政治与文化经验对社会结构的影响，必然走向僵化和保守。安德森曾在《理论的贫困》中批判阿尔都塞理论的反历史主义思路违背了历史唯物主义，脱离了马克思主义的历史方法论原则，难以解释社会矛盾和阶级斗争的历史性变化。阿尔都塞反对纯粹的经济斗争，认为经济斗争是改良主义者、费边主义者和工团主义者千方百计想要诱使人们去做的事情。他转而强调政治斗争，甚至认为哲学就是政治。但阿尔都塞所谓的政治斗争更多体现为理论和话语的斗争，阶级斗争不是现实的经济和政治斗争实践，而是通过思想和话语的方式展现。对比阅读阿尔都塞的《列宁和哲学》与卢卡奇的《列宁》可以发现，卢卡奇到了晚年的时候重新回到列宁主义，强调理论与实践的统一。卢卡奇认为"革命的现实性"是列宁思想的核心，也是列宁同马克思的直接性联系。这种革命的现实性表现为理论与实践的辩证统一，而且，无产阶级革命的现实性不能背离对资本主义社会的经济结构的唯物主义分析。因为，"马克思主义经济学超出其所有先驱和后继者的重要优越性，是在于它处在显然必须以最纯粹的经济（因此，也是最纯粹的拜物教）范畴来处理的这些最复杂的问题当中，却能够从方法上对这一问题取得这种理解，因而在这些纯粹经济范畴的后面那些发展过程中的阶级——这些经济范畴所表现的社会存在——就变得明显可见了"[①]。如果不从社会总体性结构和经济基础的唯物论出发来思考革命的现实性，那么工人阶级的

---

① 〔匈〕卢卡奇：《列宁：关于列宁思想统一性的研究》，张翼星译，（台湾）远流出版事业股份有限公司，1991，第59页。

革命就会变成一种理论的空想。但阿尔都塞却很少从政治经济学的层面思考阶级斗争问题，而是将阶级斗争转变为理论和意识形态的斗争。此外，阿尔都塞所提出的矛盾与多元决定论的反本质主义立场，这种多元决定论基本放弃了物质生产和经济基础的主导性历史地位，以凸显文化、意识形态甚至是话语的力量。

　　总之，对于阿尔都塞的哲学与文化政治思想，我们应始终秉持批判性的阐释立场，既深刻认识其理论的合理性，又正视其缺陷与不足，从而以詹姆逊所谓的"永远的历史化"的理论意识，辩证反思阿尔都塞结构主义的文化政治理论。

第五章　詹姆逊后现代主义的文化理论与政治批评

　　在西方马克思主义阵营之中，美国文化理论家与文学批评家詹姆逊可谓是一个相当重要且极为特殊的理论家。他较早提出文化研究的后现代转向，将后现代主义文化视为晚期资本主义的主导文化类型，以多元文化发展反对单一、激进的文化现代性。詹姆逊同哈桑、利奥塔、费瑟斯通、鲍德里亚等后现代主义者有很大差异，他虽然承认后结构主义与解构主义理论的合理性，认同德勒兹与加塔里对晚期资本主义的精神分析，将精神分裂症与碎片化视为后现代消费社会的文化征候，但对后现代主义主要秉持批判与建设的辩证立场，而非如利奥塔等人的赞同态度。这种批判与建设的辩证立场，让詹姆逊的文化理论带有了后现代主义的文化政治意味。通过阅读詹姆逊，我们认为，他的理论基本上是以马克思主义为其主导范型。在詹姆逊的文章中会经常出现经济基础、生产关系、意识形态、阶级性、革命、辩证法、历史意识、政治批评等马克思主义词语。他所运用的研究方法，也主要是马克思主义的历史唯物主义与辩证法。当然，詹姆逊的马克思主义，已经不再是传统意义上的马克思主义，而是带有后现代主义意识的、开放的、黑格尔式的马克思主义。通过回到马克思主义的理论地基，并结合资本主义社会的历史境遇与文化现实，詹姆逊创构出独特的文化政治学和文学的政治批评范式。我主要结合詹姆逊的文化理论与文学批评实践，批判性反思其所建构的文化政治学。

一　詹姆逊文化批评的政治阐释学

詹姆逊曾于 1985 年来北京大学讲学，其演讲内容后结集为《后现代主义与文化理论》一书。詹姆逊详细介绍了后现代主义的概念以及所表征的文化内涵，成为最早被中国文化理论界所熟知的后现代主义文化理论家之一。詹姆逊的后现代主义不同于利奥塔、鲍德里亚等人以解构主义为内核的后现代主义，而是带有马克思主义的理论特质。正是从马克思主义的理论视域出发，詹姆逊对后工业阶段、全球化资本主义时代的文化展开了批判性反思，形成了马克思主义的后现代主义文化理论与文化阐释学。受马克思主义历史唯物主义思想的影响，詹姆逊抛弃了那种纯粹从上层建筑和文化层面理解现代性、现代主义与后现代性、后现代主义的理论范式，而是借用了曼德尔《晚期资本主义》中的资本主义三阶段理论来划分前现代、现代与后现代主义。这种划分主要依据生产方式的区隔而非文化的差异性，即前现代、现代与后现代的主要分歧，首先在于生产方式的历史性变迁，文化逻辑与艺术精神不过是对生产方式变迁之后的社会境遇的意识形态反照。"后现代主义作为一种意识形态，只有作为我们社会及其整个文化或者说生产方式的更深层的结构改变的表征才能得到更好地理解。"① 后现代主义作为晚期资本主义的文化逻辑，反映了全球化时代的经济生产与社会交往方式。同时，詹姆逊借用普兰扎斯的"社会构型"理论，将后现代视为不同生产方式与文化逻辑共同构织的多元空间，或者说是一个层积的文本结构。在此基础上，詹姆逊提出用认知测绘的方式来研究后现代的文化地形图，以发掘那些淤积于历史地表、弥散在文本肌理深处的政治无意识。在詹姆逊看来，后现代作为晚期资本主义的主导文化类型，不像现代主义文化那样表现为单一的文化类型与审美风格，而是呈现为多重文化与意识形态的交织叠合。这也意味着，在后现代主义时期，意识形态的霸权与反

---

① 〔美〕詹姆逊：《文化转向：后现代论文选》，胡亚敏等译，中国社会科学出版社，2000，第 49 页。

霸权斗争、文化革命的暗流涌动也远比现代主义时期表现得更为鲜活生动。

从马克思主义理论视域出发，詹姆逊对后现代主义文化作出了深刻的思考与阐释。他认为文化有三种基本的含义：一是浪漫主义时代的文化概念，主要指个性的培养与人格的形成；二是文明化了的人类所进行的一切活动；三是日常生活中的吟诗、绘画、看戏、看电影之类。① 在这三个定义中，最为接近詹姆逊后现代主义文化定义的是第二种，即文化是文明化了的人类的一切活动，类似于威廉斯所谓的文化是一种整体性的生活方式。詹姆逊指出，在后现代社会，文化溢出现代主义的高雅文化圈层与审美主义界域，形成了与资本狂欢、与生活融合的世俗化结构。这种对文化世俗化、平凡化和商品化的论断，同法兰克福学派的观点十分近似。不同的是，法兰克福学派从审美现代性的立场对这种文化下降运动展开无情的批判，以"反艺术"的审美主义推动现代文化继续朝着精英化的方向前行。詹姆逊则指出："法兰克福学派令人不满的并不是它的否定和批判的立场，而是这种立场所依赖的肯定的价值，即维护传统的现代主义高级艺术的价值，把它作为某种真正是批判和颠覆或'自动'审美产品的轨迹。"② 这种从现代性立场出发批判后现代主义文化的做法，既不符合历史化的发展逻辑，也缺乏辩证批评的眼光，更是脱离了马克思主义阐释学的文化唯物主义基础。因为就法兰克福学派所批判的文化工业而言，它们本身已经成为后现代与消费社会的重要生产方式，而那些曾经站在社会对立面的批判的现代主义艺术和文化类型，也"成为商品生产的一个主要特色，同时也是商品生产中更加快速、更加急剧的再生产过程中的一个重要组成部分"③。在詹姆逊看来，以单一现代性的目光审视后现代，不从根本上理解和阐释现代性与后现代的文化断裂，最终只能走向文化悲观与保守主义。当然，放弃法兰克福学派那种精英主义的现代性批判意识，并不就是要完全认同后现代主义文化的浅表化、商品化、消费化、娱乐化、抹平深度、精神分裂、

---

① 〔美〕杰姆逊：《后现代主义与文化理论：杰姆逊教授讲演录》，唐小兵译，陕西师范大学出版社，1987，第2~3页。

② 王逢振主编《詹姆逊文集第3卷：文化研究和政治意识》，中国人民大学出版社，2004，第57页。

③ 王逢振主编《詹姆逊文集第1卷：新马克思主义》，中国人民大学出版社，2004，第120页。

能指狂欢等诸多性状与征候，做一个波德里亚所说的"与碎片嬉戏"的后现代主体，而是要以一种政治批判的姿态介入晚期资本主义的生产关系与文化结构，从扑朔迷离的后现代主义文化镜像之中发掘出隐秘的政治无意识。

作为文化政治的文化研究，其理论与实践源自意大利的西方马克思主义者葛兰西。葛兰西的文化领导权理论为西方马克思主义文化研究提供了有力的理论支撑，推动了文化研究的文化政治转向。其后，法兰克福学派的批判理论、威廉斯的文化唯物主义、阿尔都塞的结构主义文化研究等，丰富了文化研究的理论资源和实践策略，强化了文化研究的政治批判意识。詹姆逊秉承西方马克思主义的理论传统，明确强调文化研究的文化政治属性。"文化研究是一种愿望，探讨这种愿望也许最好从政治和社会角度入手，把它看做是一项促成'历史大联合'的事业，而不是理论化地将它视为某种新学科的规划图。这项事业所包含的政治无疑属于'学术'政治，即大学里的政治，此外也指广义上的智性生活或知识分子空间的政治。""文化研究或'文化唯物主义'实质上不啻为一项政治事业，而且实际上确实是一种马克思主义事业。"① 詹姆逊将文化研究界定为一种大学的政治、知识分子空间的政治，即我们所谓的文化政治。这种以文化研究为主导方式的文化政治，不同于经典马克思主义以阶级暴力革命为目的的宏大政治叙事。文化政治主要针对文化皱褶中隐秘的权力根须与政治无意识，其目的也在于发掘后现代多元文化谱系中的革命元素，形成推动生产关系与阶级意识变革的文化力量。文化政治更多表现为局部、空间化的微观政治。"随着阿尔都塞主义机器最终的'熔化'，我们进入了一个微型团体和微型政治的世界——这些微型团体和微型政治在不同程度上得到了理论化，成为局部或者分子政治。然而，无论各种概念有多么不同，它们都清楚地标志着对旧式阶级和'整体性'党派政治的扬弃。"② 扬弃党派政治而转向知识分子的文化政治，是西方马克思主义文化研究共同的价值追求。但对马

---

① 王逢振主编《詹姆逊文集第 3 卷：文化研究和政治意识》，中国人民大学出版社，2004，第 1、17 页。
② 〔美〕詹明信著，张旭东编《晚期资本主义的文化逻辑》，陈清侨等译，生活·读书·新知三联书店，1997，第 366 页。

克思主义理论的不同阐释，也使西方马克思主义文化政治理论变得异常复杂和多元。詹姆逊显然受到西方马克思主义理论传统的影响，其对马克思主义的理解与接受，无不融贯着葛兰西、卢卡奇、布洛赫、威廉斯、阿尔都塞、萨特、阿多诺、本雅明、布莱希特等西方马克思主义者的理论幽灵，再加上形式主义、结构主义、精神分析学以及后结构主义理论的嵌入，詹姆逊的文化政治理论有时表现出后现代式的拼贴痕迹。多重异质理论的互文性阐释所营构出的理论围城，让詹姆逊的马克思主义阐释学变得异常深奥和驳杂。当然，如果我们穿过詹姆逊理论万花筒般的操演战场，则依然可以窥见其主导的马克思主义理论内核，以及他为构建马克思主义文化阐释学所坚守的基本理论立场："任何真正的马克思主义阐释都必须坚持两个老的且很熟悉的基本术语：商品生产和阶级斗争。"① 除了这两个术语之外，我们在詹姆逊的理论中还可以看到许多熟悉的马克思主义词语，如历史化、总体性、辩证法、意识形态等。下面，我们结合这些关键术语，对詹姆逊的后现代主义文化政治理论作简要分析。

　　商品生产和阶级斗争是经典马克思主义理论的基本命题，也是詹姆逊建构西方马克思主义文化政治理论的逻辑起点。在詹姆逊那里，后现代主义文化是复制、表征或再生产晚期资本主义社会商品生产与消费的意识形态形式，这就意味着，理解和阐释后现代主义文化，不能绕过商品生产与消费的资本逻辑。詹姆逊深刻认识到文化世界乃至理论本身的商品化，资本逻辑在文化场的全面构织乃是晚期资本主义社会经济发展的历史必然。但他同时又强调，大众文化在迎合资本逻辑的同时，也无形中被灌注着集体性的生存幻象，如被压抑与异化的生命意识以及各种乌托邦冲动等。文化研究的目的在于从商品化的大众文化文本中发掘、培植政治意识，并从中获取对抗与解放的人性力量。诚如詹姆逊所言："商品社会中艺术作品的深刻使命是什么？不是成为商品，也不是被消费，而是成为对商品意义的反感。"② 这也意味着，对晚期资本主义社会商品生产的研究，目的在于通过分析文化商品的生产与消费结构，进而发掘出隐蔽于资本表象世界内部

---

① 　王逢振主编《詹姆逊文集第 1 卷：新马克思主义》，中国人民大学出版社，2004，第 184 页。
② 　Fredric Jameson, *Marxism and Form, Twentieth-Century Dialectical Theories of Literature*, Princeton University Press, 1971, p. 395.

的反商品化的文化政治逻辑。阶级斗争作为一个经典马克思主义的理论命题，在詹姆逊那里被转换成为文化革命的斗争策略。马克思认为，人类社会的历史就是阶级斗争的历史。这意味着即便是在后现代主义时代，阶级斗争并没有退隐与消失，只不过詹姆逊在此转向了黑格尔的主奴辩证法、卢卡奇的阶级意识以及威廉斯漫长革命的理论模式，更多关注伴随社会政治与经济革命的文化革命。而且，詹姆逊受马克思、本雅明等人影响，强调历史上阶级斗争的张力性结构对文化与意识形态的影响，认为"一切阶级历史的作品，仅就它们在我们时代的博物馆、制度和'传统'中幸存下来并流传下去这一点而言，都不同方式地具有深刻的意识形态性，都与基于暴力和剥削的社会结构有着息息相关的利益和功能关系"①。正是基于这样的理论意识，詹姆逊更加强调运用文化政治的策略来培育成熟的阶级意识。如乔纳森·克拉克在《詹姆逊的后现代马克思主义》中所言："在詹姆逊的思想中，文化对象潜在地成为了作为政治可能性的阶级意识之所在。"②

詹姆逊强调历史的绝对视域："我想我们同康德的区别在于强调历史。换句话说，我对那些'永恒的'，'无时间性'的事物毫无兴趣，我对这些事物的看法完全从历史出发。"③ 在詹姆逊那里，历史不是编纂学视域中静态固化的历史，而是被文本与阐释复活的历史性存在。历史作为一种总体化的结构本身是缺场的，只有通过文本化才能成为被理解的对象，这就是詹姆逊所谓的存在论历史主义。"历史不是一个文本，不是一个叙事，无论宏大叙事与否，作为一个缺场的原因，它只能以文本的形式接近我们，我们对历史和实在界本身的接触必然要通过它的事先文本化，即它在政治无意识中的叙事化。"④ 在《政治无意识：作为社会象征行为的叙事》中，詹姆逊提出"永远的历史化"口号，强调文化研究的绝对历史视角。

由于詹姆逊认同马克思主义的历史观，认为阶级斗争构成历史的主体

① 〔美〕詹姆逊：《政治无意识：作为社会象征行为的叙事》，王逢振、陈永国译，中国社会科学出版社，1999，第285页。
② 王逢振主编《詹姆逊文集第1卷：新马克思主义》，中国人民大学出版社，2004，第382页。
③ 〔美〕詹明信著，张旭东编《晚期资本主义的文化逻辑：詹明信批评理论文选》，陈清侨等译，生活·读书·新知三联书店，1997，第44页。
④ 王逢振主编《詹姆逊文集第2卷：批评理论与叙事阐释》，中国人民大学出版社，2004，第160页。

内容，这就同时将历史同政治联系起来。那种貌似客观的历史叙事与以纯粹自律性自居的艺术，不过是政治无意识的符码化。总体性是马克思主义理论当中的一个重要概念，历史的总体性最终指向作为目的的人本身，即如马克思所言，"历史不过是追求着自己目的的人的活动而已"①。但在理解历史总体性问题时，詹姆逊更多倾向于阿尔都塞对马克思主义矛盾与多元决定论的理论阐释，反对卢卡奇《历史与阶级意识》中那种黑格尔式的总体性。总体性同差异与多元相关，没有差异性的同一性逻辑，最终只能导向意识形态的结构封闭性。当然，追求差异并不就是接受德勒兹、加塔里所谓的精神分裂以及鲍德里亚所谓的碎片化。缺失总体性统摄的差异与多元，最终只能在能指狂欢中走向历史的断裂破碎和意义的虚无。立足这样的历史总体性视域，詹姆逊并不赞同后现代主义所谓的历史终结与主体之死，而是强调通过批判的文化政治，在多元与差异的文化碎片地带重拾矛盾与辩证的张力，进而在突破资本整体结构桎梏的历史化进程中，实现重建总体性与主体之维的文化政治目的。

辩证法是贯穿詹姆逊后现代主义文化政治理论重要的方法论原则，也是他思想中最具马克思主义理论色彩的地方。詹姆逊对后现代主义文化的分析，充满着辩证的批判意识。比如他强调文化意识形态同政治经济结构的辩证耦合。这就意味着，要想对文本作出合理有效的阐释，就必须坚持辩证的思维，绝不能作机械的内部与外部、内容与形式的划分，要通过对文本形式结构的分析抵达社会历史层面的政治内涵。此外，詹姆逊还强调要注重历时与共时、理论与实践、形式与内容、审美与历史的辩证综合，以及各种差异之间的相互作用与共谋关系。唯有始终坚持辩证的批评实践，才能推动历史进程朝着总体性目标迈进，也才能在那些看似散乱分裂的文化镜像中发掘、整理出隐秘的政治无意识与乌托邦精神。从辩证思维出发，詹姆逊对意识形态问题作了深入的思考与阐发。他反对将意识形态视为虚假意识，而是吸取了阿尔都塞关于意识形态与科学的断裂理论、布洛赫的希望原理、曼海姆的意识形态与乌托邦辩证统一的思想，将意识形态视为一个充满矛盾张力的辩证结构："意识形态在某个意义上说是异化在意识或

①　《马克思恩格斯文集》第 1 卷，人民出版社，2009，第 295 页。

思想领域内所采取的形式：它是异化了的思想。但关于异化的概念必须包括着某些关于没有异化状态的观念。因此一种意识形态理论必须包含着对其对立面的解释（真理，科学，阶级意识，或其他形式，依照所采取的意识形态模式而定）。"① 可见，意识形态既是统治阶级掩盖其异化思想的政治修辞，也包含着克服异化的变革潜能；既有维护现实世界统治秩序的实践功能，又有关于乌托邦改造的政治冲动。就文化与艺术形式而言，詹姆逊认为，必须同时承认其意识形态与乌托邦功能，唯有如此，文化研究才有希望在政治实践中发挥作用。

二　詹姆逊的文学理论与政治批评

在詹姆逊的庞大理论谱系之中，文学理论与批评思想占据着极为重要的地位。詹姆逊最早从事文学研究，其博士学位论文《萨特：一种风格的起源》（1961）主要研究萨特文学的问题风格与思想内涵。20世纪60年代，受西方左翼社会运动和文化思潮的影响，詹姆逊开始接触并研究马克思主义理论。受马克思主义的影响，詹姆逊认识到形式主义与结构主义批评那种悬隔历史与社会内容的理论缺陷，并尝试将马克思主义同各种不同类型的批评理论辩证融合起来。从1971年的《马克思主义与形式》到1981年的《政治无意识：作为社会象征行为的叙事》，詹姆逊的马克思主义文学批评理论日臻成熟，其理论内涵与批评范式逐步确立。我们将詹姆逊的马克思主义文学理论与批评概括为一种典型的文化政治诗学，即他的马克思主义文学理论与批评话语，乃是他的文化政治理论与实践在诗学中的具体运用。作为一种文化政治诗学，詹姆逊提出政治无意识是文学文本的主要内涵特质，"对詹姆逊来说，文学文本是容纳个人的政治欲望、阶级话语和文化革命的一个多元空间"②。而政治批评则成为文学批评的绝对视域。需要

---

① 〔美〕杰姆逊：《后现代主义与文化理论：杰姆逊教授讲演录》，唐小兵译，陕西师范大学出版社，1987，第203~204页。

② 〔加〕谢少波：《抵抗的文化政治学》，陈永国、汪民安译，中国社会科学出版社，1999，第53页。

说明的是，这里所谓的政治，乃是指一种普遍的政治欲望，是社会和历史中的政治无意识弥散在文本中的话语踪迹，是霸权与反霸权意识在文本中的权力播撒与审美的诗性呈现。从政治无意识与美学的关系结构入手，詹姆逊对一系列文学问题展开了新的理论思考。

形式主义和结构主义文论对文学的理解，主要偏向文本的语言技法和形式结构，语言本体祛除了政治、社会和历史的内容实体，并将其置换为构建形式与结构的主要条件。什克洛夫斯基对劳伦斯·斯特恩《项狄传》的解释以及艾亨鲍姆在《托尔斯泰的危机》中将托尔斯泰皈依宗教视为一种"技法的动机"的理论，集中表现了这种文学观念。詹姆逊反对对文学作纯形式和技法的理解，他认为拉布吕耶尔小说中对农民生存状态的动物性描写，并非如什克洛夫斯基所言，只是一种"陌生化"的技法，相反，这种陌生化的语言构成了我们对所处制度的批判性审视，"陌生化效果的目的是一个彻头彻尾的政治目的"[1]。这种理解体现出詹姆逊用马克思主义接合和修正形式主义与结构主义文论的理论倾向。立足于这样的辩证思考，詹姆逊提出"文学是社会的象征性行为"的思想。[2] 这一观点明显受到结构主义人类学家列维·斯特劳斯的影响。在《忧郁的热带》中，斯特劳斯在解释卡都维奥印第安人独特面饰时指出，这种面饰艺术乃是一种典型的象征性行为，其目的在于通过审美形式对现实中不可克服的矛盾作出一种想象性的解决。换句话说，面饰用审美的艺术形式消解了现实中意识形态（等级制与不平等）的冲突境遇，使内在的分裂获得了一种想象性的弥合，审美的乌托邦冲动替代了意识形态压迫，人们获得象征性的宣泄与满足。詹姆逊认为这种理解同样可以用于理解作为审美形式与想象性叙事的文学，即文学是"象征性的社会行为"，这一定义强调了文学审美形式、叙事机制与社会历史、意识形态结构的双重内涵，成为詹姆逊文学生产理论与文学政治批评的元逻辑。

詹姆逊将文学视为"象征性社会行为"的观念，其实提出了一种与西

---

① 〔美〕詹姆逊：《语言的牢笼：马克思主义与形式》（上），钱佼汝、李自修译，百花洲文艺出版社，2010，第53页。

② 〔美〕詹姆逊：《政治无意识：作为社会象征行为的叙事》，王逢振、陈永国译，中国社会科学出版社，1999，第8页。

方传统模仿论和马克思主义反映论完全不同的文学理论，即文学不是对社会历史与现实的简单复制与反映，而是一种"重写"："个别文本保有其作为象征性行为的形式结构：然而，这种象征性行为的价值和性质现在得到重大修改和扩充。关于这种重写，个别表达或文本被解作实质为阶级之间意识形态对峙的论辩和策略的象征性举措。"① 这里所谓的"重写"其实就是审美意识形态的再生产与再创造。作家究竟如何实现对社会和历史的重写？詹姆逊提出了一个特别重要的概念：意识形态素。受斯特劳斯"神话素"理论的启发，詹姆逊提出了意识形态素的概念："每一特定时期的文化或'客观精神'都是一种环境，那里栖居的不仅是承袭的词语或幸存的概念，还有那些社会象征类型的叙事整体，我们称之为意识形态素。"② "意识形态素是一种具有双重特性的结构，它的本质结构特点在于它既可以表现为一种准思想——一种概念或信仰系统，一个抽象价值，一个意见或偏见——又可以表现为一种元叙事，一种关于'集体性格'的终极的阶级幻想，这些'集体性格'实际上就是对立的各个阶级。这种双重性意味着，对意识形态素加以全面描述的基本要求已经事先提出来了：作为一种结构，它必须同时既是概念又是叙事表现。"③ 根据詹姆逊的描述，意识形态素乃是不同阶级意识形态在社会历史境遇中以矛盾冲突的方式形成的一种既对立又统一的辩证结构，它有点类似于黑格尔哲学中那个在历史辩证运动中不断析出的理念。詹姆逊认为，作家应透过社会历史的表象结构，去把握和表现这种真正构成历史化动力的意识形态素，并将其作为文学创作的终极原材料，最终实现对历史与现实生活的审美重构。詹姆逊在阐释巴尔扎克小说《老姑娘》时指出，小说表面上写的是婚姻故事，实际上是为了表现法国革命后巴黎外省人的社会生活和政治生活，争夺女主角的斗争暗示的乃是不同阶级争夺法国统治权的政治无意识。巴尔扎克的这种叙事，充分说明他把握住了那个时代深层的意识形态素。这种以意识形态素为原材

① 〔美〕詹姆逊：《政治无意识：作为社会象征行为的叙事》，王逢振、陈永国译，中国社会科学出版社，1999，第73页。
② 〔美〕詹姆逊：《政治无意识：作为社会象征行为的叙事》，王逢振、陈永国译，中国社会科学出版社，1999，第171页。
③ 王逢振主编《詹姆逊文集第2卷：批评理论与叙事阐释》，中国人民大学出版社，2004，第208页。

料并对社会历史生活进行审美化"重写"的文学思想，同阿尔都塞对艺术的看法极为相似。阿尔都塞就认为："每一件艺术作品，都是由一种既是美学的又是意识形态的构想产生出来的。当它作为一件艺术作品存在时，它是以一件艺术作品的姿态（用它在它使我们看到的意识形态这方面开创的那种批判和知识）产生一种意识形态的作用。"① 詹姆逊和阿尔都塞都强调审美与意识形态的辩证关系，以及审美在文学实践中否定与疏离意识形态的文化政治意义，只不过文学的这种性质在詹姆逊那里表现为审美对现实矛盾的想象性解决或反意识形态的乌托邦精神。

　　文学审美形式与叙事机制同意识形态素的交织融合，形成了文学文本复杂多元的辩证结构。在詹姆逊那里，文学是审美形式与意识形态内容的融生耦合，"形式与内容的辩证观念在方法论上首先取得的成果是，由于依赖于释义工作的进展和它所达到的阶段，形式和内容无论哪一个都可转变成另一个；因此，正象席勒所指出的那样，每一层内容都证明只不过是一种隐蔽的形式"②。詹姆逊甚至将审美形式称为"形式的意识形态"，即任何文学形式和文体的选择，其背后都有基本的意识形态价值指向，文学文本乃是能指符号之表象结构与意识形态内涵之深层结构的辩证统一。文本的这种深度模式，意味着文学审美符号形式结构并不仅仅只是社会历史与意识形态内容的简单再现，而是充满各种隐喻、讽喻、象征与寓言等多重隐含的所指。很显然，这种隐含的所指必须借助于文学阐释，才能成为可理解的意义要素。立足于这样的思考，詹姆逊提出了以辩证批评为方法论主导、以剥析意识形态内核为审美目的的文学阐释学。

　　辩证法是詹姆逊提出的四种深度模式之一（其他分别为精神分析学、存在主义和符号学）。詹姆逊的文学阐释学遵循马克思主义的辩证法逻辑，强调用辩证的批评方法来理解和评价文学。具体而言，辩证的批评主要包含以下几个方面的内容。首先是主张历史、政治与形式的三位一体。形式的美学结构、广阔的社会历史内容与意识形态素构成了文学的三重结构。

---

① 〔法〕阿图塞：《列宁和哲学》，杜章智译，台湾远流出版事业股份有限公司，1990，第260页。

② 〔美〕詹姆逊：《语言的牢笼：马克思主义与形式》（下），钱佼汝、李自修译，百花洲文艺出版社，2010，第362页。

在这三重结构中，文学的形式结构是文学阐释得以展开的前提和基础，任何文学批评都需要首先从文本的美学形式和叙事机制入手，"对形式的意识形态的研究无疑是以狭义的技巧和形式主义分析为基础的"，但"形式的意识形态决不是从社会和历史问题向更狭隘的形式问题的退却"，[①] 而是要通过审美形式的研究，最终实现同历史和政治相遇。在詹姆逊的文学批评实践中，我们可以看到他对形式主义与结构主义批评方法的娴熟运用，但形式主义批评只是一种批评的工具和方法，其目的是要导向充满政治无意识的文本深层结构。其次，詹姆逊在分析文学审美形式技巧与叙事机制时，并没有陷入静止、僵化的结构主义理论圈套之中，而是始终以历史化的辩证逻辑对待文体和文本形式，强调将文学批评置于特定的历史境遇之中展开，神话、悲剧、现实主义文学、现代主义文学与后现代主义文学等，其文学形式和文体类型的产生都由特定的历史条件决定，文学形式的变异则充分反映出历史条件与意识形态的嬗变。这种批评的历史化意识，自始至终贯穿于詹姆逊的文学批评实践之中。最后，詹姆逊指出，融贯于表象的形式结构中的社会历史内容，并非简单机械地艺术再现，而是丰富、差异、多元和辩证之意识形态素的象征性呈现，是意识形态和乌托邦冲动的共谋与互织。文学批评与阐释的目的，就是要透过文本的审美形式，去观照不同阶级意识、不同意识形态所呈现出的对抗与对话的政治无意识图景。下面，我结合詹姆逊"寓言"式批评的理论与实践，进一步分析其文化政治诗学的理论意识和实践策略。

三 "寓言"批评：西方马克思主义文化政治诗学的批评实践

德国文艺理论家本雅明曾在《德国悲剧的起源》中提出著名的"寓言"理论。"随着象征概念的世俗化，古典主义发展了与象征相对应的一个思辨

---

① 〔美〕詹姆逊：《政治无意识：作为社会象征行为的叙事》，王逢振、陈永国译，中国社会科学出版社，1999，第86页。

概念，即寓言的概念。"① 本雅明认为，寓言是一种与象征完全不同的艺术表达方式，象征是用形象去暗示理念，但寓言"不是一种戏耍的形象技巧，而是一种表达方式"②。象征虽然也表现有限与无限、主观与客观的冲突，但更多是通过形式上的美化去消除矛盾与冲突，所以象征指向一种和谐的世界，传达着主观与客观之统一。而寓言的形成，本身就源于自然和社会历史的冲突，"寓言观念缘起于基督教引以为例的充满罪恶的自然与万神殿体现的较纯洁的诸神的自然之间的冲突"③。矛盾冲突的结构使寓言更多用来表现颓废与衰败的历史之恶。本雅明在对 17 世纪巴洛克悲悼剧的研究中，深入阐发了巴洛克悲悼剧以表现颓废没落、衰败异化、废墟死亡等为主题的寓言叙事和美学风格。这种在文明中窥视野蛮、废墟中发掘整体、丑中见美、死尸中感受生命的寓言美学，深刻影响了詹姆逊的文学思想。

詹姆逊接受了本雅明将寓言与象征区别开来的理论，认为当代批评"更喜欢寓言，而不是象征，因为寓言这种形式包含了一种永远不能综合的内在差距"④。"总的说来，在我们的批评价值和美学价值中，我感到有一种回到寓言的趋势，有一种脱离传统文学和批评观念，即认为象征具有统一价值的趋势。"⑤ "寓言精神具有极度的断续性，充满了分裂和异质，带有与梦幻一样的多种解释，而不是对符号的单一表述。它的形式超过了老牌现代主义的象征主义，甚至超过了现实主义本身。"⑥ 结合詹姆逊上述观点，我们认为，他之所以注重文学的寓言书写并提出寓言批评的理论，主要有三个方面的原因。一是詹姆逊从现代向后现代的社会变异中看到了否定、破碎、断裂与异化的历史图景，这种历史症象本身宛如寓言结构一样，其深层肌理中暗含诸多无法再现的文化与政治因素。理论阐释的目的，正在于穿过充满碎片与废墟的历史之城，去将那寓言般的神话结构呈现出来。

---

① 〔德〕本雅明：《德国悲剧的起源》，陈永国译，文化艺术出版社，2001，第 131 页。
② 〔德〕本雅明：《德国悲剧的起源》，陈永国译，文化艺术出版社，2001，第 133 页。
③ 〔德〕本雅明：《德国悲剧的起源》，陈永国译，文化艺术出版社，2001，第 188 页。
④ 〔美〕詹明信著，张旭东编《晚期资本主义的文化逻辑》，陈清侨等译，生活·读书·新知三联书店，1997，第 309 页。
⑤ 〔美〕詹明信著，张旭东编《晚期资本主义的文化逻辑》，陈清侨等译，生活·读书·新知三联书店，1997，第 331 页。
⑥ 〔美〕詹明信著，张旭东编《晚期资本主义的文化逻辑》，陈清侨等译，生活·读书·新知三联书店，1997，第 528 页。

秉持这样的理论意识，詹姆逊强调用理论的深度模式，如马克思主义辩证法、精神分析学、存在主义、符号学等来思考社会结构中的文化与意识形态问题。二是詹姆逊将文学视为审美意识形态再生产或曰"重写"的理论，使其最终放弃简单的再现与象征而转向寓言美学，强调文学叙事乃是一种寓言式的重写，"文化文本实际上被作为整个社会的寓言模式"①。三是将文本视为寓言式重写的文学理论，使詹姆逊最终转向辩证批评的文学阐释学。辩证批评预设了文学艺术的含混与复杂而非桑塔格所谓的"透明性"，②因而文学批评不但不能反对阐释，而且还要积极寻求合理有效的阐释。文学批评并不仅仅是为了获取那种悬隔社会历史内容以及政治、伦理价值的感性审美自由，而且要通过审美的方式去破译寓言结构中的政治无意识密码。

辩证的思维与批评原则，使詹姆逊在建构自己的寓言批评理论时，能超越本雅明寓言批评的颓废美学和阿多诺批评理论的否定性神学倾向，进而在马克思主义的历史总体性与辩证法视域之下，实现分裂与整合、碎片与总体、异化与解放、差异与同一、个体存在与集体意识、意识形态与乌托邦冲动的辩证统一。如果说在本雅明那里，寓言书写是历史在废墟地带衍生的美学，其间充斥着颓废与邪恶的阴霾，那么在詹姆逊的思想中，寓言诗学并不显得如此悲观消极，它更多地承载着历史化的总体能量与反抗罪恶的乌托邦意识，从而带有一种破镜重圆的历史理性精神。詹姆逊说："所有阶级意识，不管哪种类型，都是乌托邦的，因为它表达了集体性的统一；然而，还必须附加说明的是，这个命题是个寓言。"③作为寓言的文学文本，是意识形态与乌托邦的统一，它既表征差异性意识形态的冲突，又在审美的能指链与叙事机制中注入总体性与乌托邦的精神渴望。就后现代社会而言，全球化经济与资本逻辑虽然造成了传统阶级结构的"隐匿消失"，但詹姆逊指出，这不过是一种历史的假象，真正的阶级意识并不曾消

① 〔美〕詹姆逊：《政治无意识：作为社会象征行为的叙事》，王逢振、陈永国译，中国社会科学出版社，1999，第23页。

② 〔美〕桑塔格：《反对阐释》，程巍译，上海译文出版社，2003，第16页。桑塔格认为："透明是艺术——也是批评——中最高、最具解放性的价值"，艺术家有高度的中立性，艺术只提供审美的感受，所以应用艺术色情学反对艺术阐释学。

③ 〔美〕詹姆逊：《政治无意识：作为社会象征行为的叙事》，王逢振、陈永国译，中国社会科学出版社，1999，第277页。

失，而是被深植于资本化的社会结构与大众文化的欲望消费逻辑之中。后现代主义文化与文学文本虽然在一定程度上丧失了寓言的深度模式，但这并不意味着阶级意识的全面退化与乌托邦精神的终极迷失。詹姆逊借用布洛赫的"希望原理"，认为即便是一件娱乐产品，也能将我们的注意力和想象力集中在积极的方面；即便是在最低贱最卑微的商业产品中，也存在人类对自身存在和社会环境加以乌托邦改造的永恒力量。任何大众文化与文学产品，"已经不再只是一种消遣或娱乐，而是一种无意识或半意识的集体幻想的训练"①。詹姆逊对后现代主义文化与文学作品的"神话分析批评"，某种意义上也可以视为其寓言批评的变体。

詹姆逊从全球化视域出发，运用黑格尔的主奴理论，辩证反思第三世界与第一世界在全球经济、意识形态和文化领域之间的关系。他认为，在全球化与跨国资本主义时代，第一世界对第三世界的经济掠夺、政治扩张与文化输出并没有停止。特别是文化上的后殖民主义，使第三世界和第一世界形成了一种类似于阶级意识的霸权与反霸权冲突结构。在这一关系结构中，"'解放'与垄断难分难解地交织在一起"②。这种文化上的霸权与反霸权斗争，必然会成为一种主导意识形态素渗透到第三世界文学的审美形式与叙事机制之中。立足于此，詹姆逊在《处于跨国资本主义时代中的第三世界文学》一文中提出了著名的"民族寓言"理论："所有第三世界的文本都带有寓言性和特殊性：我们应该把这些文本当作民族寓言来阅读，特别当它们的形式是从占主导地位的西方表达形式的机制——例如小说——上发展起来的。""第三世界的文本，甚至那些看起来好像是关于个人和利比多趋力的文本，总是以民族寓言的形式来投射一种政治：关于个人命运的故事包含着第三世界的大众文化和社会受到冲击的寓言。"③ 通过这种寓言批评实践，詹姆逊认为第三世界文学具有寓言结构的深度模式，其个人化的文学审美叙事背后凝聚着人们反抗西方文化霸权，要求获得独立、自

①　王逢振主编《詹姆逊文集第 1 卷：新马克思主义》，中国人民大学出版社，2004，第 103 页。
②　〔美〕詹明信著，张旭东编《晚期资本主义的文化逻辑》，陈清侨等译，生活·读书·新知三联书店，1997，第 392 页。
③　〔美〕詹明信著，张旭东编《晚期资本主义的文化逻辑》，陈清侨等译，生活·读书·新知三联书店，1997，第 523 页。

由与解放的民族寓言。当然，这种将第三世界文学窄化为表征民族寓言之宏大叙事的观念，带有明显的以偏概全和强制阐释的痕迹，其学理上的科学性毋庸置疑。詹姆逊自己也意识到这种理论的随意性与临时性，但"操斧伐柯"，其真正目的或许在于通过第三世界文学这一他者视角来观照西方世界，即"从外部对我们进行重新估价"，进而引起西方文化知识界的重视，以重新构建寓言批评的深度模式，为重构全球化时代西方社会集体意识与乌托邦精神寻找积极有效的文化政治批评策略。下面，我主要结合詹姆逊对鲁迅小说的寓言批评，来进一步理解他的文化政治诗学理念与批评实践。

詹姆逊分析了鲁迅的《狂人日记》，他认为，鲁迅通过"狂人"那种带有精神癔症的话语表述，将读者从日常生活的日神式幻象中带入一个恐怖、梦魇的深层世界之中，这个深层世界的本质就是"吃人"。"这种吃人现象发生在等级社会的各个层次，从无业游民和农民直到最有特权的中国官僚贵族阶层。"① 很显然，这里的"吃人"乃是一种历史的隐喻，一个表征历史与社会进程中阶级性压迫的政治寓言。鲁迅用现代主义的象征性叙事而非传统现实主义的再现方式，向读者传达了一种本雅明所谓的"震惊"体验，让读者感受到封建文化与意识形态面纱背后所隐匿的民族生存的悲剧性命运，进而引申出对传统封建等级制度、对"坐稳了奴隶与想做奴隶而不得"之历史以及"吃人"礼教文化的无情批判。可见，《狂人日记》表面上写的是一个精神病患者对社会生活所表现出的强迫症幻想，但其实质却是通过个体化的精神梦魇，传达出一个民族在传统专制政体与外部强权势力共同压迫之下的历史与社会症象，一种异化而痛苦的集体意识。詹姆逊对鲁迅的《阿Q正传》也作出了类似的寓言式批评，《阿Q正传》主要通过阿Q这一典型人物形象的塑造，反映中国社会底层民众的国民性问题。詹姆逊认为阿Q就是"某些中国式态度和行为的寓言"，阿Q是寓言式的中国本身，它既是对《狂人日记》中自相残害吞食之中国等级制度的隐喻，也是对西方式霸权的一种自怜式回应。或许，将《狂人日记》《阿Q正传》

---

① 〔美〕詹明信著，张旭东编《晚期资本主义的文化逻辑》，陈清侨等译，生活·读书·新知三联书店，1997，第525页。

《药》等小说都视为是中国反抗西方政治、经济与文化霸权的民族寓言，似有偏离作者本意和文本意涵的过度阐释嫌疑。但从另一方面来说，没有传统与现代、西方与中国这个新的知识论视域和意识形态结构，也许就不会引发鲁迅对传统文化和国民性问题的深刻思考，如谢少波所言："《狂人日记》和《阿Q正传》都没有丝毫暗示西方的他者，但是，任何知识渊博的读者都不可能不把它们看作是与西方他者对峙的中国的文化危机的寓言。……被殖民者/殖民者对峙的整个视野……是鲁迅产生关于中国文化的危机意识的促成条件。"① 就此而论，民族寓言的宏大叙事确实构成了我们阐释鲁迅小说的一个独特视角。当然，这一理论与批评范式的缺陷也较为明显，在詹姆逊元评论思想的影响下，文学文本变成了拥有社会历史本质内涵的深层结构，或政治无意识的寓言城堡，审美成为"捕鱼之筌"，批评实践则变成了破译文本寓言密码的理论历险。这势必会增加文学批评的理论重负，弱化文本形式审美的诗性韵味。而且，象征与寓言的主观与不确定性，很容易导致文学批评的强制阐释与过度阐释。这是我们在反思詹姆逊马克思主义文学理论与寓言批评实践时特别需要加以批判的地方。

詹姆逊作为西方"当今用英语写作的最为重要的文化批评家"，其理论与思想可谓相当丰富、驳杂而艰深。自20世纪80年代伊始，詹姆逊在后现代主义、文化政治、马克思主义与形式主义的对话、文化政治诗学、空间诗学、未来考古学与乌托邦精神、科幻文学研究、文化阐释学等方面提出了许多理论创见，为全球化时代的文化研究与文学批评提供了宝贵的思想资源与实践策略。通过分析詹姆逊的后现代主义文化理论、文化政治诗学与寓言批评，进而探讨其文化与文学批评中所表征的西方马克思主义文化政治内涵。詹姆逊从后现代主义的经济社会和文化语境出发，辩证地反思大众文化的价值和意义，从学术政治的层面实现文化批判的大联合，并将这种学术政治视为一种马克思主义的革命事业。詹姆逊没有放弃对经济制度、商品生产的研究，也没有祛除阶级斗争的历史所蕴含的集体性与总

---

① 〔加〕谢少波：《抵抗的文化政治学》，陈永国、汪民安译，中国社会科学出版社，1999，第135页。

体性内核，一定程度上延续了马克思主义的历史唯物主义思想。但作为一个西方马克思主义者，詹姆逊更加强调文化斗争，将阶级意识蕴含在文化冲突和文化斗争之中，文化政治成为表征和负载阶级意识的话语革命范式。

詹姆逊将马克思主义理论置于特定的历史境遇和地缘政治之中，通过马克思主义同各种非马克思主义理论的对话与耦合，最终实现了对各种西方理论的"祛伪"。詹姆逊的文学理论与批评实践，同样具有深刻的马克思主义内涵。他坚信文学审美形式与叙事机制背后有隐秘的政治欲望与阶级意识，文学作为一种"象征性的社会行为"造就了文本的寓言结构模式，因而真正的马克思主义文学批评就不是单纯形式主义的审美，而是应通过对文学文本深度模式的理论阐释，最终实现同历史和政治的相遇。这种文学理论与批评实践虽有助于我们理解文本深层的意识形态要素，进而在文学阅读与接受中获取塑造阶级意识的文化政治力量，但泛政治化的批评很有可能造成阐释的偏执与牵强，导致为解码某种深度意义的理论而刻意损伤文学审美的诗与真。总之，詹姆逊的文化政治理论既有积极意义，也有诸多消极因素。我们应始终坚持批判的话语立场，辩证吸取其合理有效的理论资源与批评策略。

第六章　伊格尔顿的美学理论与文化政治

伊格尔顿是当代著名的西方马克思主义文化理论家和文艺批评家，英国牛津大学文学理论的讲座教授。伊格尔顿1946年出生于英国的索尔福德，1961年考入英国剑桥大学三一学院。伊格尔顿的童年过得似乎并不快乐，在《批评家的任务》中，伊格尔顿向马修·博蒙特坦言他小时候家境贫寒："我们很穷，家里的房子是租来的，很简陋；房东恃强凌弱，总想把我们赶出去。不过，跟我们那些住在市中心的穷亲戚比起来，我家那儿的空气要好得多，景色也很宜人，尽管我们都没钱。"① 这种工人阶级出身的家庭境遇同威廉斯极为相似。事实上，他们在进入剑桥大学后都面临着这种阶层和身份的矛盾，不同的是，在威廉斯的时代这种文化冲突和身份政治的对抗更加突出，而到了伊格尔顿时期则变得相对宽容。同时，童年时代的艰苦生活似乎让伊格尔顿过早就接受了激进左翼政治的思想，"从我15岁时起，我就知道我不想成为货车司机，而要成为一名左翼知识分子"，"十四五岁的时候就自称是社会主义者。16岁时加入了'斯托克波特青年社会主义者'组织"。② 20世纪60年代，伊格尔顿在剑桥大学读书时开始广泛接受马克思主义理论，并组织马克思主义理论研讨班。作为一名西方马克思主义者，伊格尔顿的文化研究和文学批评实践带有明显的马克思主义理论特征。他既深入研究马克思、恩格斯以及葛兰西、卢卡奇等西方马克思主义者的理论著作，为经典马克思主义辩护，又将理论与实践融合，用马克思主义理论指导文化研究和文艺批评实践。伊格尔顿以一种历史化的姿态重

---

① 〔英〕伊格尔顿、〔英〕马修·博蒙特：《批评家的任务：与特里·伊格尔顿的对话》，王杰、贾洁译，北京大学出版社，2014，第1页。

② 〔英〕伊格尔顿、〔英〕马修·博蒙特：《批评家的任务：与特里·伊格尔顿的对话》，王杰、贾洁译，北京大学出版社，2014，第7、10页。

新审视马克思主义，并结合结构主义、形式主义、解构主义与后现代主义理论资源，对马克思主义美学、文化理论和文学批评作出了诸多新的阐释。伊格尔顿早期的理论与批评思想受威廉斯的影响，他最早出版的文学批评专著《莎士比亚与社会》（1967）就是在其"文化与社会"理论与方法的启发下完成的。伊格尔顿关于文化与共同文化的理论思考，都与威廉斯的文化理论有着不可分割的渊源关系。《文化的观念》中对文化的语义学分析，虽然夹杂着对威廉斯的批评，但亦有理论的继承与发展；《批评与意识形态》中对阿诺德等诸多文化理论家和作家作品的阐释，基本上是沿袭威廉斯《文化与社会》中的文本分析方法。其理论的唯物主义思想倾向显然受到自马克思、恩格斯的历史唯物论与威廉斯文化唯物主义的影响。伊格尔顿明确指出："马克思主义批评的任务是为文学价值的依据提供一种唯物主义的解释。"[1] 在具体分析意识形态问题时，伊格尔顿又受阿尔都塞结构主义意识形态理论的影响。伊格尔顿强调意识形态与历史的多重结合以及文学对历史的意识形态重写。《瓦尔特·本雅明或走向革命批评》是伊格尔顿研究本雅明的专著，他通过对本雅明《德国悲剧的起源》的分析，批判西方美学和文学理论的唯心主义话语范式，强调从唯物主义的物质性地基出发思考历史、话语和文本问题，注重本雅明那种否定的、破碎的寓言式批评方法，将马克思主义革命理论同后结构主义的反形而上学、反总体性的理论范式结合起来。总之，在阅读伊格尔顿的过程中，我们能感受到其思想的深刻与驳杂，理论与实践、美学与历史、政治与文学等多重接合所分娩出的话语质态，形成文化思想的多重星座与审美光晕的多棱镜效应。我主要结合其文化理论、文艺美学及其文学批评实践，批判性反思伊格尔顿的文化政治理论与文艺批评思想。

一 文化与审美的意识形态内涵：伊格尔顿的文化政治观念

伊格尔顿的文化政治观念集中体现在他对于文化的语义学分析、文化

---

① 〔英〕伊格尔顿：《批评与意识形态》，段吉方、穆宝清译，北京出版社，2021，第260页。

和权力关系的思考、共同文化的理念以及审美意识形态理论等方面。作为一名英国的文化理论家和文学批评家，伊格尔顿对英国早期自由主义文化传统有着较为复杂的态度，我们在伊格尔顿的文化理论中可以看到泰勒、阿诺德、利维斯、艾略特等文化理论家的影子。伊格尔顿 1967 年出版的献给他的老师威廉斯的第一部文学专著《莎士比亚与社会》，采用了威廉斯的"文化与社会"的结构框架，同时又借用了利维斯的术语和思想。威廉斯的文化唯物主义思想以及"文化与社会"的观念，可以说直接影响了伊格尔顿文化研究的理论范式建构。比如他认为"阿诺德正确地认识到，各种意识形态主要通过形象和再现去构建自身，而不是通过教条的体系"[1]，赞同阿诺德文学批评思想中那种注重形象再现的美学法则。但伊格尔顿又并不完全赞同英国早期的自由人文主义思想，他说："作为一个马克思主义者，我只会以局外人的身份对待它。"[2] 伊格尔顿之所以在《批评与意识形态》中批评他的老师威廉斯，就在于他认为自由人文主义的马克思主义偏离了真正的马克思主义而走向了唯心主义。伊格尔顿的文化理论还不可避免地受到阿尔都塞、本雅明以及诸多西方马克思主义文化理论家的影响。他早期文学理论的体系性建设，较多地受到阿尔都塞结构主义马克思主义理论的影响，如《批评与意识形态》的写作，显然受到阿尔都塞结构主义思想的启发，社会生产的主导性结构与文学审美意识形态生产的子结构之间的这种关系模式，可以说是阿尔都塞结构主义意识形态在文学理论与批评形态方面的唯物主义呈现。而伊格尔顿真正形成唯物主义的马克思主义革命或政治批评范式，则可以说是受到本雅明"政治批评"思想的影响。本雅明称批评家为"处在文学斗争中的军事家"，伊格尔顿的《瓦尔特·本雅明或走向革命批评》可以说是他走向文化政治批评的标志。正是在对本雅明文学理论与批评的马克思主义解读中，伊格尔顿重新思考了马克思主义文化和文学批评的政治意识。总之，在伊格尔顿的文化、文学和美学理论中，我们可以看到经典马克思主义、文化唯物主义和结构主义、后现代主义等多重理论话语的接合。这种多重理论话语的接合，使伊格尔顿的文化理论

---

① 〔英〕伊格尔顿：《批评与意识形态》，段吉方、穆宝清译，北京出版社，2021，第 174 页。
② 〔英〕伊格尔顿、〔英〕马修·博蒙特：《批评家的任务：与特里·伊格尔顿的对话》，王杰、贾洁译，北京大学出版社，2014，第 15 页。

充满着异质性和矛盾意识。美国学者麦克马洪就认为："伊格尔顿经常用右手拍拍一些人的脑袋，又用左手打他们的耳光。他同各种思想派别之间有着许多纠缠不清的联系。"① 当然，如果我们透过纷繁的话语表层和深层结构来分析其理论的内核，则可以看出，批判的文化政治和介入的价值态度是形成伊格尔顿文化理论研究主导话语范式的核心元素。

伊格尔顿在《文化的观念》等论著中较为详细地分析过文化概念。他认为很难给文化下一个明确的定义："据说'文化'是英语中两三个最为复杂的单词之一。"② 从历史的维度来看，文化最早表示的是物质的实践过程，后来才比喻性地反过来用于人的精神生活。但伊格尔顿反对对文化作机械唯物主义和唯心主义的解释，而是强调在统一性的结构之中理解文化问题，"用马克思主义的说法，文化这个词语使得基础与上层建筑在一个单一概念之中得到了同一"③。这种对文化的理解显然受到威廉斯文化唯物论思想的影响。威廉斯指出："马克思主义文化观承认文化问题的多样性和复杂性，考虑到变革中的延续性，也考虑到或然性和某些有限的自律性因素。但是，尽管有这些保留的态度，它还是把经济机构的事实以及由此而来的社会关系看作是一条主线，文化便是沿着这条主线编织起来的，只有理解了这条主线，才能真正理解文化。"④ 文化显然不是超越于特定经济基础与政治体制之外的精神性存在，而是一种在历史与现实中存在的真实社会力量。伊格尔顿分析了威廉斯关于文化的三种现代意义，在论述的过程中，伊格尔顿认为文化的语义不可能同政治和权力剥离开来。随着社会历史的发展，文化不可能简单地回归早期个人修养的意义层面，文化与文明意义的分野赋予文化以社会批判的理论品质，"文化需要一定的社会条件。由于这些条件可能关系到国家，文化还会具有政治的维度"⑤，"如果'文化'这个词是一种历史的、哲学的文本，那么，它也是一种政治冲突的场所"，"文化界定了一种美好生活的品质，这是政治变革在作为整体的文化中所致力于

---

① 《马克思主义美学研究》第 8 辑，广西师范大学出版社，2005，第 224 页。
② 〔英〕伊格尔顿：《文化的观念》，方杰译，南京大学出版社，2006，第 1 页。
③ 〔英〕伊格尔顿：《文化的观念》，方杰译，南京大学出版社，2006，第 1 页。
④ 〔英〕雷蒙德·威廉斯：《文化与社会：1780—1950》，高晓玲译，吉林出版集团有限责任公司，2011，第 285 页。
⑤ 〔英〕伊格尔顿：《文化的观念》，方杰译，南京大学出版社，2006，第 8 页。

实现的"。① 但伊格尔顿并不赞同将一切政治问题都归结为文化问题，不赞同将一切文化问题都泛化为政治问题，而是要展开具体的社会历史分析。文化研究确实需要倡导文化政治，但是也不能将文化和政治绝对等同。"文化天生的根本就不是政治的。……只有当它们陷入一个统治与反抗的过程——当这些其他方面无害的事情因为一种或另一种原因被变成斗争场所的时候，它们才会成为政治的。"②

文化的批判性意味着文化同权力密切相关。伊格尔顿认为："文化话语与社会权力的领域密切相关，虽然并不同源。"③ "文化与权力之间还存在另外一种联结。没有任何政治权力可以通过赤裸裸的高压政治而满意地存在下去。""鉴于真正的权威包括对法律的内在化，权力正是试图在显然完全出于自由与隐秘状态的人类主体性上留下自己的烙印。因此要成功的统治，权力必须理解男人与女人隐秘的欲望和他们所厌恶的事情，而不仅是他们的投票习惯或社会抱负。如果权力要从内部规范他们，还必须能够从外部想象他们。任何认知形式都不如艺术的文化那么熟练地图绘了复杂的心灵。"④ 这种关于文化和权力关系的看法，可以说受到了葛兰西、威廉斯与福柯等人的影响。葛兰西的霸权理论强调的正是微观权力在市民社会文化领地所形成的与统治性霸权不一样的文化霸权形态，权力在文化意义世界的弥散、增殖与生产成为文化政治所关注的核心命题。威廉斯指出："霸权就不仅仅是指那些清晰表述出来的、较高层次的'意识形态'，也不仅仅指意识形态的那些通常被视为'操纵'或'灌输'的控制方式，它是指一种由实践和期望构成的整体，这种整体覆盖了生活的全部——我们对于生命力量的种种感觉和分配，我们对于自身以及周围世界的种种构成性的知觉体察。霸权是一种实际体验到的意义、价值体系，当这些意义、价值作为实践被人们体验时常常表现出彼此相互确证的情况。"⑤ 伊格尔顿认同威廉斯的思想，强调权力在文化场域、艺术与日常生活中的弥散效应。在《意

---

① 〔英〕伊格尔顿：《文化的观念》，方杰译，南京大学出版社，2006，第 15、16 页。

② 〔英〕伊格尔顿：《文化的观念》，方杰译，南京大学出版社，2006，第 101 页。

③ Terry Eagleton, *The Function of Criticism*, London and New York：Verso, 1984, p. 13.

④ 〔英〕伊格尔顿：《文化的观念》，方杰译，南京大学出版社，2006，第 41 页。

⑤ 〔英〕雷蒙德·威廉斯：《马克思主义与文学》，王尔勃、周莉译，河南大学出版社，2008，第 118 页。

识形态导论》中，伊格尔顿谈到福柯的权力思想："在米歇尔·福柯（Michel Foucault）和他的追随者看来，权力并不局限于军队和议会，相反，它是一个无处不在的、无形的力量网络，编织在我们最细微的姿态和最亲密的话语中……权力会给我们的个人关系和日常活动留下印记，这是一种明显的政治收获。"① 在《二十世纪西方文学理论》的"结论：政治批评"中，伊格尔顿认为："我用政治的这个词所指的仅仅是我们把自己的社会生活组织在一起的方式，及其所涉及到的种种权力关系。"② 在伊格尔顿那里，文化显然被视为一种组织社会生活的形式。作为一种意识形态的形式，文化参与社会关系的再生产，其物质性肌理中弥漫着权力的踪迹，文化同权力的联姻意味着文化研究必然打上文化政治的烙印。

审美作为一种典型的文化表意行为，在伊格尔顿那里同样表现出强烈的政治性内涵。他认为，审美同意识形态有着密切的关联，甚至可以说审美就是意识形态的美学形式，审美的艺术乃是意识形态的面孔。在《批评与意识形态》中，伊格尔顿指出："由于种种原因，美学是一种特别有效的意识形态工具：它观点鲜明、直观且凝练，既能在本能、情感深层起作用，又能作用于最表层的感官，使自身与自发体验的原料以及语言和态度的本性缠绕在一起。"③ 伊格尔顿认为，微观权力会以非常隐秘的方式在人身上留下印记，好的统治从来就不是那种惩戒肉体的霸权与国家机器的统治权，就像列斐伏尔所指出的，真正的恐怖社会并非暴力的直接统治，而是微观权力在日常生活之中的弥散。在《审美意识形态》中，伊格尔顿分析了审美、身体与权力的关系。伊格尔顿认为，"诞生于 18 世纪的陌生而全新的美学话语并不是对政治权威的挑战，但它可以解读为专制主义统治内在的意识形态困境的预兆。为了自身的目的，这种统治需要考虑'感性的'生活，因为不理解这点，什么统治也不可能是安稳的"④。从鲍姆嘉登开始，美学乃是朴素唯物主义的冲动，是肉体对理论专制的话语反抗。如果专制主义不希望引起反抗，就必须向感觉倾斜，并将制度性的权力审美化，通

---

① Terry Eagleton, *Ideology An Introduction*, London: Verso, 1991, p. 7.

② 〔英〕伊格尔顿：《二十世纪西方文学理论》，伍晓明译，北京大学出版社，2007，第 196 页。

③ 〔英〕伊格尔顿：《批评与意识形态》，段吉方、穆宝清译，北京出版社，2021，第 41 页。

④ 〔英〕伊格尔顿：《审美意识形态》，王杰等译，广西师范大学出版社，2001，第 3 页。

过虔诚的习俗、情感和爱的形式实现其权力的治理化。"审美只不过是政治之无意识的代名词，它只不过是社会和谐在我们的感觉上记录自己、在我们的情感里留下印记的方式而已。美只是凭借肉体实施的政治秩序，只是政治秩序刺激眼睛、激荡心灵的方式。"① 伊格尔顿将审美同葛兰西的领导权、马尔库塞所谓的"内化的压抑"和福柯的治理理论等融合起来，强调审美与意识形态的耦合。一方面，审美以感性的方式促成权力在微观世界生成压抑性机制，以想象和象征等方式促成意识形态对文化主体性的建构；另一方面，审美作为人类社会的一种解放叙事，又通过感性直觉、陌生化、乌托邦冲动等打破意识形态所带来的封闭与固化状态，从而推动社会文化和人性结构朝着更为自由的方向发展。

西方马克思主义知识分子给予文化研究以批判性的政治革命功能，如段吉方所言："在本雅明、马尔库塞、阿多诺、阿尔都塞等西方马克思主义美学那里，'政治关切'事实上已经构成了他们的批评哲学，'政治'是他们文学批评精神的内在的动力之源，美学与艺术研究的'政治关切'凝聚了他们的艺术理想。"② 这种政治关切或所谓的"革命批评"内含着他们的共同文化理想，即通过文化政治的力量，推动自由公正之共同文化的建设。早在 1967 年，伊格尔顿就写过《什么是共同文化》的论文，他指出，文化作为统摄经济生活的物质性载体与社会变革的意识形态表征乃是社会存在的一体两面，共同文化则成为文化领导权在对抗与接合的历史性进程中分娩的终极理想形态。在《文化的观念》中，伊格尔顿详细论述了他所理解的共同文化，他首先批判了艾略特的共同文化观念，即那种精英主义的文化等级制思想。艾略特虽然也承认精英文化和人类学意义上的文化彼此提供养分，但"在威廉斯那里，一种文化只有在它是集体创造的时候才是共同的，而对于艾略特，一种文化即使当它是由特权阶层的少数人形成的时候也是共同的。威廉斯认为，共同文化是由其成员的集体实践不断再创造、再界定的，而不是其中少数人制定的价值观然后被许多人接受并被动体验

---

① 〔英〕伊格尔顿：《审美意识形态》，王杰等译，广西师范大学出版社，2001，第 27 页。

② 段吉方：《意识形态与审美话语：伊格尔顿文学批评理论研究》，人民文学出版社，2010，第 145 页。

的一种文化。由于这个原因，他更喜欢'共享文化'这个术语"①。伊格尔顿显然反对艾略特精英主义的共同文化观，因为这种共同文化观隐含着阶级和价值意义的不平等。威廉斯的共同文化概念，则凸显出激进的社会主义文化变革的思想，"它要求一种具有共同责任、在社会生活所有层面完全民主参与的伦理，包括物质生产和平等主义进入文化塑型的过程"②。在《后现代主义的幻象》中，伊格尔顿指出："一个共同文化可以意味着一种共同享有的文化，或者一种共同创建的文化；如果说共产主义论者认为后者必然意味着前者，那么肯定是对他们的误解。因为事实是，如果每个人都能够通过社会主义民主的机构，充分参与这一文化的建造，那么结果很可能是远比用一种共享的'世界观'联系在一起的文化更多异质性的文化。"③ 结合伊格尔顿对共同文化的理解，我们认为他抛弃了艾略特的精英主义文化观，更加倾向于社会主义文化民主，同时带有了后马克思主义的理论意识。

二　后现代主义与多元文化政治

何谓后现代主义？后现代主义乃是现代性走向断裂之后的理论反拨，如果说现代性意味着对启蒙理性、主体自由、宏大叙事、历史总体性、科学真理、深度模式、精英立场、审美超越和艺术自律等元话语的追求，那么后现代主义则走向反理性启蒙，拆解宏大叙事和超验话语，放弃精神自治和审美超越，倡导反历史、反乌托邦、反体系性和本质主义、反意义确定性、反真理性、多元化、怀疑论、相对主义、异质性、语言游戏、世俗消遣、欲望狂欢等。从某种程度上说，这种话语范式的转换主要源于消费主义文化对现代性文化价值谱系和话语逻辑的彻底颠覆。伊格尔顿在《后现代主义的幻象·前言》中指出："后现代性是一种思想风格，它怀疑关于真理、理性、同一性和客观性的经典概念，怀疑关于普遍进步和解放的观

---

①　〔英〕伊格尔顿：《文化的观念》，方杰译，南京大学出版社，2006，第98~99页。

②　〔英〕伊格尔顿：《文化的观念》，方杰译，南京大学出版社，2006，第99页。

③　〔英〕伊格尔顿：《后现代主义的幻象》，华明译，商务印书馆，2000，第98页。

念，怀疑单一体系、大叙事或者解释的最终根据。与这些启蒙主义规范相对立，它把世界看作是偶然的、没有根据的、多样的、易变的和不确定的，是一系列分离的文化或者释义，这些文化或者释义孕育了对于真理、历史和规范的客观性，天性的规定性和身份的一致性的一定程度的怀疑。"① 在伊格尔顿看来，后现代主义文化逐步祛除了现代性启蒙理性的宏大叙事逻辑和历史总体性的虚假幻象，并转向了多元分裂的文化相对主义时代。面对后现代主义文化时代的来临，伊格尔顿吸收了后结构主义与解构主义理论的内核，倡导从多元和差异的视角思考文化问题，形成了后现代主义的文化政治理论话语范式。

后现代主义的文化政治反对现代性宏大叙事所预设的总体性意识形态和同一性哲学。利奥塔认为后现代主义就是要向同一性开战，就是对元叙事的怀疑和解构，最终实现多元的平等主义。伊格尔顿指出："在任何情况下，社会总体性都是一个幻想。"② 强调将总体性与具体特殊的社会历史情境结合起来。在他看来，后现代主义拒绝的不是历史而是宏大的历史叙事，"即一种观念，这种观念认为存在着一个称为大写的历史的实体，它具有一种内在的意义与目的，它悄悄地在我们周围展开，甚至就在我们说话的时候"③。当总体性和宏大的历史遭遇解构之后，经典马克思主义的阶级革命叙事也就必然遭到质疑。事实上，自葛兰西开始，西方马克思主义普遍转向文化和上层建筑领域的革命，强调文化领导权、阶级意识、日常生活、文化与意识形态的斗争，威廉斯所谓的"漫长的革命"其实就是指社会主义的文化政治斗争。而到了后马克思主义者拉克劳、墨菲等人那里，则完全用多元差异的文化行动取代了总体性的社会主义阶级革命。受后现代主义多元差异思想的影响，伊格尔顿的文化政治也带有了明显的后现代主义特征，即强调文化多元异质的话语形态、权力的弥散效应和文化政治策略的多元性。当然，伊格尔顿认同多元主义，"与大多数后现代主义者不同，我自己在后现代主义问题上是一个多元论者，我相信在后现代时尚中，关

---

① 〔英〕伊格尔顿：《后现代主义的幻象》，华明译，商务印书馆，2000，第 1 页。
② 〔英〕伊格尔顿：《后现代主义的幻象》，华明译，商务印书馆，2000，第 13 页。
③ 〔英〕伊格尔顿：《后现代主义的幻象》，华明译，商务印书馆，2000，第 38 页。

于后现代主义也存在着不同的叙述"①。但又坚决反对西方后现代主义文化理论中呈现出的那种消极的解构总体性的德勒兹主义倾向。比如后现代主义对主体的消解意识中所折射出的对身体存在和欲望主体的凸显，那种从生产者的主体转向精神分析学的欲望的主体，格瓦拉的社会主义让位于福柯和方达的身体学的理论倾向，在伊格尔顿看来并非真正意义上的主体解放。从唯物主义的立场出发，伊格尔顿认为："只有当所有的男人和女人都能自由地自决的物质条件存在的时候，才可能谈到任何真正的多元性，这是因为它们都将以各自不同的方式自然地生活在它们的历史中。"② 从马克思主义的历史唯物主义出发，伊格尔顿对后现代主义解构历史和过度消解总体性的理论倾向进行了严肃的批判。

从后现代主义的理论视域出发来反思伊格尔顿的文化观念，可以看出，他并不像法兰克福学派那样坚持精英主义的文化趣味和否定辩证法的理论意识，而是对文化的历史性变化抱以宽容民主的价值态度，特别是随着大众消费主义文化的兴起，启蒙现代性的瓦解，人文主义精神的转换与多元政治图景的生成，伊格尔顿开始立足于后现代主义的理论视域重新思考文化观念和文化批判的范式问题。伊格尔顿说道："在后现代的世界上，文化和社会生活再一次紧密地结成联盟，但这时则是表现为商品的美学形态、政治的壮观化、生活方式的消费主义、形象的集中性，以及最终将文化变成一般商品生产的综合。"③ "后现代主义看起来有说服力的一个原因是，它答应避免一般文化和具体文化这两者最不好的特征，而同时又保持它们更吸引人的品质。如果说它共享高雅文化的世界大同主义，那么它也拒绝其精英主义；如果它拥有作为生活形态的文化的民粹主义，那么它对于其有机论的怀旧情绪则缺乏耐心。像高雅文化一样，后现代主义太痴迷于美学，虽然更多的是就风格和娱乐而不是经典的艺术品而言的。但是，它还是一种'人类学的'文化，包括俱乐部、时装店、建筑、购物商场以及文本和影像。"④ 从伊格尔顿的论述中可以发现，他深刻地认识到，随着资本主义

---

① 〔英〕伊格尔顿：《后现代主义的幻象》，华明译，商务印书馆，2000，第34页。
② 〔英〕伊格尔顿：《后现代主义的幻象》，华明译，商务印书馆，2000，第78页。
③ 〔英〕伊格尔顿：《文化的观念》，方杰译，南京大学出版社，2006，第23~24页。
④ 〔英〕伊格尔顿：《文化的观念》，方杰译，南京大学出版社，2006，第63页。

工业文明与科学技术的发展，特别是大众消费主义文化的泛滥，文化与资本的联合已经成为人类社会发展的必然趋势，文化的商品化和文化商品的符号化、审美化成为后现代主义文化无法抹去的特征。后现代主义所带来的文化全球化发展必然消解传统精英主义文化的价值质态，并推动多元文化的融合和新文化的生成。

　　西方马克思主义文化研究的一个根本特征就是强调文化和权力的融合，文化不再是自由人文主义所谓的那种高雅的文明、甜美的人性和超越日常生活的艺术，而是成为一种社会组织形式，一种日常生活方式和社会结构形态。这就意味着，后现代主义的多元文化观必然形成多元的文化政治图景。比如，大众消费主义文化的发展所带来的文化商品化、资本化与消费化逻辑，形成文化社会学的批判范式。法兰克福学派的霍克海默与阿多诺认为："文化工业抛弃了艺术原来那种粗鲁而又天真的特性，把艺术提升为一种商品类型。"[①] 伊格尔顿同样认识到文化和文学艺术的商业属性："艺术可以如恩格斯所说，是与经济基础关系最为'间接'的社会生产，但是从另一意义上也是经济基础的一部分：它象别的东西一样，是一种经济方面的实践，一类商品的生产。"[②] 文化和文学艺术的商品化发展，意味着资本向文化领地的殖民，这就需要文化研究者运用政治经济学的理论范式，对文化生产和消费展开文化政治的批判性分析。此外，不同文化组织形式与话语的产生，也催生了多种文化政治的理论路径与话语范式。比如女性主义的文化政治，"发轫于冷淡的大男子主义的六十年代，但是兴盛于这种文化的终结与全球性反应的开始之间短暂间隙的妇女运动，被其他的运动加盟，而文化对于这些运动既不是一件随意的剩余物，又不是一种理想主义的消遣，而是政治斗争的真正的基本原理"[③]，"是妇女而不是劳动人民，她们在父权制开始的时候，就成为了政治改革的代理人。如果某些尼安德特人式的马克思主义者设想社会改造只有一个代理人（工人阶级），那是一个

---

① 〔德〕霍克海默、〔德〕阿道尔诺：《启蒙辩证法：哲学断片》，渠敬东、曹卫东译，上海人民出版社，2003，第151页。

② 〔英〕伊格尔顿：《马克思主义与文学批评》，文宝译，人民文学出版社，1980，第65～66页。

③ 〔英〕伊格尔顿：《文化的观念》，方杰译，南京大学出版社，2006，第104页。

错误，如果新近流行的后现代主义者设想'新政治运动'现在已经使这个代理人变成过时的了，那同样是一个错误"①。此外，还有诸如后殖民主义的文化政治，以及性别的文化政治等。伊格尔顿既反对后现代主义对总体性的肆意解构，又认同文化政治的多面形态。在伊格尔顿看来，随着资本主义物质生产和意识形态的复杂性发展，文化政治必然朝着多元的方向发展，并最终形塑出多元的意识形态权力格局。

三 走向政治批评：伊格尔顿文学理论的"政治"转向

伊格尔顿在《二十世纪西方文学理论》中宣称："一切批评都是政治的"，强调文学批评的政治属性，突出批评的政治效用。在伊格尔顿看来，20世纪西方文学理论都是一定社会意识形态的产物，文学理论一直与政治信念和意识形态密不可分。就连"新批评"这种形式主义文学理论也同样弥漫着意识形态的幽灵。在《反本质》中，伊格尔顿指出："在一个更加普遍的水平反映文学研究从'理论'向'政治'的转变，像它所坚持的那样，文化分析的方法必须从属于政治的目标。"② 在《瓦尔特·本雅明或走向革命批评》中，伊格尔顿甚至说："政治性的文学批评并不是马克思主义者的发明，相反，这是我们所知道的最古老、最值得尊重的文学批评样式之一。"③正是秉持这样的观点，伊格尔顿在分析传统的修辞学技术和文学形式技艺时，都强调其背后的政治性意义。在《文学事件》中，伊格尔顿详细论及"什么是文学"的话题，认为艺术作品最伟大的道德意义在于"它神秘的自律性——不受外部强制，自由地决定一切。它不必屈服于外部霸权，忠实于自己的存在法则"④。但这种所谓的艺术自律又不同于20世纪形式主义文

---

① 〔英〕伊格尔顿：《后现代主义的幻象》，华明译，商务印书馆，2000，第72页。
② Terry Eagleton, *Against the Grain: Essays 1975-1985*, London：Verso, 1986, p.7.
③ 〔英〕伊格尔顿：《瓦尔特·本雅明或走向革命批评》，郭国良、陆汉臻译，商务印书馆，2015，第133页。
④ 〔英〕伊格尔顿：《文学事件》，阴志科译，河南大学出版社，2015，第67页。

论对文学性的纯形式主义理解，而是将这种形式的先锋理解为文学艺术激进和颠覆的美学策略，其目的乃是构成同熟悉肯定之意识形态的一种断裂式结构，或者说是内在的距离感。正是这种距离感和陌生化的审美态度，可以让读者审视那种固化的制度性结构或观念体系，从而形成批判和介入的阅读与批评意识。"文本即是一个剧场，它复加、延长、压缩，并使符号多样化，从而使它们摆脱那些孤立的决定因素，用前所未有的自由归并和融合它们，引领读者来到一个更深层的经验入口，从而进入由此形成的空间。"[1]

在《审美意识形态》中，伊格尔顿从意识形态立场以及美学和政治的关系结构出发重新思考了美学的历史，认为任何美学理论都不过是特定时期的意识形态的话语镜像。就此而论，文学理论并非单纯指向纯粹的文学现象，也不是纯粹的知识和理论，而是特定时代的意识形态再生产。就此而言，一切文学理论和美学批评都成为政治批评。当然，这里所谓的"政治"并非传统意义上的宏大阶级政治、革命政治，而是文化政治。在伊格尔顿的批评理论中，文学并不是一个本体性在场，而是人们在不同时间出于不同理由把这个名称赋予某些种类的作品。这些作品处于福柯所谓的"话语实践"的领域之中。所以文学批评的研究对象就不仅是被称为"文学"的东西，而是完整的实践领域，它置身于广阔的社会关系结构当中。伊格尔顿认为，文学批评的特殊之处在于，关心话语产生什么效果以及如何产生这种效果，所以必然与人们的整体政治境况相关，文学批评不可避免地属于政治范畴。在《批评的功能》中，伊格尔顿指出："当代批评家的作用是抵抗商品的统治，把象征与政治重新联系起来，通过话语和实践，把被压抑的需要、利益和欲望表现为文化形式，并且汇入集体的政治力量。"[2] 所谓的政治批评或意识形态批评并非马克思主义的原创，而是文学批评从一开始就具有的非常明显的社会政治功能，是政治斗争的组成部分，文学批评是反对专制政权的特殊的"公共领域"。

理解伊格尔顿文学理论的政治倾向或文化政治诗学观念，首先需要厘

---

[1]　〔英〕伊格尔顿：《批评与意识形态》，段吉方、穆宝清译，北京出版社，2021，第296页。

[2]　Terry Eagleton, *The Function of Criticism*, London and New York：Verso, 1984, p. 123.

清其对文学的看法。作为一个西方马克思主义文学理论家，伊格尔顿特别强调文学、文学批评的历史性内涵。在《二十世纪西方文学理论》第一章"英国文学的兴起"中，伊格尔顿梳理了"文学"这一概念在英国产生与发展的历史过程，他敏锐地察觉到作为观念意义上的"文学"与作为事实的"文学"颇为不同，"使一部作品成为'文学'的不是其虚构性——18世纪对骤然兴起的小说是否真是文学抱着极其怀疑的态度——而是其是否符合'优雅文章'的某些标准"，换言之，"衡量什么是文学的标准完全取决于意识形态"。① 伊格尔顿认为，"文学"一词的现代意义直到19世纪才真正出现，具体产生于18世纪资产阶级兴起之际。18世纪以前的英国虽然已经存在大量的"文学作品"，但那时候的"文学作品"并不限于"创造性"或"想象性"作品。在18世纪之前很长的一段时间里，文学是包括一切书面文字的作品。从"浪漫时代"开始发生文学范畴的狭窄化，文学被缩小到所谓的"创造性"或"想象性"作品，而创造、想象、有机体、整体等概念随后与某种形式的写作联系起来。在资本主义社会经济发展的初始阶段，资本化的社会结构最终将人的社会关系简化为市场交换，无利可图的艺术成为可有可无的东西。"文学"不仅仅是一种技术性写作，它还具有深刻的社会、政治和哲学含义；文学的"想象"本身成为一种政治力量，成为浪漫主义者以艺术体现的那些活力和价值的名义改造社会的"工具"。伊格尔顿由此得出结论：从某种意义上说，文学就是一种意识形态，任何文学都是在一定的社会历史背景中产生与发展的，并随着社会历史的改变而改变。

伊格尔顿从唯物主义立场出发，强调文学的物质性内涵。所谓文学的物质性，即文学的发生同物质层面的社会生产密切相关，文学的语言以及文学的意识形态结构都同物质世界有着千丝万缕的联系。在《批评与意识形态》中，伊格尔顿指出："批判的唯心主义的普遍形式往往抑制艺术生产的物质基础，但威廉斯没有受到这种不良影响，他正确地坚持了艺术作为'物质实践'的现实。"② 受威廉斯文化唯物主义思想影响，伊格尔顿在《唯物主义批评的范畴》中分析文学作为一种物质实践的过程。首先，伊格

---

① 〔英〕伊格尔顿：《二十世纪西方文学理论》，伍晓明译，北京大学出版社，2007，第16页。
② 〔英〕伊格尔顿：《批评与意识形态》，段吉方、穆宝清译，北京出版社，2021，第78页。

尔顿提出文学生产方式的概念，认为文学生产方式从属于一般生产方式，是一般生产方式的亚结构。从理论层面而言，文学生产方式同一般生产方式有许多相似之处，作家也是生产者，他通过对意识形态素材的加工来生产文学文本。由于整个社会的生产方式既有主导也有从属，所以文学生产方式也是如此，即主导的文学生产方式和从属的文学生产方式相互影响和并存。同物质生产不同，文学生产方式表现为意识形态的生产，是多重意识形态审美效应的接合。文学物质性内涵的另一个方面表现在文学语言的物质性以及文学作为一种意识形态本身需要依附于具体的物质结构，比如出版社、书店等。"这些作品多重而复杂的情节、精心炮制的枝节内容和随意添加的插曲是生产者巧妙地延伸素材以满足这种形式的种种要求的结果。类似的影响还发生在印刷过程中，在这种情况下，页边被加宽、字体被增大，以达到预设的容量。"[1] "语言首先是一种物理的、物质的现实，其本身就是物质生产力量的一部分。"[2] 在《瓦尔特·本雅明或走向革命批评》一书中，伊格尔顿具体论述了文学的物质性征候："我们无法超逾话语的物质性，将自己返回到产生话语的幽灵般的思想中，因为那一思想早已印刻在意味的物质之中了。"[3] 立足于唯物主义的思想地基，伊格尔顿将自己的文化政治诗学理论和文学批评实践建基于唯物主义的大厦之上。也正是这种唯物主义的立场，伊格尔顿的文学批评具有了超越话语唯心主义的实践意识。

在伊格尔顿看来，文学作为一种意识形态不仅体现在文学的内容方面，文学的形式也是意识形态的。在《如何读诗》中，伊格尔顿说："存在着形式的政治，也存在着内容的政治。形式并不是对历史的偏离，只是达成它的方式。艺术形式的重大危机几乎总与历史激变相伴生，例如，19世纪晚期和20世纪早期由现实主义到现代主义的转变就是如此。""无论怎样迂回，诗都因此成了政治批判的形式。"[4] 针对阿诺德在维多利亚时代对诗的

---

① 〔英〕伊格尔顿：《批评与意识形态》，段吉方、穆宝清译，北京出版社，2021，第90~91页。

② 〔英〕伊格尔顿：《批评与意识形态》，段吉方、穆宝清译，北京出版社，2021，第94页。

③ 〔英〕伊格尔顿：《瓦尔特·本雅明或走向革命批评》，郭国良、陆汉臻译，商务印书馆，2015，第93页。

④ 〔英〕伊格尔顿：《如何读诗》，陈太胜译，北京大学出版社，2016，第11、12页。

大力倡导，伊格尔顿认为，他并不是希望通过文化改革来消灭阶级社会，恰恰相反，他要对当时统治集团内部的阶级力量进行意识形态的改组，从而更有效地收编无产阶级。因为资产阶级当时已取得了历史的支配地位，它要求与此相适应的足够的文化资源，但资产阶级还没有做好这方面的准备。所以，阿诺德认为，资产阶级必须占有倒台了的贵族阶级传下来的文明化的美学遗产，用一种能够渗入群众中间的意识形态把自己装备起来。诗这种文学形式便成为阿诺德的选择："诗的未来是远大的，因为最崇高的未来就在诗里，因为随着时间的推移，我们这个民族将在诗里找到自己愈益坚实的栖身之地。"① 诗的含义与其说是一种具体的文学实践，不如说是一般意识形态的运作模式，它成为对现实矛盾的意识形态解决方式。伊格尔顿甚至提出，在选取一种形式时，作家的选择已经在意识形态上受到限制，"他可以融合和改变文学传统中于他有用的形式，但是这些形式本身以及他对它们的改造是具有意识形态方面意义的"。② 事实上，不仅是伊格尔顿，许多西方马克思主义文艺批评家都倡导"形式的意识形态"属性，如詹姆逊就曾提出："审美行为本身就是意识形态的，而审美或叙事形式的生产将被看作是独立的意识形态行为，其功能就是为不可解决的社会矛盾发明想象的或形式的'解决办法'。"③ 这种对文艺形式意识形态属性的强调，意味着形式主义的方法和技巧，例如陌生化、布莱希特的间离等艺术技法并非只具有纯艺术的审美功能。作家选择什么样的文艺审美形式和技法，本身就带有意识形态指向，其形式背后也有或隐或显的意识形态征候。

　　伊格尔顿强调文学批评的政治意义。当然，他并没有对文学理论和政治意识形态做简单化、机械的等同，而是辩证思考文学与社会意识形态的接合关系，并在对这种关系的批判中发掘文学研究的价值和意义。伊格尔顿之所以重视文学与文学理论，是因为他将这种批评实践视为参与现实政治斗争的一种方式。在《马克思主义与文学批评》的引言中，伊格尔顿指

---

① 转引自〔英〕伊格尔顿《历史中的政治、哲学、爱欲》，马海良译，中国社会科学出版社，1999，第9页。

② 〔英〕伊格尔顿：《马克思主义与文学批评》，文宝译，人民文学出版社，1980，第30页。

③ 王逢振主编《詹姆逊文集第2卷：批评理论与叙事阐释》，中国人民大学出版社，2004，第200页。另参阅詹姆逊《政治无意识：作为社会象征行为的叙事》，王逢振、陈永国译，中国社会科学出版社，1999，第69页。

出，马克思主义批评旨在理解意识形态，即人们在各个时代借以体验他们的社会的观念、价值和感情，"而某些观念、价值和感情，我们只能从文学中获得。理解意识形态就是更深刻地理解过去和现在；这种理解有助于我们的解放"①。在伊格尔顿看来，理论的意义在于它能够为人们提供一个参与现实社会斗争的渠道，而最终的目的是政治的自由和"解放"。"如果'文学'是一种写作，它在某种意义上超越实用语境泛化其命题，或者说，它被一种特定的解读操作所引诱而如此作为，那么我们就对文学不可否认的意识形态权力有了直接的认识。因为正是在这种泛化行为中，'文学'赋予命题特别'具体'的力量；而且没有比这种糅合更加有效的意识形态手法了。"② 可见，不管是文学写作还是文学批评实践，都成为意识形态的美学手段。作为来自社会中下层的知识分子，伊格尔顿的批评理论具有强烈的人文性、现实性与实践性特征，他通过文学理论研究来实现对现实的关怀和对当下社会结构的内在批判。在对具体文学问题进行分析论述的时候，他始终从历史的维度出发探讨文学是如何影响以及应怎样影响当代人们的生活，坚持对文学文本作文化政治意义上的批评解读。就此而论，伊格尔顿的文学理论可谓是典型的文化政治诗学。

四　伊格尔顿文学批评实践的文化政治倾向

在伊格尔顿丰富的文化、文学和美学著述中，作家作品批评占相当比例。他娴熟地游走在理论与批评实践之间，把作品放在语言文化、美学传统与历史现实的大背景下进行分析解读。1971 年，年仅 28 岁的伊格尔顿发表《叶芝〈1916 年复活节〉里的历史和神话》一文，从诗的歧义、张力、反讽、隐喻和意象等方面出发展开文本细读批评。他出色地把理论与实证、逻辑分析与缜密的细读结合起来，深入剖析文本肌理中的裂缝和张力，挖掘隐藏在文本当中复杂的社会关系、政治倾向、历史嬗变以及作者心理构

---

① 〔英〕伊格尔顿：《马克思主义与文学批评》，文宝译，人民文学出版社，1980，第 3 页。
② 〔英〕伊格尔顿：《瓦尔特·本雅明或走向革命批评》，郭国良、陆汉臻译，商务印书馆，2015，第 163 页。

成等意识形式，既超越了形式主义过于强调文艺形式的简单化批评路径，又打破了文学批评过于注重文学内容的社会学批评范式，为西方马克思主义文化政治批评以及文化政治诗学研究提供了可资借鉴的批评范例，为西方马克思主义文学批评注入了鲜活的力量。本节主要结合其文学批评实践案例，进一步理解和认识其文学政治批评的理论范式与话语实践形态。

伊格尔顿于1978年写作《丁尼生：〈公主〉和〈悼念〉中的政治和性征》一文，此时伊格尔顿深受形式主义文论、结构主义诗学理论、结构主义马克思主义者阿尔都塞的"征候式阅读"以及马歇雷"文本-意识形态"离心结构理论的影响。在这篇论文中，伊格尔顿运用阿尔都塞的"征候读法"对文本进行分析和阐释。"所谓征候读法就是在同一运动中，把所读的文章本身中被掩盖的东西揭示出来并且使之与另一篇文章发生联系。"① 也就是在阅读中穿透有形的文字，读出其中空白、沉默之处，从而呈现出文本内容的意识形态矛盾或隐秘的政治无意识。在伊格尔顿看来，19世纪中期资产阶级的社会矛盾、诗人"丁尼生"的矛盾以及诗歌叙事本身的诸多矛盾关系，构成诗歌复杂多元的文本结构。

《公主》讲述的是一位"阴性"王子为吸引一位"阳性"女子而男扮女装并对她扮演儿子和情人的角色的故事。"阴性"王子有一位雌雄同体的野蛮粗悍并顽固坚持性别歧视的父亲，这位"阴性"十足的王子有俄狄浦斯情结，他生活在父亲的阴影底下，但对其母亲的形象心仪不已。性征不确定的王子常常陷入主体的虚幻镜像，他无法进入拉康所说的"阳性"的象征秩序之中。为克服这种象征界的无能，王子必须将自己人格中的"阴性"因素压抑下去，以凸显自己的男性菲勒斯霸权。而他采用的方法是男扮女装，通过既表达亦掩盖自己的潜在心理来加强他的男性特征。当然，这种男扮女装只是他实现目的的手段，并不能让王子成为真正意义上的男人。对王子而言，只要在王子和公主间发生性征意识形态的根本转移，使"阳性"女人"阴性化"，他就能获得征服女人的"阳性"力量，从而使自己成为真正的男人。在这个意义上说，《公主》中的"阳性"女子艾达其实是王子异化了的阳刚之气的对象化，是"理想的自我"，他们之间的关系是

---

① 〔法〕阿尔都塞：《读〈资本论〉》，李其庆、冯文光译，中央编译出版社，2001，第21页。

想象的同一。但阅读诗歌就可以看出，王子的"理想的自我"实际上是个女人，即当王子迎娶公主的同时也实现了自身"阴性"特征与"阳性"的结合。在这里，文本完成了意识形态的文化弥合功能，原本纷乱的象征秩序得到重新稳固，无法接受性别歧视的社会矛盾以诗的方式获得了审美化的解决。

但在伊格尔顿看来，问题只是得到了"想象性"的解决。"充满情欲的、私人化的以及心理'疏离的'文学生产者与'阳性的'国家意识形态维护者格格不入。"① 阿尔弗雷德·丁尼生这个名字本身就隐含着意识形态的矛盾，或者说，从诗人的审美视域来看，王子的俄狄浦斯情结并没有得到解脱，而是被象征性地转移了，资产阶级社会的矛盾始终贯穿在诗歌的意识形态生产之中。在维多利亚意识形态生产中被边缘化的诗歌生产，成为主导的功利主义意识形态以及"阳刚之气"所排斥的"阴性"因素的储藏所，而作为诗歌生产者的诗人丁尼生因为受到主导意识形态"阳性"话语的制约，创作的"阴性"诗歌文本看似是一首优美的抒情诗，实际上却发挥着国家文学臣仆的意识形态功能。伊格尔顿评论道："在占有艾达时，丁尼生/王子一并恢复了自己的意识形态能力、审美能力和性能力，诗歌的和'阳性'的理想自我合为一体。《公主》就是实现这种恢复的一个文本实践。"② 伊格尔顿发现，《公主》是一个带有强烈意识形态压迫的文本，这首诗以"阴性"样式塑造自身，但其中却是"阳性"声音占据统治地位，女性身上的"他性"特征只是为了支持"阳性"话语的统治地位才搭建起来。因此，在分析的最后，伊格尔顿不无打趣地说："这首诗的题目取得不当：装出写'艾达'的样子，其实写的是'阳性'霸权问题。诗的题目（像所有的文学文本一样，题目是文本意义的一部分）与诗的实质不一致，这很有启发，至少表明存在着性别歧视问题的是这个文本，而不是我。"③

另外一篇是伊格尔顿发表于 1982 年的批评文章《克拉莉莎被强暴》。

---

① 〔英〕伊格尔顿：《历史中的政治、哲学、爱欲》，马海良译，中国社会科学出版社，1999，第 147 页。
② 〔英〕伊格尔顿：《历史中的政治、哲学、爱欲》，马海良译，中国社会科学出版社，1999，第 149 页。
③ 〔英〕伊格尔顿：《历史中的政治、哲学、爱欲》，马海良译，中国社会科学出版社，1999，第 156 页。

《克拉莉莎》是 18 世纪理查逊创作的一部书信体小说，它讲述了一位心地善良、纯洁高尚的年轻女子克拉莉莎的故事。她生在一个暴戾的贵族家庭，父母为了谋取钱财企图把她嫁给一个她讨厌的男人，但在逃离家庭时，她中了拉夫莱斯的圈套，受尽欺骗和迫害，还被拉夫莱斯下了麻醉药并被强暴，加上哈洛威家族的道德压迫，克拉莉莎最终抑郁自杀。伊格尔顿重新审视这部被误读的小说，借鉴后结构主义、女权主义以及马克思主义理论对文本进行重新解读，并指责以往的批评家为了自身的意识形态目的而诋毁克拉莉莎。比如，作家对克拉莉莎之死的描写，以往评论家大多认为这是一场死亡闹剧，但伊格尔顿认为，延长式的死亡"表演"，"乃是深思熟虑而后有的脱离父权和阶级社会的一种仪式，是对付那个世界的一个精心谋划的'心不在焉'，里比多能量不再进行毫无结果的社会投入，转而关注她的自我"①。克拉莉莎之死的重要意义恰恰在于它的公开性，正是那个社会把她逼上了死路，所以才更加要将这一切，哪怕细碎的环节都记录下来，作为对助长强暴事件的社会予以定罪的有力操控。克拉莉莎沉湎于自己与死亡的"想象"关系，拒绝与社会意识形态话语合流，因为她清楚地知道，在那个有罪的社会里，唯有她的死亡，可以丝毫不受他人的操控。因此，伊格尔顿认为，哪怕是一位拥有高尚品德、对父权制唯命是从、比任何人更加拥护资产阶级道德的女子，仍然逃脱不了男权政治的摧残。所以，所有对克拉莉莎的溢美之辞都暴露出当时资产阶级社会制度的残忍与专制。克拉莉莎的死亡是对资产阶级意识形态的全盘质疑："揭露了资产阶级的忠贞道德与资产阶级实践之间的断裂，不仅如此，那些忠贞道德本身就经受不住虚构形式的压力，纷纷破裂瓦解。"②

伊格尔顿借鉴了女权主义理论深入探究文本中所隐含的"性别政治"，即男女两性之间的错综复杂的权力关系。伊格尔顿首先关注的是克拉莉莎与安娜之间同志式的通信记录，他认为，理查逊在其私人生活中是一位反对两性平等的人，但在文本中他受到了文学审美的约束，对其遵循的意识

① 〔英〕伊格尔顿：《历史中的政治、哲学、爱欲》，马海良译，中国社会科学出版社，1999，第 165 页。

② 〔英〕伊格尔顿：《历史中的政治、哲学、爱欲》，马海良译，中国社会科学出版社，1999，第 168 页。

形态提出了质疑，"那些置妇女于从属地位的价值观念受到了更具颠覆性的质询"①。克拉莉莎是坚守绝对真理和正义的典型，安娜却能精明地认识到所谓道德价值都是受到权力操控的，由此形成了意识形态的矛盾冲突。在文本中，克拉莉莎在遭遇生活的可怕变故后才发现，真理和正义的阐发很难脱离限定它们的权力利益和社会关系。这种深刻的发现与认识，无疑把克拉莉莎径直推向了死亡，因为她意识到自己终身坚信的价值观念崩塌了，自己始终无法逃离男权社会的压迫与残害，只有死亡才能消解男权社会的控制。在为自己订购的棺材上，克拉莉莎设计了一个尾巴含在嘴里的蛇的图案。以往大多评论家都认为，这象征着无止境的自我排遣的性欲，表征着永远不会有结果的自恋，但在伊格尔顿看来，恰恰是克拉莉莎的这种自恋能够让她冷静地独立于男性的欲望之外而获得自我意识。换句话说，《克拉莉莎》这个文本所呈现出来的文本意识形态乃是对男权统治性霸权与男权压迫机制的抵抗、消解与颠覆。同理查逊现实生活中的意识形态倾向相比，文本的这种意识形态表意逻辑恰恰构成了美学的断裂。

通过以上的解读可以发现，伊格尔顿的征候式批评其实就是一种典型的文化政治批评。他既强调文本中心，注重对文学作品的形式分析，借助于英美新批评的文本细读法阐释文学作品的美学意义，又将马克思主义的意识形态批评同文学形式批评辩证结合起来。他既从作家维度出发分析作者的意识形态倾向性（如理查逊的基督教意识形态对小说倾向性的影响）以及这种倾向性所造成的文本的意识形态冲突与美学断裂，又从历史的维度反思不同时期的批评家对小说的不同解读。正是从马克思主义的美学和史学批评标准相结合的立场出发，伊格尔顿对克拉莉莎之死作出了新的理解。他认为，在理查逊的时代，作家会把不能实现的东西寄希望于上帝（即克拉莉莎最终在贵族忠贞道德的压迫下选择用死亡的方式寻求上帝的救赎），而在今天，妇女解放运动已经到来，知识分子可以从女权主义运动的层面重新思考小说书写的主题。伊格尔顿认为，文学并不具有恒定的意义，而是在历史的发展中不断被读者重写，批评家从文本意识形态、作家意识

---

① 〔英〕伊格尔顿：《历史中的政治、哲学、爱欲》，马海良译，中国社会科学出版社，1999，第169页。

形态、读者意识形态等维度出发，可以对文学作出不同的批评和解读。此外，伊格尔顿还从解构主义立场出发，提出"《克拉莉莎》是一场话语混战，陈述句是雷区，段落是政治战术"，"在这场争夺意义的斗争中，在字里行间推敲和商讨微言大义的过程中，进行着阶级之间和性别之间的战斗"，"写作就是为了在权力斗争中争得一个小小的立足点"。① 这种解构主义批评理念体现出伊格尔顿文学批评的后现代主义理论倾向，即在后现代社会，权力斗争已经溢出了阶级革命的单一模式，转而形成多元的革命策略与解放叙事。如德里达所言，书写也成为一种政治。总之，在伊格尔顿的文学批评实践中，我们可以明显感受到他将文学批评视为历史化与事件化的文学行动，并借此实现对社会进行政治关切的马克思主义文化理想。通过文学审美的多棱镜，伊格尔顿得以窥探和刺破资本主义社会意识形态的寓言与象征结构，为社会发展以及自由解放的历史进程注入文化变革的潜能与活力。

作为一名西方马克思主义文化理论家和文学批评家，伊格尔顿把文化理论、文学批评和美学研究同政治关联起来，形成了文化政治的典型话语形态和批评实践范式。伊格尔顿认为，文化政治并非仅仅是将文化视为政治斗争的媒介工具或斗争的场域，而是说文化批评本身就是一种政治表征和实践的马克思主义革命范式。伊格尔顿指出："'文化'对于威廉斯那一代人来说，是进行政治斗争的领地，但现在有可能取代政治。也就是说，发生了一种从关于文化的政治到文化政治的转变。"② 中国许多研究伊格尔顿的学者都将其批评理论视为文化政治美学或文化政治诗学，如马海良将伊格尔顿的文化政治美学概括为六个方面，认为伊格尔顿始终践行着文化政治的批评实践，有着坚定的马克思主义理论立场和社会主义政治情结。马海良说："我们将伊格尔顿的批评理论称为'文化政治批评'。如果说'文化'二字表示西方马克思主义美学的特色，那么'政治'一词则表示伊

---

① 〔英〕伊格尔顿：《历史中的政治、哲学、爱欲》，马海良译，中国社会科学出版社，1999，第170页。

② 〔英〕伊格尔顿、〔英〕马修·博蒙特：《批评家的任务：与特里·伊格尔顿的对话》，王杰、贾洁译，北京大学出版社，2014，第233~234页。

格尔顿自己的理论特征。"① 段吉方在《意识形态与审美话语：伊格尔顿文学批评理论研究》中说："特别是《瓦尔特·本雅明，或走向革命批评》，这一著作标志着伊格尔顿开始重视文学批评的'革命'内涵以及文学研究的文化批判功能，从而进一步走向了'介入性'的广义的文化政治研究。这种文化政治研究也让伊格尔顿赋予当代马克思主义文学批评以不同的意义。""在伊格尔顿的理解中，文化政治研究其实是一种话语实践方式，带有一定的方法论色彩，其深刻的方法论意义是在对审美话语的批评分析中不断接近并深入一定社会的意识形态语境，最终揭示某种权力话语的生成机制和运行逻辑。这正体现了西方'新左派文论'的主要特征，同时也是西方马克思主义文学批评主要的理论趋向。"② 诸多研究伊格尔顿的学者都指出了其文化理论、文学批评和美学话语实践的文化政治倾向。事实上，追溯伊格尔顿的整个文化研究和文学批评实践的历史，不管是早期的《莎士比亚与社会》，还是后期的《如何读诗》等，政治关切、社会主义文化与美学理想、批判的态度以及革命的实践意识，可以说是伊格尔顿理论话语的基本内核。

伊格尔顿多次强调他的西方马克思主义者身份。"1993年出版的一本关于卢卡奇的书中收了一篇伊格尔顿访谈，不惹眼。在文中，伊格尔顿反复声明他既是一个正统的马克思主义者，同时又是一个非正统的马克思主义者。"③ 伊格尔顿说："从某种重大的意义上来说，我是一名马克思主义者，对此我从未有过丝毫的动摇，在最近斯大林主义垮台后，我依然是一名马克思主义者。我大量的批评写作是马克思主义的，这点也不容置疑。"④ 在一次访谈中，伊格尔顿称他是马克思主义者而非后马克思主义者。⑤ 作为一

① 马海良：《文化政治美学：伊格尔顿批评理论研究》，中国社会科学出版社，2004，第17页。
② 段吉方：《意识形态与审美话语：伊格尔顿文学批评理论研究》，人民文学出版社，2010，第49、50页。
③ 〔英〕伊格尔顿、〔英〕马修·博蒙特：《批评家的任务：与特里·伊格尔顿的对话》，王杰、贾洁译，北京大学出版社，2014，序第2页。
④ 转引自〔英〕伊格尔顿、〔英〕马修·博蒙特《批评家的任务：与特里·伊格尔顿的对话》，王杰、贾洁译，北京大学出版社，2014，序第3页。
⑤ 王杰、徐方赋：《"我不是后马克思主义者，我是马克思主义者"：特里·伊格尔顿访谈录》，《文艺研究》2008年第12期。

个西方马克思主义者，伊格尔顿不仅承认马克思主义理论的科学性及其在现代资本主义社会的革命性活力，同时也强调马克思主义理论与时俱进的发展品格和方法论的真理性。如卢卡奇所言，经典马克思主义不是僵化的教条，而是科学的方法。我们在阅读伊格尔顿的哲学、美学、文化理论和文学批评论著时，可以明显感受到他对唯物史观的坚持和对辩证法的科学运用。物质实践的唯物主义原则，是伊格尔顿理论的内核，一切的思想观念、精神生产和意识形态实践都与物质实践有着历史化的关联，但这并不是回到机械唯物主义的经济决定论、被动反映论和历史还原论，而是要在历史化的进程中辩证思考社会关系结构与文化生产的复杂形态，厘清物质生产实践和意识形态话语生产辩证融合互文的多重图景。从哲学层面而言，伊格尔顿用文化这种综合性的概念来统摄经济基础和上层建筑，从而超越了狭隘的二元论。伊格尔顿始终坚持唯物主义的理论立场，在《批评与意识形态》中，他指出马克思主义文学批评旨在为文学提供唯物主义的阐释。马修·博蒙特认为伊格尔顿和詹姆逊都是唯物主义者，对"不断发展的历史唯物主义思想有着重大贡献"[1]。透过伊格尔顿对考德威尔庸俗唯物主义文学批评的批判，我们可以看出他辩证批评的理论意识。考德威尔的《幻想与现实》虽然以马克思主义的唯物主义为理论基础，但是机械片面地将诗理解为经济的反映，把艺术的美学内容还原为经济，这就变成了庸俗的马克思主义。事实上，形式本身也是一种意识形态的选择，文学的内部和外部没有截然的区分。马海良认为："像所有马克思主义批评家一样，他坚定地把艺术之塔置于社会生产的物质基础之上，坚持了唯物主义批评的根本立场，这在他所处的西方语境中尤其具有重要的意义。"[2] 伊格尔顿对社会主义革命实践有着执着的坚持，有着坚定的社会主义文化信仰和左派情结。伊格尔顿之所以坚持政治批评，强调文艺和审美意识形态生产的文化政治属性和功能，是因为只有通过文艺的政治批评，才能破译资产阶级意识形态的压抑性文化结构，找到反抗社会权力的抵制性路径，从而在文化领地为社会主义革命构筑坚实的精神力量。同时，伊格尔顿并不完全赞同

---

① 〔英〕伊格尔顿、〔英〕马修·博特蒙：《批评家的任务：与特里·伊格尔顿的对话》，王杰、贾洁译，北京大学出版社，2014，第13页。

② 马海良：《文化政治美学：伊格尔顿批评理论研究》，中国社会科学出版社，2004，第18页。

西方马克思主义，特别是后马克思主义完全将革命理想寄托于理论或话语的斗争，由于现实政治的凝滞而不得不将斗争的形式移置到文化和意识形态的内部，从而放弃革命实践的现实性的做法。伊格尔顿批判后现代主义抛弃了激进政治学对"阶级、国家、意识形态、物质的生产方式"等重大问题的关注，过于关注身体、身份、性、欲望等问题，从而造成了后现代主义政治的局限。再次，伊格尔顿坚持以历史化和辩证的理论意识来看待马克思主义，将马克思主义同多元理论话语接合起来，形成马克思主义的多种话语形态和批评范式。比如在《批评与意识形态》中，伊格尔顿既坚持唯物主义，同时又借鉴和吸收阿尔都塞的结构主义马克思主义思想，将文本视为结构上接合的多元决定产物，多重意识形态的生产形成了文学的文本结构。在《马克思主义与文学批评》《如何读诗》等论著中，我们可以看到他将马克思主义与形式主义进行对接融合的理论尝试。他的诸多文学批评案例，比如对《克拉莉莎》的征候式解读，又明显受到精神分析学理论和女性主义文学批评的影响。这种对马克思主义的开放式运用，也启示我们不要固守教条式的马克思主义，而是要在新的历史和现实语域中激活马克思主义的理论效应，不断推动马克思主义理论与时俱进地发展。作为一名左翼知识分子，伊格尔顿对资本主义社会物质生产过程中的劳动异化以及意识形态的虚假性始终秉持批判的态度。他之所以批判威廉斯，正在于威廉斯的文化研究表现出温和的人道主义色彩，自由人文主义的文化改革意识替代了激进左翼的政治策略。伊格尔顿不赞同艾蒂安·巴里巴尔和皮埃尔·马歇雷以及詹姆逊的观点，认为将文学作品看成象征行为——对真实矛盾冲突的想象性解决的理论削弱了文学批评的政治性与介入功能。真正的文学批评应该是通过审美的方式去破译意识形态，并在文学批评实践中注入解放的能量。文化批判和文学批评的任务并不仅仅是破译意识形态的密码，而是应通过审美策略来激发读者的政治热情，从而形成政治参与和介入社会的文化政治意识。

当然，伊格尔顿毕竟是一个西方马克思主义者，他的理论思考基本是立足于西方资本主义的社会历史与现实语境，特别是在后现代主义理论的影响下，他虽然坚持马克思主义理论的合理性和有效性，批判僵化、庸俗的马克思主义，但他的"非正统的马克思主义"或后现代多元的马克思主义理论，一定程度上又偏离了经典马克思主义的理论维度。美国学者麦克马洪曾指出："伊格尔顿经常用右手拍拍一些人的脑袋，又用左手打他们的耳光。他同各种思想派别之间有着许多纠缠不清的联系。"① 段吉方在《批评与意识形态·译后记》中说："左派文化在现实政治意识形态的新变化面前努力寻找'马克思主义思想中更加具体的唯物主义形式复苏'的理论方案，但另一方面，面对资本主义战后的工业繁荣，西方左派文化无论从社会生活的表层还是理论研究的选择上，常常出现'从左到右的可预见的摇摆'。"② 此外需要指出的是，伊格尔顿虽然强调马克思主义的革命实践，批判后马克思主义的话语唯心主义倾向，但是他的文化政治理论同样更多指向文化和意识形态的批判性建设，而非具体的革命实践。就此而论，伊格尔顿并没有跳出文化马克思主义的话语范式和威廉斯"漫长的革命"的文化政治模式。

① 《马克思主义美学研究》第 8 辑，广西师范大学出版社，2005，第 224 页。
② 〔英〕伊格尔顿：《批评与意识形态》，段吉方、穆宝清译，北京出版社，2021，第 310 ~ 311 页。

第七章 托尼·本尼特实用主义的文化政治

托尼·本尼特（Tony Bennett, 1947—　），全名为弗雷德里克·安东尼·本尼特（Frederick Anthony Bennett），是当代英国著名的文化研究学者，从 2009 年至今任澳大利亚西悉尼大学文化理论与社会研究所主任，同时担任帕维斯社会和文化研究中心主任，2017 年被德国柏林洪堡大学博物馆与遗产人类学研究中心聘请为客座教授，2019 年被澳大利亚国立大学人文研究中心聘为名誉教授，现居英国。托尼·本尼特 1947 年生于英国曼彻斯特，后考入牛津大学，并于 1968 年获得政治学、经济学、哲学学士学位，后于 1972 年在英国萨塞克斯大学取得社会学博士学位。他曾在英国布里斯托大学和开放大学里讲"大众文化"课程，这一段教学经历让他在伯明翰研究中心结识了伯明翰学派代表人物雷蒙·威廉斯、斯图亚特·霍尔、爱德华·汤普森等。1988 年，他又接替了学者斯图亚特·霍尔在英国开放大学担任社会学教授。此外，他曾受澳大利亚政府、联合国教科文组织、欧洲委员会的邀请，主持多项文化研究项目。

托尼·本尼特的文化理论强调文化研究的实践向度与实用功能。他认为文化研究不应停留于传统的文化批判层面，而是应该转向文化治理、文化政策、文化改革等具体文化问题，将文化研究的理论话语转化为具体的文化行动。本尼特早期主要研究卢卡奇的现实主义与阶级意识等理论，随后接触到阿尔都塞的结构主义马克思主义，对卢卡奇的整体性、阶级意识、审美理论等均产生了怀疑。但总体而言，本尼特对卢卡奇与阿尔都塞的解读还都限定在文化研究的理论化层面，这种研究最终也使本尼特意识到一种如安德森批判阿尔都塞所言的"理论的贫困"。本尼特受惠于英国经验主义的理论传统，对经验的持重使其对文化研究的过度理论化保有一份警惕。在《形式主义与马克思主义》中，本尼特试图通过一种辩证化的研究，来比较俄国形式主义与阿尔都塞的马克思主义，并在批判与综合的基础上打通形式主义与马克思主义的理论隔阂。这一研究表现出本尼特新的理论动向，即打破结构主义与形式主义的文本形而上学，将文化与文学研究导向历史化与社会化的经验主义场域。20世纪70年代末到80年代初期，本尼特受伯明翰学派文化研究的影响，开始关注葛兰西，并与斯图亚特·霍尔等共同推动了文化研究的"葛兰西转向"。1981年，本尼特发表《马克思主义与通俗小说》，提出用马克思主义分析大众通俗小说的必要性与可能性。事实上，这一转向既表现出本尼特对卢卡奇、阿多诺、阿尔都塞等人理论思想的反拨与超越，也意味着他向威廉斯、斯图亚特·霍尔等英国文化研究传统的回归。当然，这种批判与回归并非简单地抛弃一方而回到另一个阵营，而是本尼特在理性反思西方马克思主义文化理论传统的基础上作出的选择，即以葛兰西的霸权理论为基础，辩证融合英国文化研究的文化唯物主义与阿尔都塞学派的结构主义方法，形成新的"葛兰西主义"。在1986年撰写的《大众文化与"转向葛兰西"》一文中，本尼特指出："在葛兰西的理论框架中，大众文化既不是大众的文化扭曲，也不是他们文化的自身肯定，或者如汤普生的说法，是他们自己的自我创造；相反，它被视为一个力的场，体现的是确切是为那些互为冲突的压力和倾向所形构的关系。这个视野使我们得以大幅度重构大众文化研究中当务之急的理论和政治问题。""葛兰西对文化与意识形态阶级本质主义观点，以及与此相关阶级还原原则的批判，使我们能够合理解释文化斗争不同领域（阶级、种族、性别）的相对独立性，以及它们在不同历史背景中，可能互为交叠的那些错综复杂、变化无定的方式。这……对于视权力和反抗权力的斗争为同样弥散无边、各不相干的福柯倾向，也是一个有力的阻遏。当然最重要的是它提供了一个框架，其间社会主义运动，以及诸如女权主义、民族解放斗争的文化政治，可以进行富有建设性的争论，而不必担忧它们独有的特征或者独霸论争，或者是吞没在论争之中。"① 可以看出，本尼特此时的理论更多倾向葛兰西，甚至对福柯的理论颇有微词。但是到了20世纪90年代，在

---

① 〔英〕本尼特：《大众文化与"转向葛兰西"》，陆扬、王毅选编《大众文化研究》，上海三联书店，2001，第63、67页。

后结构主义、后现代主义等理论的影响之下，本尼特开始从葛兰西主义转向福柯主义，他在思考福柯的主体、权力与治理理论的同时，对葛兰西那种注重文化与意识形态的宏观性分析与研究的理论路径产生怀疑。在《文学之外》中，本尼特开始强调葛兰西与福柯的理论融合，力图在葛兰西与福柯开辟的道路上继续发展西方马克思主义的文化理论。笔者主要结合本尼特对葛兰西与福柯理论的理解，反思本尼特的文化治理理论，通过探究其文化治理理论，发掘其文化美学的政治性内涵。

一　什么是文化治理：从葛兰西、福柯到托尼·本尼特

文化治理作为一个极具现代性意味的理论范畴，最早产生于民主资本主义的政治文化语境，它标志着文化开始进入意识形态的生产与政治治理领地，体现出一种政治权力运作范式的革新。在谈文化治理之前，首先需要弄清楚何为治理。所谓治理，强调的是与统治权完全不同的一种权力模式，是民主社会权力的协商式结构，而非权力的单向度运作。文化治理是治理理论的一种，其主要意思是对文化的治理，以及运用文化进行社会治理，不管是哪一种意思，文化治理都指向一种新的社会权力关系网络。如何理解文化治理？首先，文化治理传达出一种新的文化与政治理念，即民主政治与共同文化的理论构想。在传统君主制的专制主义与极权主义政治统治之下是不存在文化治理的，有的只是文化管理或意识形态管控。极权主义不存在文化治理所需要的自主性空间，也就是相对自治的市民社会领域。文化治理强调的是通过文化实践达成权力的协商与联合，进而形成广义的政治意志，最终构建和谐的文化秩序。可见，文化治理不是单纯意识形态的机械传输。其次，文化治理的主体发生了变化，文化治理主体不再只是政府机关以及纯粹的意识形态国家机器，而是包含市民社会的各种文化机构，以及公民个体的文化修养与文化实践行动。文化治理的主体由政府主导的一元论模式转向不同的行动者共同参与的多元互动模式。最后，文化治理主体的变化，导致文化治理不再仅仅表现为政府在文化政策与文

化制度层面的顶层设计与单向度的文化管理，文化治理变成了政府主导，社会文化机构、经济与文化资本、文化媒介、文化教育、公民的文化实践等共同形成的文化运行模式。在这个复杂的文化运行模式中，文化治理体现为对不同文化权力的平衡。当然，其中也必然形成主导文化、残余文化与新生文化之间博弈与冲突的关系。文化治理最值得重视的地方在于，它对不同的文化形态不采取政治权力的压制，而是通过主导文化的建设，对异质性文化采取同化与吸收的策略，但同时给予不同文化形态以相对自由存在的合法性。通过对文化治理概念的简单分析，可以看出，文化治理概念是在葛兰西的霸权话语结构与福柯微观权力学、治理术等理论的基础上形成的。本尼特的文化治理理论，正是在综合葛兰西主义与福柯主义的基础上，形成的带有后马克思主义征候的文化政治理论。当然，单纯就本尼特的文化治理理论而言，葛兰西的影响是间接的，但又是不能忽略的。福柯治理理论的政治与美学内涵则直接促成了本尼特文化治理理论的诞生。

葛兰西对本尼特文化治理理论的影响，主要表现在如下几个方面。首先是文化的政治化。在葛兰西那里，文化具有政治的接合功能。"文化在其各种不同的层次上，把或多或少的，不同程度上理解彼此的表达方式的个人，联合成为一系列彼此联系的阶层。"① 这种对文化的看法对文化研究有着重要影响，比如像威廉斯后期的文化理论，更多地强调文化作为权力与意识形态斗争的意义维度。本尼特最初受到英国伯明翰学派文化理论的影响，在威廉斯、斯图亚特·霍尔等人的启发下，将文化视为广义的生活方式，强调文化作为一种意识形态的政治效用。他曾明确谈到文化研究的"葛兰西转向"问题。葛兰西对文化与意识形态的分析，以及他对大众文化之政治功能的强调，都对本尼特产生了重大影响。本尼特后来虽然转向福柯，并且在后结构主义与后现代主义的思想地基上重建了自己的文化理论，但并不意味着他完全抛弃了葛兰西的文化思想。事实上，我们在本尼特的文化政策、博物馆研究与文化治理理论中，可以非常明显地看到他对葛兰西文化霸权理论的运用。其次是葛兰西对权力的微观化分析。葛兰西区分了统治权与霸权的概念，统治权是权力自上而下的单向施动，主要表现为

---

① 〔意〕葛兰西：《狱中札记》，曹雷雨等译，河南大学出版社，2014，第408页。

统治、规训与管制；霸权表达了一种新的权力思想，即权力辐射、弥散在整个经济、政治与文化结构之中。权力并非一劳永逸的，而是具有历史性与生成性，权力总是处于不断地建构与解构的动态过程中，统治阶级与被统治阶级在霸权逻辑中形成的是协商式的关系。此外，葛兰西对权力与意识形态的弥散性状态的认识，也促使本尼特认识到，将文化研究完全限定在宏观的意识形态批判领地，难以真正厘清权力的谱系，必须真正深入微观的文化实践之中，比如说博物馆、画廊、音乐厅以及文本阅读等文化行动之中。再次是葛兰西文化与政治理论中的祛阶级化路径，为本尼特以及后马克思主义提供了激进民主的文化政治想象与实践的理论资源。葛兰西虽然并没有放弃阶级革命的理论，但他的文化霸权、集体意识等思想，其实是用共同文化与平等的世界观等概念解构了经典马克思主义的阶级还原论。葛兰西说："历史的行为只能由'集体的人'来完成，要达成一种'文化-社会的'统一，必须以此为前提：具有异质的目的的、多种多样的分散的意志，在平等的共同的世界观的基础上，怀着同一个目的而焊接在一起。"① 循着葛兰西开辟的理论路径，本尼特用文化治理的理论修正了左翼马克思主义的文化政治，并同拉克劳、墨菲以及朗西埃等人的激进民主思想保持了一致性。最后是葛兰西的知识分子理论。葛兰西最具启发性的思想在于，他不再强调知识分子那种抽象化的道德与美学身份，而是打破了自由人文主义关于知识分子的那种虚幻镜像，充分关注知识分子在具体文化实践中的启智性功能。葛兰西反对克罗齐等传统知识分子类型，认为他们的态度是保守的，不过是资产阶级意识形态的维护者，不能成为新文化的建设者。葛兰西提出有机知识分子的概念，强调知识分子的实践性、批判性、启蒙性与人民性等特征，认为知识分子应真正参与到具体的文化实践与文化建设过程中去。葛兰西的知识分子理论同样启发了本尼特，在本尼特那里，知识分子不再是指哈贝马斯所谓的知识分子，也非萨义德的"向权力说真话"、站在权力对立面的知识分子，而是参与到具体文化实践过程中并促成实际政治行动的实践知识分子。

　　福柯的治理理论可以说直接启发了本尼特对文化定义的修正，并最终

---

① 〔意〕葛兰西：《狱中札记》，曹雷雨等译，河南大学出版社，2014，第409页。

将文化研究导向文化治理等具体性的文化政治实践研究。福柯早期主要关注的是疯癫、监狱、知识考古学、话语、权力等问题，自 20 世纪 70 年代开始，福柯转向了治理、生命政治等问题的研究，比如他的《性经验史·认知意志》《安全、领土与人口》《生命政治学的诞生》《主体的解释学》《治理自我与治理他者》等，都较为详细地谈到了治理的问题。在《性经验史·认知的意志》中，福柯通过对性经验史、性话语的研究，发现了西方权力结构与权力关系的变化，即从传统的惩戒性权力、监狱群岛式的权力统治转向生命政治的权力模式，"我们可以说'让'人死或'让'人活的古老权力已经被'让'人活或'不让'人死的权力取代了"，"这就是为生命负责，让权力直达肉体，而不是以死亡相威胁"，"一个规范化的社会是围绕生命展开的权力技术的历史结果"①。生命政治的诞生意味着权力技术以及整个政治模式的变化。福柯虽然没有明确提出治理的概念，但他对权力的分析以及对生命政治问题的探讨，其实已给他的治理理论奠定了基础。在《安全、领土与人口》中，福柯追溯了西方治理技术的变迁，并提出了自己基于生命政治的治理理论。福柯说："所谓治理艺术就是以经济形势并且按照经济模式来行使权力的艺术。"在福柯那里，治理表征的是与传统封建统治性权力完全不同的权力运行模式，统治的对象主要是领土，而治理的对象是人或人口。统治以权力的规训和压制为主，治理以权力的自由对抗与协商为基础，"只要统治权还是一个核心问题，统治权行使的优先性就还是阻碍治理艺术的根本因素。只要统治权是一个主要问题，只要统治权制度还是基本制度，只要权力运用还是在行使统治权的范围内反思，治理艺术就不可能以一种特殊的、自主的方式发展。"② 福柯认为从 18 世纪之后，西方的治理艺术转向了政治科学，统治权支配的政体转向了治理技术支配的政体，这个转向是围绕着人口而发生的。福柯进一步从三个层面论述了治理的艺术：（1）"由制度、程序、分析、反思、计算和策略所构成的总体，使得这种特殊然而复杂的权力形式得以实施，这种权力形式的目标

---

① 〔法〕福柯：《性经验史》（增订版），佘碧平译，上海世纪出版集团，2005，第 89、92、93 页。
② 〔法〕福柯：《安全、领土与人口》，钱翰、陈晓径译，上海人民出版社，2010，第 81、86 页。

是人口，其主要知识形式是政治经济学，其根本的技术工具是安全配置。"（2）西方社会历史的发展"不断使这种可被称为'治理'的权力形式日益占据了突出地位，使它比其他所有权力形式（主权、纪律）更重要，这种趋势，一方面形成了一系列治理特有的装置，另一方面则导致了一整套知识的发展"。（3）"'治理术'这个词还意味着一个过程，或者说是这个过程的结果，在这一过程中，中世纪的司法国家，在15世纪和16世纪转变为行政国家，逐渐'治理化'了。"① 福柯正是循着这三个层面进一步思考治理这一权力运行模式的来源及其作为现代国家理性与生命政治的具体表征。在《主体和权力》中，福柯进一步拓展了治理的话语内涵，"'治理'并不只涉及政治结构或国家管理，它也表明个体或集体的行为可能被引导的方式——孩子的治理、灵魂的治理、共同体的治理、家庭的治理和病人的治理。它覆盖的不仅是政治或经济屈从的合法构成形式，它还包括行为模式，这行为模式或多或少地被构思和考量，目的就是仿照他人的可能行为。在这个意义上，治理是去对他人行为的可能性领域进行组织"②。从这一意义层面出发，福柯将治理引向一种广义的权力关系维度。结合福柯关于治理的论述，我认为其主要理论内涵如下。其一，治理表现出与传统的惩戒性权力、统治性权力完全不同的权力结构与权力运行模式。治理的权力模式源自牧领权力的观念和组织形式，并在历史化的发展过程中，不断被各种知识、话语、文化制度、组织形式等发展成为广义的政治支配性权力结构，并成为现代理性国家与生命政治形成的基础。福柯在《必须保卫社会》中也谈到了这种新的权力结构模式："如果说，在19世纪，权力占有了生命，如果说，在19世纪，权力至少承担了生命的责任，那么也就是说通过惩戒技术和调节技术两方面的双重游戏，它终于覆盖了从有机体到生物学，从肉体到人口的全部。"③ 在《自我技术》中，福柯说："这种支配他人的技术与支配自我的技术之间的接触，我称之为治理术。""它的最早雏形无疑是牧师权力，经过基督教的过渡后转化为国家理性和自由主义，最终形成

---

① 〔法〕福柯：《安全、领土与人口》，钱翰、陈晓径译，上海人民出版社，2010，第91页。
② 汪民安编《自我技术：福柯文选Ⅲ》，北京大学出版社，2015，第129页。
③ 〔法〕福柯：《必须保卫社会》，钱翰译，上海人民出版社，1999，第238页。

了现代社会的权力结构。"① 从治理与权力运行模式的关系来看，治理表现的不过是西方现代资本主义国家的国家治理与市民文化意识形态的微观化结构形态。当然，福柯更多地指向自由主义的生命政治形态，虽然他并不否认惩戒性权力的存在，就像葛兰西的霸权理论并不否定统治权一样。其二，治理并不仅仅表现为现代国家层面的权力运作，而是成为一种广义的权力关系模式。重要的是，福柯把理想的治理更多地归结为个人主体性的建构，认为个体的修身影响着整个治理结构的形成与功效。"如果我们把权力和政治权力的问题放在有关治理的比较一般的问题中来审视，如果我们把治理理解为可变动的和可逆的权力关系的战略场域，那么我认为对这种治理概念的反思在理论上和实践上是无法绕过根据修身关系来界定的主体要素的。"② 对个人主体性的强调，即任何治理模式的形成，首先是给予个体修身，即通过对自我的治理从而达到治理他者、治理社会与治理国家。如何构建主体性？如何治理自我并达到治理他者？福柯谈到了自我技术的问题："自我技术，也就是说，无疑是存在于一切文明中的对个体进行建议或规定的一系列措施，为的是按照某些目的、通过自我控制或自我认知的关系，去确定个体的身份、保持这种身份或改变这种身份。"③ 总之，福柯认为治理并不仅仅是体现在国家权力的运行层面而是广泛辐射到社会生活的微观世界之中。国家理性以自由主义的治理技术针对全部人口实施治理，市民社会展开各种文化与政治的集体性治理，个体运用自我技术展开主体性的治理。其三，治理是一种具体的文化政治实践。在福柯那里，治理结构与葛兰西的霸权结构已经有了很大的差异性。葛兰西的文化霸权强调的是意识形态宏观层面的运作，而福柯更加强调微观世界的权力运作，治理从根本上是一种深入人的主体灵魂的文化实践，更多体现出现代生命政治的价值关怀。福柯说，蜂王统治蜂巢并不需要刺，好的统治需要的不是剑和血，而是知识和实践。福柯的治理理论，探讨的正是现代国家理性如何实现权力运作的具体的政治和文化实践。

---

① 汪民安：《如何塑造主体》，汪民安编《自我技术：福柯文选Ⅲ》编者前言，北京大学出版社，2010，第 23 页。

② 〔法〕福柯：《主体解释学》，余碧平译，上海人民出版社，2005，第 266~267 页。

③ 汪民安编《自我技术：福柯文选Ⅲ》，北京大学出版社，2016，第 13 页。

托尼·本尼特最初受到英国文化研究中"葛兰西转向"的影响，与威廉斯、斯图亚特·霍尔等人的文化研究路径基本保持一致，即延续了英国文化研究注重文本分析与大众文化经验的文化解读，注重文化与社会的统一。但是，随着本尼特对福柯治理理论的接受，特别是本尼特接触到澳大利亚的文化现实之后，其文化理论与实践发生了较大的转变。这种转变主要表现在如下几个方面。一是在研究方法上，本尼特不再延续传统英国文化研究主要从文本出发来分析文化，而是更加注重各种具体的文化实践、文化治理和文化政策等问题，同时吸收了福柯等后结构主义以及后现代主义的方法，这也突出表现在他对阶级实在论的抛弃、对审美自律论的反拨以及对实践知识分子的强调等方面。二是本尼特对文化的定义作了修正。本尼特认为，从葛兰西对文化的看法，到威廉斯和英国伯明翰学派关于文化的思考，文化的定义似乎已成定论，文化研究就是研究整体性的文化存在，即文化作为一种整体性的生活方式——一种人类学的文化定义。但这种关于文化的定义显然不能涵盖真正的文化经验现实，文化应该更多地转向具体的实践和行动，而不是文本。"文化研究在给文化下定义时指出了与狭义的审美意义相对的威廉斯的广义文化定义的丰富的人类学意义。""我想提出，如果把文化看作一系列历史特定的制度地形成的治理关系，目标是转变广大人口的思想行为，这部分地是通过审美智性文化的形式、技术和规则的社会体系实现的，文化就会更加让人信服地构想。"① 可见，本尼特已经开始突破英国文化研究的理论范式，形成文化治理的思想。三是由葛兰西的文化霸权转向福柯的治理。本尼特前期一直是葛兰西主义的坚定拥护者，他认为葛兰西的文化霸权理论有助于分析民主资本主义社会的文化与权力关系问题，但是随着本尼特对福柯权力与治理理论的接受，特别是在接触到澳大利亚的文化之后，他开始从葛兰西转向福柯。本尼特认为，通过组织一个民族大众进行反对权力集团的反霸权斗争，这个民族大众能把社会底层的利益和价值与一个基本的阶级所代表的利益和价值联系起来，这样一个规划无法与澳大利亚的历史产生任何联系。澳大利亚这种在联邦

---

① 〔英〕本尼特：《本尼特：文化与社会》，王杰、强东红等译，广西师范大学出版社，2007，第163页。

政治体系中权力更为分散的分布状况使得葛兰西所提出的以政府为中心的权力集团概念似乎永远都不能产生。这种区别也促使本尼特更加关注文化与权力的关系结构问题，他发现福柯对治理的分析其实暗合了他对澳大利亚文化政治的理解，即在澳大利亚的文化语境中，文化霸权的阶级性模式转变成为文化治理的非阶级性模式，这种对文化的理解也使本尼特最终走向后马克思主义的文化政治。四是从审美现代性的文化批判转向审美治理。本尼特批判那种将审美与社会历史完全区隔开来的审美形而上学，传统的浪漫主义美学对审美自治的追求，其实是曲解了康德的美学思想。经典马克思主义关于审美自律与审美历史化的矛盾阐释，也表明了审美不可能在一种纯粹非功利主义的自律空间之中存在，而是必然走向一种审美多元主义。所谓的艺术自律或审美自治，不过是一种意识形态，它最终构建的也是一种审美意识形态的虚假幻象。本尼特认为审美应该成为文化教育的一部分，成为塑造主体的文化规划。在《分裂的惯习：皮埃尔·布尔迪厄著作中的美学与政治》一文中，本尼特认为，布尔迪厄对康德非功利性美学思想的继承，使其在论述文化区隔问题时陷入了一种二元对立的逻辑之中，即在布尔迪厄那里，非功利性的审美判断与功利性的物质必需之间形成了不可逾越的鸿沟，对艺术与审美无目的的合目的性的追求成为对功利主义的物质世界的审美反抗，这种对审美非功利性的象征性运用，在某种层面上忽略了文化艺术的审美治理功能。本尼特解构了审美自治与他治之间的文化区隔，并将其辩证统一起来。正是立足于这样的理解，本尼特认为布尔迪厄对工人阶级美学趣味的分析及其区隔理论是不能成立的，布尔迪厄最终对"分裂的惯习"的认同也表明了他对审美认识的理论矛盾。五是本尼特对知识分子问题的重新思考。本尼特认为，传统的知识分子理论倾向于将知识分子视为权力的对立面，知识分子被抽象成为公共空间的正义、良知与美学的化身，像哈贝马斯对知识分子的论述以及萨义德认为的知识分子必须"向权力说真话"，都试图将知识分子导向神坛。这种对知识分子的意识形态塑造不过是一种理性主义的幻象，真正的知识分子应该是行动与实践的知识分子，是具体参与权力运作并以文化实践谋划权力的行动者。总之，本尼特立足具体的文化实践，对葛兰西、福柯与英国文化研究的理论进行了创造性的发展，形成了较为丰富、复杂的文化治理理论。本尼特对文化治理问题的关注与研究，既反映出英国文化研究范式的革新，同时也表现了文化马克思主义在面对新的文化实践时所产生的理论变异。总体而言，本尼特的文化治理理论同经典马克思主义与左翼文化研究的话语理论有了很大差异性，其激进民主与改良主义的理论意识，使其具有了明显的后马克思主义文化政治的话语征候。

二　从文化研究到文化治理：本尼特文化治理的理论特征

本尼特的文化理论经历了一个从英国文化研究向文化治理转型的历史化发展过程，这种理论转型源于本尼特对英国文化研究理论范式的批判性分析，以及他对各种理论话语资源的综合性运用。在本尼特的文化治理理论中，我们既可以看到威廉斯、斯图亚特·霍尔等文化研究学派的理论影响，同时也可以看到他对阿诺德、利维斯等早期文化研究者的理论借鉴，还有他对葛兰西、福柯的文化与政治理论的创造性借鉴与发展，对后结构主义、反本质主义与后现代主义理论的吸收，对后马克思主义话语理论与文化实践思想的融合。正是在这种多元综合的理论影响之下，本尼特对英国文化研究的文化话语范式作出了理论的修正，转而生成文化治理的话语内涵。在分析本尼特文化治理的理论特征之前，我们先对其文化、治理以及文化治理的理论定义作简要探讨。本尼特首先对文化的定义展开了批判性分析，他选择了回到威廉斯的文化理论与葛兰西的文化霸权理论，试图在对威廉斯文化定义的反拨与对葛兰西的超越中重构文化的治理性意义。

本尼特认同威廉斯对广义文化的定义，即文化作为"特殊的生活方式"的人类学定义，但是过于强调广义的文化定义，忽视威廉斯关于文化的狭义定义，即文化作为智性活动的作品和实践，特别是艺术活动，"描绘了智性、精神和审美发展的一般过程"的文化类型，必然会将文化研究引向人类学的文化学阐释，"文化研究在给文化下定义时指出了与狭义的审美意义相对的威廉斯的广义文化定义的丰富人类学意义，不过，文化研究至少误解了一些它的研究领域的有机层面"。① 本尼特看到了审美文化在构建民众文化心理、文化惯习中的主导作用，以及各种文化机构、文化政策与文化代理人在文化发展过程中的积极意义。"文化研究所包含的与其说是特定理论政治传统（或学科），不如说是一个重力场，许多学术传统都在这里找到了暂时的约会场所。它设计了一个争论区域，使确定的事情更理所当然，对话可以更加集中。同样，在这些争论中，唯一的实质问题关注的是发展起来的理论的表述文化与权力之间关系的方式，那些关系有助于权力的实际运行。"② 在谈到治理问题时，本尼特较为强调文化作为一种知识和话语所具有的技术性功能，文化既是治理的工具同时又是被治理的对象，文化应该成为建构性的力量而不是纯粹批判的在场。在文化与社会之中融入治理，使文化问题变得更为复杂化，因为治理意味着运用文化的符号功能与对整个社会和人口展开技术性的管理与发展，这最终将文化研究导向文化实用主义的研究。从治理的层面考察文化与社会问题，使得文化研究变得更为复杂，它要兼顾更多方面，比如文化到底是一种生活方式，还是独特的知识、话语；是审美化的艺术，还是与权力密切相关的符号技术系统；是单向度的接受还是互文化的社会交往与建构？或许，正是因为看到了文化问题的复杂性，本尼特才指出："文化进入治理性的视角中产生了一种'文化复合体'，它是指通过文化机构的运转，特定知识和技术分类、整理、展览和分配文化资源和其他文化实践材料，转换和组织成作用于社会的个体的行为方式。"③ 本尼特的文化治理理论，可以说超越了英国文化研究的文本主义与民粹主义，超越了葛兰西的霸权理论对文化的同质性认识，即文化总是一系列围绕霸权的权力斗争，同时也超越了拉克劳、墨菲后马克思主义单纯将文化局限于话语的理论，本尼特毕竟强调文化政策、文化机构与具体文化实践等方面的研究。当然，本尼特的文化治理理论也有明显的局限，他对文化政策与审美治理之文化政治功用的认同，对知识分

① 〔英〕本尼特：《本尼特：文化与社会》，王杰、强东红等译，广西师范大学出版社，2007，第163页。
② 〔英〕本尼特：《本尼特：文化与社会》，王杰、强东红等译，广西师范大学出版社，2007，第158页。
③ Tony Bennett, "Archaeological Autopsy: Objectifying Time and Cultural Governance," *Cultural Values*, Vol. 6, Nos. 1 & 2, p. 30.

子参与文化治理的"代理人"身份的推崇，都有可能滑向与统治阶级意识形态同谋的话语陷阱。这也意味着，我们应对本尼特的文化治理理论展开辩证的分析，既要认识其理论意义，同时也要批判其理论的缺陷与不足。

本尼特文化治理的理论第一个特征表现为对结构主义、英国文化研究过于注重大众文化文本分析的理论反拨。本尼特批判那种"文本形而上学"的研究。所谓文本形而上学，意在将文化研究局限在文本世界，认为文本就是一个封闭自足的话语世界，对文本进行非历史化的理解，将文本的意义定格为永恒的话语存在。这种研究范式在经典马克思主义、结构主义、威廉斯早期文化研究、霍尔的青年亚文化研究、萨义德以及詹姆逊的文化理论文本中均有体现。本尼特在《批评的幻象》中指出，马克思主义批评传统是一种普遍性话语，"这种话语至少在原则上，就它们想象地面对的读者群（就像它们努力包纳的议题范围一样）而言，是总体化的"[①]。他以萨义德的《世界、文本与批评》和詹姆逊的《政治无意识：作为社会象征行为的叙事》为例，指出这些批判理论往往从某个乌托邦的普遍性假设出发，构建一种批判话语模式，向"想象的敌人开火"，虽然他们表面上反抗现实，想通过转变"主体意识的解释程序"来改造社会，但他们的影响是有限的，因为他们所针对的现实仍然是在文本之中，而不是文本之外的那个活生生的现实，就连他们的读者也只是抽象的读者，即世界之中的和假定的反对世界的个体意识的集合体。在本尼特看来，引入治理的命题就是要将文化研究导向社会现实，从文本形而上学走向社会化文本的研究。很显然，本尼特的文化治理理论不再将文化视为政治的对立面，一个被浪漫主义美学与文化批判理论神圣化的自治领地，文化不再是如哈贝马斯所谓的公共空间负载交往理性的话语真理，也不是如阿尔都塞所谓的与意识形态割裂的理论，而是本身就与社会历史紧密黏合，与审美和人文实践交相辉映的整体性结构存在。正是从文化实用主义的功利性角度出发，本尼特展开了对文化政策、文化改革、博物馆、艺术画廊、审美教育机制、阅读构型等理论的思考，文化既是治理的对象也成为治理的工具，文化最终变成

---

① 〔英〕本尼特：《文学之外》，强东红等译，人民出版社，2016，第207页。

了政府治理与个体生命的一种自我技术。就此而言，本尼特的文化治理理论具有明显的文化实用主义特征。

本尼特文化治理理论的第二个特征是，将文化与权力结合起来，推动了后马克思主义文化政治理论的发展。我们在前面已经提到葛兰西与福柯对文化和权力关系的论述，他们都将文化视为弥散着权力关系的符号结构体系。本尼特受到了葛兰西与福柯的影响，特别是福柯的治理理论，让他深刻认识到资本主义文化世界同微观权力世界千丝万缕的联系，这种权力就如伊格尔顿所言，是置入人的灵魂甚至肉体之中的。伊格尔顿在《审美意识形态》中如是说道："与专制主义的强制性机构相反的是，维系资本主义社会秩序的最根本的力量将会是习惯、虔诚、情感和爱。这就等于说，这种制度里的那种力量已经被审美化。这种力量与肉体的自发冲动之间彼此统一，与情感和爱紧密相连，存在于不假思索的习俗中。如今，权力被镌刻在主观经验的细节里，因而抽象的责任和快乐的倾向之间的鸿沟也就相应地得以弥合。"① 当然，在思考文化与权力问题时，本尼特并没有将权力问题限定在阶级政治的框架之内，而是对权力在文化世界的运作进行了更为深入的分析。本尼特认为，阶级权力的运行并非是简约化的、历史决定论的、本质主义的，而是表现为复杂的博弈性、融合性、辩证性的格局。阶级之间的文化冲突以及权力表征，不是单纯的权力压制，而是在如葛兰西所谓的"均势妥协"的状态中发展、生成与变异的。这也就意味着，没有一劳永逸的文化惯习和权力结构，阶级性的政治、文化与审美趣味都是在历史化的过程中不断获得解构与建构。另外，文化分析并不局限于阶级政治，而是转向多元、弥散的权力结构，形成微观政治的文化权力格局。本尼特对阅读政治、审美治理、文化政策等问题的研究，反映出他的这种民主、多元、差异的文化政治学思想。本尼特的文化治理理论，更多地是受到福柯的微观权力理论的影响，正是在综合了葛兰西与福柯理论的基础上，本尼特转向了文化治理研究。

本尼特文化治理理论的第三个特征是强调审美、艺术与文化治理的关系。同英国传统文化与审美理论相比，英国左翼文化研究的最大突破在于

---

① 〔英〕伊格尔顿：《审美意识形态》，王杰等译，广西师范大学出版社，2001，第8~9页。

抛弃传统审美形而上学的精英主义论调，将审美同具体的文化经验，特别是大众审美文化实践联系起来。审美不再是如康德所谓的非功利性的自由，而是同功利性的政治和伦理相融合，成为构建生命政治的重要文化因素。就这一点而言，英国审美文化研究同德国浪漫主义的美学理论路径有了很大差异性。像阿多诺、马尔库塞以及本雅明等人，都力图通过发展康德的美学传统，构建一种艺术神学或审美自律的王国来对抗现世界，从而实现审美对感性的超越性救赎。很显然，这种审美理路同英国文化研究大异其趣。从霍加特、威廉斯、汤普森、霍尔、安德森到本尼特等，英国文化研究对审美经验的重视，使得他们更多地将审美同具体的文化实践融合起来，审美不再是高迈遥远的艺术神话，而是本身就内置于活生生的文化实践与生命活动之中。审美与整个文化机构、艺术体制乃至于整个意识形态的建设有着千丝万缕的关系。本尼特所谓的"与美学的决裂"，并非完全截断与美学的关联，而是说审美研究应该同传统的审美自治决裂，进而将美学导向社会化和历史化的审美经验场域。本尼特在研究文化治理问题时，也将审美、治理与自由三者相互结合起来。本尼特看到了审美非功利性话语的矛盾性，艺术作品一方面在学校被视为教育的工具，另一方面则又被体制化为纯粹自律的存在。但本尼特认为这种审美自律的艺术教育不过是一种虚假的意识形态，艺术所反对的世界不是真实的世界，艺术所指向的审美也是超验的审美，这也是现代生命美学的弊端，它造成了同具体审美文化经验的实践断裂，从而成为一种非历史化的存在。本尼特通过研究康德审美非功利与功利性的辩证结构与亚当·斯密反思的情感道德主体是如何被纳入国家对个人自我管理的关系之中，以及现代文化事实与新知识的诞生和审美塑造主体的技术之间对应关系的分析中，指出政府治理是一种审美地塑造主体的技术，美学领域内的文化实践以及与感性相关的知识演变为塑造主体的技术。本尼特认为布尔迪厄所谓的"分裂的惯习"其实也说明了文化惯习在整个艺术审美体制中的不稳定性与变异性，这也从另一个层面道出了审美艺术的自治与他治在文化治理中的重要作用。

本尼特文化治理理论的第四个特征是，突出知识、话语等在文化治理过程中的作用。我们在福柯、巴赫金以及拉克劳、墨菲等人的理论中，可以明显看到这种话语理论的转向。福柯强调话语运作对权力的生产与播撒，认为真理都是话语建构的产物。本尼特认为："福柯关注的是知识的社会功能，将知识视为在一系列具体的社会关系中作为'真理'而运转的话语。"① 正是在福柯、巴赫金以及拉克劳、墨菲等人的话语转向理论的影响之下，本尼特也强调话语在文化治理中的作用，比如1987年出版的与珍妮·沃考特合作的论著《邦德及其超越》就是本尼特运用阅读构型、话语理论等研究大众文化的经典案例。他认为，邦德的形象并非只是电影生产的，而是被众多的话语建构出来的。本尼特所谓的"符号系统技术"事实上主要是指话语技术，任何对身体、灵魂、思想与行为方式的影响都必须通过话语的方式展开，任何文化实践都必须借助于话语的表征才能获得最后的实现。当然，过于强调话语的主体性结构，无疑会陷入结构主义与话语唯心主义的理论陷阱。需要指出的是，本尼特并没有走向话语唯心主义，他在撰写《形式主义与马克思主义》的时候，就受到巴赫金整体性研究范式的影响，强调将结构主义马克思主义同形式主义结合起来，以实现话语同社会历史的融合。本尼特的文化治理理论，同样强调了话语研究同具体文化实践，比如文化机构、文化政策、文化管理等方面的联系。

三　文化融入社会：文化治理的实践方式

本尼特认为，文化的主观性与社会的客观性之间存在着必然的间隔。本尼特提出用社会和社会交往的概念对其进行区分，社会倾向于客观性，而社会交往则偏向主观性的话语建构与文化表征实践。这也就意味着，文化与社会需要通过社会交往的中介，需要通过文化治理的模式来达成统一。文化治理正是为了实现文化与社会的高度黏合，形成文化的社会化与社会的文化化。将治理置于文化与社会之间，文化成为话语表征、专业技能、技术装置的独特系列，并通过特定的方式对社会交往产生作用且与之相关联。在本尼特那里，文化通过社会交往与文化治理的方式融入社会，文化

---

① 〔英〕本尼特：《文学之外》，强东红等译，人民出版社，2016，第263页。

治理的具体实践则推动文化与社会的融合。本尼特在谈文化治理时，谈到了多种文化治理的实践形式，比如博物馆的审美治理实践、批评理论的介入实践、文本阅读的政治实践、文化政策的制定、文化管理与文化改革、审美体制的建构等。我主要从博物馆的审美治理实践、批评理论的介入实践和阅读构型的文化政治实践等三个方面对本尼特文化治理实践的方式展开简要分析。

本尼特对博物馆的文化分析，集中表现出他将文化融入社会的理论与实践意识。在本尼特那里，博物馆并不只是一个物的聚合的封闭的场所，还是一个权力展示、规训、生产、构型等交错融合的文化领地，一个产生文化功利主义效用的表征空间。本尼特认为，文化在治理性的视角中所指的东西需要被限制到构成文化联合体的那些机构的运转上。在此文化联合体中，特定的知识和技能将文化资源转换和组织成作用于社会的方式，目的是使行为发生特殊变化或持久不变。艺术画廊、图书馆、博物馆、古迹馆在这里都是他所考虑的例子。本尼特重点考察了博物馆在文化治理实践中的重要作用。在本尼特看来，博物馆的诞生及其文化功用的转变，同整个社会的政治、知识与话语及其权力运作范式转变密切相关。在君主专制主义时期，博物馆通过对王室物品的展览，形成一种统治权的修辞效果，即博物馆与监狱等机构承担着展示与规训的意识形态功能。但随着资本主义民主政体的出现，博物馆与监狱、收容所的出现轨迹呈相反的方向，博物馆首先是向所有人开放而不是针对某一部分人群，这种普遍性的诉求为博物馆笼罩了一层自由与民主的政治迷雾。其次，博物馆传达的不再是规训的讯息，而是权力的共享与认同。本尼特认为，从理论层面上看，博物馆的产生与发展应当遵循两个原则：公众权力原则与充分表征原则。前者意味着博物馆应当对所有人平等开放，后者则意味着博物馆应当充分表现不同公众区域的文化与价值需求。这两个原则事实上是从权力中立与意识形态悬隔的立场而言的，但在具体实践过程中，博物馆不可能挣脱由知识、话语所编织的权力网络，民众在博物馆中并不觉得自己是被监视与规训的客体，反而成为文化实践的主体。只不过这种主体是虚幻的权力镜像，"与其说博物馆体现了目的在于将人民规训成屈服的、异己的、强迫的权力原则，不如说它把人民作为公民的目的在于，诱骗普通民众成为权力的共谋。"① 博物馆作为资产阶级民主社会自我展现的重要工具出现，象征着一套新的权力关系，公民象征性地进入了国家的程序之中，国家因此变成了一个教育者。本尼特分别从葛兰西的霸权理论与福柯的治理理论出发，对博物馆的文化政治实践作了更进一步分析。从葛兰西的霸权理论来看，博物馆可以通过某种文化表征达成霸权或反霸权的认同机制。葛兰西指出，先前的统治阶级并未有意识地建构从别的阶级进入他们自己阶级的通道，即技术地、意识形态地扩大他们的阶级范围。与此相反，资产阶级在持续的运动中，将他们呈现为一种有机组织，有能力吸收整个社会，熔化它而使之达到自己的文化道德水平。国家的功能据此发生了变化，不再只是统治者，而是变成了教育者、治理者。需要指出的是，本尼特较少地论述博物馆在建构反霸权逻辑方面的具体操作策略，相反，他对博物馆政治的宏观性思考，更多地带有维系资产阶级自由主义意识形态的话语权力征候。本尼特很少对资产阶级意识形态与审美趣味展开文化批判，致使他在反思博物馆政治时更多地站在资产阶级霸权建构的意识形态立场，他的文化改革理念不是为了促成无产阶级新文化的诞生，而是为了进一步巩固和完善资产阶级的文化霸权。本尼特的博物馆政治，不过是资产阶级自由人文主义思想的一种意识形态话语表征。

本尼特强调文化批判与文学批评作为一种话语的介入性和实践性，这种思想既承续了西方马克思主义文化批判理论的传统，也是对萨特的介入说与福柯的事件化理论的进一步发展。西方马克思主义的批判理论，在早期法兰克福学派的理论家那里有着集中表现，即强调对资本主义意识形态的批判。由于这种批判往往呈现为总体性的宏大叙事，未能真正深入资本主义的政治与文化内部，从而最终变成一种批评的幻象，难以真正触动资本主义的体制性壁垒。像哈贝马斯、萨义德等人，都过于强调文化与审美对资本主义社会存在的异质性与对抗性，如哈贝马斯就将文艺视为资本主义意识形态内部的"爆炸性因素"，阿尔都塞也认为文艺作为一种"真理的政治"应该成为意识形态的对立面，对意识形态进行揭露与批判。萨特在

---

① 〔英〕本尼特：《本尼特：文化与社会》，王杰、强东红等译，广西师范大学出版社，2007，第224页。

《什么是文学》中提倡"介入"式写作，介入就是作家作为一个话语者通过行动的方式去"显示、证明、表现"世界，甚至以话语实践的方式去战斗。福柯的话语理论特别强调话语的历史性与事件性，历史性指任何话语都是在历史中具体生成的，事件性指话语的生成形成一个表征权力的话语事件。福柯一方面批判结构主义语言学对话语的共时性理解，没有恒定不变的不受权力影响的话语，这也意味着福柯反对那种普遍性、总体性、元叙事的话语逻辑，倡导从话语事件的立场来反思话语的生成性与实践性；另一方面，福柯从话语的层面切入西方社会微观权力结构之后指出，知识分子应该运用自己的知识，通过话语实践和治理的方式参与到整个权力运作的过程中去，将批判化为实际的生命政治行动，从而促进政府文化治理与个体生命修养的完善发展。本尼特继承了传统文化研究对公共空间的批判性，但他通过对哈贝马斯、萨义德的分析，认为他们多将批判视为先验自足的抽象的理论行为，将知识分子置于政府的权力之外，这对知识分子与权力问题都作了抽象化的理解。真正的批判理论不是对文本的简单解读，而是通过话语的运作，使其能够融入具体的文化治理之中。本尼特指出，马克思主义文学批评的目的不是产生审美对象，不是揭示已经预先构成的文学的真理，而是介入阅读和创作的社会过程。本尼特所说的"介入"有干预、参与、从事、忙于等多重意思。本尼特借用马歇雷的"生产性激活"的概念，认为批评就是"生产性激活"，通过批评实践使文本和读者以某种方式行动起来。要想激活批评的实践潜能，就必须将批评置于特定的话语制度与文化语境之中，批评作为一种特殊的实践，"它占有了独特的制度话语空间（并且有的依赖一定的社会基础），这种空间影响着文本、读者、文本评论实践之间关系的具体顺序。就其本身而言，它的影响并不是无限的，要么是历史的，要么是现时的。这样的空间并不总是存在的，也没有任何理论假定它将无休止地连续存在。"[1] 本尼特由此将批评从形而上的理论层面导向世俗化的文化实用主义立场。这种对批评立场、批评范式与批评功能的思考，将批评实践与文化治理接合起来，而对批评实践指文化治理功用

---

[1] 〔英〕本尼特：《本尼特：文化与社会》，王杰、强东红等译，广西师范大学出版社，2007，第290页。

的强调，同时也赋予知识分子参与文化治理的实践性品格。

本尼特的阅读构型理论强调了大众如何通过具体的文化阅读实践，激活文本、读者、社会文化语境，并使之形成社会文本，进而在社会交往中达成文化与社会在话语实践中的接合。究竟什么是阅读构型？本尼特指出："对于阅读构型，我的意思是指一系列话语的、文本间的限定作用，它们组织和激发了阅读实践，把文本和读者用一种特殊的关系联系起来，读者是特定类型的阅读主体，而文本是即将以特定方式被阅读的客体存在。"① 可见，阅读构型理论质疑传统的阅读理论与接受美学，传统的阅读理论将文本、读者和语境分开，本尼特则认为，阅读构型是关于文本再生产的理论，它是"一套交叉的话语，它以特定的方式生产性地激活了一组给定的文本，并且激活了它们之间的关系"②。阅读构型是一种在变化的历史语境中的"生产性激活"，体现为文本、读者和语境的相互依存的关系。读者是社会中的读者，文本是在社会文化中存在的文本，语境是一组基于物质、制度起作用的话语规定，它们都不能单独成为表征意义的存在，而是在话语的接合中通过相互影响，在阅读构型中才能获得相对的价值和意义。本尼特对大众阅读的分析，更能体现出文化融入社会的思想。在本尼特看来，阅读并不只是批评性的阅读，也包括大众的娱乐化阅读。大众阅读不是完全被动的阅读，也不是主流文化对非主流文化的单向决定过程，大众阅读的文本是多样的，不同的文本在文学消费与接收过程中能够通过阅读实践被激活。本尼特认为，詹姆斯·邦德并非只是一个荧幕形象，而是在互文性关系中建构起来的一系列能指的聚合。关于邦德形象的文本构成一个系列，这个系列的文本彼此形成一种互文性结构，以一种历史化的方式生产出不一样的邦德。本尼特通过分析不同时期邦德形象的文本生产与阅读构型，强调了大众依据不同的阅读构型对邦德形象与意义的生产、传播与接受。邦德形象的历史化生产，并不只是文本单向度的权力运作，更多地表现为文本生产者、读者与特定社会文化语境的共谋，正是这种共谋的逻辑推动

---

① Tony Bennett, "Texts in History: The Determinations of Reading and Their Texts", *The Journal of the Midwest Modern Language Association*, 1985 (1), p. 7.

② 〔英〕本尼特：《本尼特：文化与社会》，王杰、强东红等译，广西师范大学出版社，2007，第 71 页。

了文化文本的意义生产。

四　阅读构型：一种阅读政治学

托尼·本尼特创造性提出的阅读构型理论，在其文化研究占据重要位置。作为一种独特的阅读理论，阅读构型理论也是对传统阅读理论的继承与超越，对于阅读理论的发展、提升大众阅读的地位具有重要意义。本尼特以大众英雄形象詹姆斯·邦德、金兹贝格尔的《奶酪与蠕虫》为例，运用阅读构型理论进行批判实践。本尼特将文本、读者与社会语境以特定的方式组织起来，认为社会语境、历史条件对文本有着一定的限制，读者在此情境下，采用个性化的阅读方式阅读互文性文本网络中的文本，这种阅读实践能够生产性地激活文本。虽然阅读构型理论的核心概念，即文本、读者、社会（世界）等都是沿用传统精英主义阅读理论中的名词，但它们的内涵却不尽相同，阅读构型理论吸收了葛兰西文化霸权理论、福柯文化治理理论、马歇雷生产性激活学说、克里斯蒂娃互文性理论等内容，拓展了传统阅读理论中文本、读者、社会（世界）的概念内涵，表现出对传统阅读理论的继承与超越。作者决定论认为文本是作者个人意志的产物，文本意义是固定不变的，文本本质主义论又将文本内部形式当作评判作品的标准，它们都表明文本一经生产，其意义就已确立。而本尼特试图解构这些理论，他将读者、文本置于历史、社会语境中，说明读者阅读实践活动的意识形态属性，这种由读者阐发的意识形态反过来又会影响主流意识形态，从而实现读者、文本、意识形态在社会语境中的相互生成和构型，文化也得以介入政治和意识形态领域。本尼特所分析的读者主要指中下层阶级的大众读者，他运用阅读构型理论为大众文化正名，重建大众文化和意识形态的接合关系，对鼓励大众文化的发展、大众阅读的推广、公共文化事业的扩建具有重要意义。

本尼特把文化当作社会文化治理的手段，阅读活动则是其中重要的实践方式。人们可以通过阅读获得文化常识，受到文本意识形态、道德观念的教化，从而加强自我教育，提升个人素质，完善自我管理与监督，以此来调整自己与文本、社会的关系，促进自我治理。阅读活动的普遍性会让人由内到外发生转变，不仅是思想上的，还是行为和生活方式上的。相对于法律、政策等外部治理手段的强制性管控，这种内部治理是感性的、潜移默化的，让人更易于接受。就此而言，阅读活动已经成为个人自治的一种途径和方式，能塑造价值观相同、生活方式相似的大众阅读群体，让人们产生普遍的文化认同感和归属感，维护社会的和谐稳定。本尼特对大众阅读的理论思考，实际上促进了西方马克思主义关于工人阶级与经济基础、意识形态之间关系的研究。

本尼特阅读构型理论的批判实践给予我们诸多启发。一是解构了以作者为分类原则的阅读理论，重视读者的主体地位。以作者为主体的文本分析理论过于片面，阻碍了文本多重意义的阐发。文本并不仅仅由原作者写作的文本或与原作者有关的文本构成，还包含以人物形象或某种现象为中心的其他文本，它们共同构成了互文性文本网络。因此，我们应注重读者阅读的主体性作用，读者在互文性文本网络中能够发挥主观能动性，对文本意义进行重新理解，进而可能产生新的文本与意义，由此激活文本的多重意义。这种阅读方法对理解当今盛行的网络文化有一定启发，网络是一个开放平台，读者可以自由发挥主体性，在写作过程中即时获取文本，并发表自己的见解，作者可能会在原有创作意图上，加入读者解读的意义。如此，文本不再是由作者单独完成的固定物，而是变成了作家和读者交互形成的文本。二是邦德文本与《圣经》文本会随着互文性网络中的文本意义发生变化，从而体现出不同的时代、不同的语境和不同受众的意识形态特征，这一现象广泛存在于阅读活动中。三是要关注阅读实践过程中不断变化的意识形态作用。本尼特认为邦德现象能够持续流行的原因在于它把读者或观众置于流动的意识形态中加以讨论，《奶酪与蠕虫》中探讨磨坊主对《圣经》的个性化阅读理解也采用了这一方法。我们知道，文本和社会、文本和读者的关系是流动变化的，任何一种文本、任何一个读者，都会被打上时代的烙印，具有一定的意识形态特征，文本意义的阐释方式也会发生转变，因此，邦德形象与《圣经》文本是一个漂浮的能指，意义无法固定。所以在探讨文本和社会、文本和读者的关系时，要关注它们在不同阶段的意识形态作用。四是在运用阅读构型理论时，需要收集尽可能多的文化和文学文本，构建范围宽广、意义丰富的互文性文本网络，更好地探讨读者与文本、社会之间的相互关系。可以参照本尼特采用人类学领域下的民族志创作方法，深入大众群体，了解与观察大众的日常生活、价值观念、风俗习惯等，这样才能够更好地解读大众阅读文本的方式。阅读构型理论及其批判实践对于阅读理论的发展、提升大众阅读的地位具有重要意义，对于解构以作者为分类原则的阅读理论、分析其他大众文化现象也有一定启发。

　　尽管阅读构型理论及其批判实践具有多种正面意义，但仍存在些许不足，具体表现为以下几点。一是本尼特在解构文本本质主义时过于绝对。文本本质主义主张文学拥有一个固定不变的本质意义，文本是客观存在的"物"，不随人的意志而转移，关注文本内在的形式，即语言、形式和手法等。但本尼特又认为："在文学之外采取一种传统的审美文学观的外部的立场，以便将文学史写成一部涵盖文学功能、规则和制度的历史，简而言之，这是一部直白的、毫不隐讳的史书，没有其他隐喻的史书。"[①] 即站在文学外部来观察文本，也就是将文本放置于制度、意识形态、话语理论中进行解读，"作为审美话语的一个范畴，文学构成了文学实践、制度和话语的现有构成和功能的一部分。这表明我的目的与'文学'保持距离，可能能更好地理解现有文学实践、机构和话语，从而在政治上利用它们之间的矛盾进行武装"[②]。本尼特试图努力发展一种新的马克思主义文论，更加注重社会、历史对文本的影响，强调文学的政治性，这在阅读构型理论中体现为重点关注读者、文本所处的社会语境、历史背景，即关注读者、文本的意识形态属性，由此解构了文本的内在特性、传统判断标准等理论，但相对忽视了文学的审美与人文价值属性。此外，本尼特在解构文本本质主义的同时，过于强调文学的政治属性，从而导致文学的学科边界变得模糊。二是本尼特在运用阅读构型理论为大众文化正名，鼓励把阅读构型作为个体自治的一种手段时，忽视了主流意识形态的霸权性。主流意识形态在人们生活中无处不在，人们不可能摆脱它的掌控而获得真正纯粹的阅读、个体

---

① Bennett Tony, *Outside Literature*, London and New York：Routledge, 1990, p. 3.

② Bennett Tony, *Outside Literature*, London and New York：Routledge, 1990, p. 5.

自治的自由。阅读构型理论的相互作用有一部分来源于读者与意识形态、制度之间的关系，但阅读主体往往具有特定的阅读方式与阅读背景。此外，文本的意义不是某一读者独立获得的东西，而是制度实践的结果。阅读构型是一种强加给作者和文本、读者的实践、日常生活方式的意识形态产物。三是本尼特在阅读构型批判实践的分析过程中存在一些未尽的遗憾。他没有解释阅读形式是如何与阅读主体（读者）、社会制度相联系的，对大众阅读的形式也没有做出确切的说明。本尼特认识到考察文本、读者、社会在互文性文本网络中的相互作用的重要性，但对于如何进行具体细致的考察没有提出方法论指导。即便读者在理论上可能都会接受文本意义的多样性，但在阅读实践中，读者仍会受到主流意识形态的影响，倾向于将一些学院派的阅读释义视为"正确"的解读，而其他阅读释义则为不入流的解读。大多阅读研究方法认为，只有通过社会传统和习俗机构的阐释，文本才能产生社会、文化上的影响，即读者对文本的解读实际上都是根据主体的文化和意识形态倾向对文本进行的新的建构。本尼特把这种将文本置于影响大众阅读理解方式的社会传统和习俗机构称之为"解释的操控者"（herme-neutic operators）。在当今时代，大众文化日益流行，这种现象更是屡见不鲜，如电影的宣传海报、杂志文章、明星代言、广告促销噱头、短视频等，它们将已设定的信息通过多种渠道进行轮番灌输，人们很难不被影响，表面上看似有了更多的选择，实则大众对文本的阅读与理解早已被主流媒体、商家等习俗机构所操控，从而不知不觉中被剥夺了选择的自由，文本的意义也逐渐丧失了多样性而变得单一。本尼特虽意识到了这一点，但并未提出确切的解决办法。在叙事学研究中，有学者发现不同时期的文化和文本具有结构上的相似性，这些结构会对读者的阅读产生一定的影响，因而批判实践的实质是不确定的——文本的解读和文本形式是由更广泛的文化和意识形态因素产生和决定的，只有像《邦德及其超越》《奶酪与蛆虫》一样，将文本置于特定的文化、历史背景下才能进行有效分析。

从早期的西方马克思主义者到"新葛兰西派"，再到后马克思主义者，本尼特的学术研究经历可谓异常丰富，思想的变化和理论的差异也非常明显。早在20世纪90年代，本尼特就受到中国学术界的广泛关注，中国学者最早主要关注他的文论方面，后来转向他的大众文化和文化政策研究方面，再后来则以其文化治理美学与阅读政治学等为主要关注对象。总体上而言，本尼特的文化政治理论与马克思主义，特别是西方马克思主义的文化理论有着千丝万缕的联系。他十分注重对文化和文学文本的社会语境的分析，批判抽象的理论生产和文本本质主义，强调文化实践和文化治理的实用主义内涵，认为文化研究就是要关注具体的活生生的文化实践，比如阅读实践。本尼特所谓的阅读构型理论，强调的正是读者的阅读实践对文学意义的再生产问题。在本尼特看来，文学并不具有固定的一劳永逸的本质性意义，而是在历史化的语境之中被建构起来的。就此而言，我们可以认为他坚持了马克思的"史学的"观点。正是立足于这一理论视域，本尼特解构了俄国形式主义文论的文学性与审美自律论思想，打破了资产阶级美学只认可传统经典文学而忽视大众文学的精英主义话语范式，同时也矫正了以往文学社会学批评过于注重内容而轻形式的文学研究路径。本尼特的《形式主义和马克思主义》（*Formalism and Marxism*）强调的正是文学社会学批评同形式主义批评的理论融合，这种话语的互文性生产既规避了文学批评过于偏重意识形态内容的狭隘社会学批评，又弥补了形式主义那种纯粹的美学批评的缺陷。

本尼特的文化研究理论和批评范式有许多值得我们借鉴和参照的地方，比如他强调文化批判与文学批评话语的介入性和实践性价值，始终坚持西方马克思主义的文化政治批评对资本主义社会的"政治关切"。本尼特大量借鉴葛兰西和福柯的理论，从日常生活的微观领地出发，去发掘文化领域细枝末节处的权力脉象和意识形态悸动。本尼特对文化改革、文化治理与审美治理的研究，一反法兰克福学派那种纯粹的文化批判理论，为文化研究注入了实用主义的功能元素和价值因子。在本尼特看来，文化知识分子并不是文化公共空间中纯粹承担批判功能的意识形态斗士，而是应该承担文化改革和文化治理的任务，这一理论其实同威廉斯的文化改革主义思想一脉相承。文化知识分子应该在共同文化的召唤下，不断发挥文化的公共性职能，以批评和建设的方式推进先进文化的发展。审美文化既要承担意识形态批评的任务，又要秉持文化治理的理念，充分发挥审美文化在构建人文精神层面的积极功能。中国当代文化研究应该重视本尼特的文化治理思想，既要保持文化研究的批判意识，又要充分研究文化改革和文化治理的理论和实践路径。文化知识分子要以一种积极的建设性的文化政治，来审视大众审美文化的生产与消费逻辑，并主动参与到文化公共建设的事务之中，以文化改革者和文化建设者的身份推动社会主义文化事业的发展。

当然，本尼特的文化政治理论亦有许多需要我们批判的地方。他的文化研究基本已经脱离了马克思主义唯物史观的理论总问题，特别是他后期的思想过于倾向福柯而走向了解构主义的文化政治，微观的权力逻辑使本尼特的文化研究转向了后马克思主义，从而彻底消解了马克思主义理论的总体性历史观。阶级意识的淡化和意识形态的弥散将本尼特的文化政治导向差异和多元。本尼特所倡导的文化改革和文化治理，如果置于资本主义的历史文化语境来思考的话，其实很难为他的文化政治贴上社会主义文化的标签，共同文化理念和人文主义价值模糊了意识形态的边界，意味着文化知识分子最终蜕变为资产阶级的文化改良主义者。本尼特过于强调话语接合的力量和功效，将现实性的文化与审美事业都归结为话语的实践，最终滑向话语唯心主义的理论陷阱。总之，我们在借鉴本尼特的文化政治理论时，既要看到其理论的积极意义和价值，又要对他那种解构主义的后马克思主义文化政治思想保持高度的警惕，应始终立足于社会主义意识形态和审美文化建设的价值立场，理性对待本尼特的文化政治理论，批判性激活其理论与实践的话语意义。

第八章 约翰·费斯克大众文化理论的
美学批判与文化政治

约翰·费斯克是当代西方大众文化理论研究的重要代表，也是后马克思主义阵营的典型理论家。他的大众文化理论，一方面是对法兰克福学派精英主义式悲观主义大众文化观的批判，另一方面又体现为对英国伯明翰学派保守大众文化观的超越，同时对威廉斯大众文化理论有不同程度的继承和发展。费斯克的大众文化研究具有典型的"葛兰西式文化研究"的印记，他将大众文化视为主导权力与多元异质权力相互斗争博弈与协调的场域，既关注体制自上而下的意识形态规训，也关注大众的抵制性阅读，思考大众如何从文化工业提供的文化库存中创造性地理解大众文化。在反思大众文化的过程中，费斯克将日常生活视为大众抵抗的一个关键场域，认为大众日常生活中的消费与阅读等行为蕴含着强烈而深刻的文化政治与美学意义。我通过对费斯克大众文化观的整体梳理，对"生产者式"文本的分析，对费斯克日常生活理论与微观文化政治理论的研究，批判性反思费斯克大众文化理论的主要内涵、借鉴意义与理论缺陷。

一 为大众文化正名：费斯克的大众文化观

大众文化自诞生之日起就面临着四面楚歌的困境，旧式民主派认为它抢夺了民间文化的领地，保守派和传统派认为大众文化挑战了"高雅文化"的权威，左派批评家认为大众文化是资本主义消磨和麻痹大众意志的帮凶。我们在英国自由主义文化理论家阿诺德、利维斯、艾略特等人的文化理论以及法兰克福学派的批判理论中，可以明显感受到对大众文化的贬损。这些对大众文化的不同理论态度，昭示出文化场域中精英与大众、高雅与世俗、官方与民间等多重话语权力甚至是意识形态的多重冲突。约翰·费斯克站在反精英主义与超越悲观主义的立场来界定大众文化，批判传统文化理论中的二元论倾向，反对将大众文化主体视为同质化、原子化的观点，认为大众文化具有自主性、创造性、反抗性的文化意义与功能；反对将高雅文化视为批判大众文化的参照尺度，转而将大众文化视为反抗与收编的矛盾冲突场所；强调大众对文化库存改造利用过程中所形成的对既定秩序的文化政治力量。正是在对"大众"以及"大众文化"的界定之中，费斯克凸显了积极的大众文化观。

理解费斯克的大众文化观，首先需要考察费斯克对大众文化主体——大众的理论界定。费斯克认为："大众（the people）、大众的（popular）、大众力量（the popular forces）是一组变动的效忠从属关系，它们跨越了所有的社会范畴；而形形色色的个人在不同的时间内，可以属于不同的大众层理，并时常在各层理间频繁流动。"① 费斯克反对从精英主义的理论视角去界定"大众"，而是用 the people 或者 the popular 替代了 the masses。因为大众"并非在经济、文化和政治上都处于宰制阶级的控制之下，并非毫无辨识力、被动的群众"②。以阿多诺为代表的法兰克福学派，在界定大众社会（mass society）或大众（masses）时使用的是 masses 一词。masses 指代多头群众（many handed）或乌合之众。大众（masses）虽然与传统的暴民（mob）概念不同，但是仍然包含着粗俗、低劣、无知、廉价的意义。阿多诺在与霍克海默合著的《启蒙辩证法》中对大众文化进行了批判性分析，"作为大众欺骗的启蒙"认为文化工业用资本和意识形态的压抑性机制褫夺了大众的反抗意识。在阿多诺看来，文化工业使个体变成了失去个性的类成员和可代替的复制品。在文化工业洪水猛兽的侵袭下，大众（masses）自动成为资本主义制度的帮凶，从而失去了批判与反抗的可能。费斯克的大众文化观显然不同于阿多诺，他在《关键概念：传播与文化研究辞典》中指出："大众社会理论家的政治学——他们都是不同类型的文化

---

① 〔美〕约翰·费斯克：《理解大众文化》，王晓珏、宋伟杰译，中央编译出版社，2001，第29页。

② John Fiske, *Television Culture*, London and New York：Methuen, 1987, p.309.

精英主义的倡导者，而精英应被赋予超逾大众的特权和推崇，他们声称自己既不同于被误导的大众，又是他们的领袖。"① 费斯克一方面承认资本主义社会大众文化商品的平面化，并且充斥着统治阶级意识形态的文化事实。另一方面，他又从自主性、创造性、反抗性的理论立场来界定大众："弱势者通过利用那剥夺了他们权力的体制所提供的资源，并拒绝最终屈从于那一权力而展现出创造力。"② 费斯克认为大众虽然利用了文化工业所生产出的文化资源，但大众对于文化资源的享用并不是盲目的。诚如斯图亚特·霍尔所言，大众有自己的编码逻辑，大众对于自己选择何种文化资源具有一定的自主性，并且还会将原本的文化资源进行创造，变成适合自己文化和日常生活实践所需的文化形式。

费斯克认为大众是"是一组变动的效忠从属关系"，流动性是大众的典型特征。在流动性中，大众可以为自己缔造截然不同的社会效忠从属关系。比如当种族轴变得至关重要的时候，就可能抵制在其他时刻更为认可的年龄轴、阶级轴等社会效忠从属关系。费斯克提出大众层理的理论，首先，大众层理并不是固定的，而是反复变动的，所以大众不是客观实体的存在。大众根据当下的需要不断调整自己的社会效忠关系进而进入不同的大众层理，这些过程都是在各种各样权力关系的网络中进行的。其次，大众在不同层理间的流动，不是以屈从者的身份进行，而是主动的行动者。大众的效忠从属关系由大众内部实践产生，他们不是既定的，也不完全被意识形态结构驱使，而是主动实践的。费斯克指出，资本主义一直致力于将整个社会同质化，但时至今日，整个社会仍然保持着多样性、多元化的存在。整个社会思想文化的多样性就是在对同质化的抵制中存留下来。大众将文化商品转变成为大众文化资源并且在其中创造意义与快感，规避文化商品的同质性，偷袭文化商品的地盘。在抵抗与收编的对抗中，我们可以看到大众创造力在文化经济中的浮现。社会的多样性总是超出宰制性力量的同质化目标，所以大众在流动性中依旧可以保持个性和多样性而不会成为原

---

① 〔美〕约翰·费斯克：《关键概念：传播与文化研究辞典》，李彬译注，新华出版社，2004，第159页。
② 〔美〕约翰·费斯克：《理解大众文化》，王晓珏、宋伟杰译，中央编译出版社，2001，第58页。

子化、同质化的代名词。

　　斯道雷曾在《文化理论与通俗文化导论》中列举了大众文化的六种定义：第一种是广受欢迎的文化，第二种是除高雅文化之外剩下的文化，第三种是毫无希望的商业文化，第四种是来自"人民"的文化，第五种是作为被统治群体的反抗势力与社会统治集团的收编势力之间斗争的场所，第六种是一种后现代主义文化。费斯克强调大众文化中的抵抗力与创造力，因此第一种定义中对于数量的界定并不是界定一种文化为大众文化的必要要素。费斯克认为，人们总是存在这样的看法："媒介产品是好的，因为它属于大众；媒介产品是坏的，因为它属于大众（即'越多越坏'的观念）。"① 高雅文化是少数精英知识分子的专利，而现代社会精英主义必须面对的就是精英文化的衰微与传统文化的解体。对于精英趣味的推崇，对于大众趣味的贬低，透露出一种精英主义文化倾向。而这种精英主义的文化倾向其实反映出的是少数人的文化政治和文化特权。费斯克指出，威廉·莎士比亚的作品在19世纪后期只是普通剧院的剧目，但是现在却被视为高雅文化的典型代表。从通俗到高雅文化的界定变化，是社会构成中属于支配阶层的少数人实施或宣称的文化领导权。精英阶层通过将大众媒介与高雅文化相剥离，使高雅文化成为批判大众文化的一种参照尺度，因而第二种对大众文化的界定明显与费斯克的大众文化观相悖。第三种定义将大众文化视为一种意识形态机器，是对占支配地位的意识形态的复制，消费者没有任何的自主性与鉴别力。费斯克针对这种大众文化定义指出："大众文化不是消费，而是文化——是在社会体制内部，创造并流通意义与快感的积极过程：一种文化无论怎样工业化，都不能仅仅根据商品的买卖，来进行差强人意的描述。"② 第四种将大众文化视为民间文化的观点，是地道的"人民"的文化。民间文化是相对自足与稳定的文化，而费斯克认为大众本就是一组变动的效忠从属关系，因此大众文化与民间文化本质上是有区别的。并且，费斯克没有完全忽视政治经济学，他承认大众无法自足生产文

---

① 〔美〕约翰·费斯克：《关键概念：传播与文化研究辞典》，李彬译注，新华出版社，2004，第212页。
② 〔美〕约翰·费斯克：《理解大众文化》，王晓珏、宋伟杰译，中央编译出版社，2001，第28页。

化资源，但可以创造性地利用文化工业的文化库存资源。因此第四种观点中的大众文化是民间文化的观点，也和费斯克的大众文化观相去甚远。第五种和第六种对大众文化的界定较为符合费斯克的大众文化观。第五种大众文化观是将大众文化视为自上而下与自下而上力量矛盾冲突的场所，是反抗与收编的领域。这个领域既不是简单地由与统治阶级意识形态相一致的强制大众文化构成，也不是简单地由自发对立的文化构成，它是两种文化交融、渗透和接合的领域。性别、种族、年龄等方面的冲突，都是用文化斗争的形式表现出来的。针对第六种大众文化界定，费斯克的大众文化观可以被视为一种后现代主义文化观。

通过以上分析，可以得出费斯克对大众文化的态度是积极而肯定的，大众文化是大众在利用文化工业资源的基础上由他们自己创造的文化，而不是文化工业加在其身上的。它产生于内部或底层，而不是来自上方。尽管受到自上而下力量的宰制，但是大众文化存在反抗与抵制的因素。费斯克承认自上而下的力量，但是他更强调的是大众的能动性与大众文化中蕴藏的抵制性力量。

二 "生产者式"文本：费斯克的大众文本观

格莱姆·特纳曾指出："借用文学研究理论，文本分析结合巴特和艾柯的符号学研究，经过广泛发展，已经成为一种很复杂的组合方式，特别是在解读大众媒介产品的时刻。"[1] 费斯克从符号学视域出发，将一切能创造、表征意义的符号都视为文本。很显然，大众文化的文本不同于纯粹的文学文本，而是指称电影、摄影、服装等多种文化表意符码。大众文化文本究竟具有怎样的特征与内涵？费斯克认为，大众利用文化资源生产出自己的意义，读者与文本的相遇是一种对话和交谈，对读者的强调以及对意义的争夺使得文本不再被视为一个自足的整体，而是成了不同意义相互协商的

---

[1] Graeme Turner, *British Cultural Studies*, *An introduction: Third edition*, London and New York: Routledge, 2003, p.71.

冲突、交流与对话领域。就此而言，大众文化文本的典型特征是"生产者式"（producerly）。"生产者式"这一术语来自费斯克对罗兰·巴特文本理论的借鉴。巴特说："'悦的文'：欣快得以满足、充注、引发的文"；"醉的文""是反常的，它们逸出于一切可想象的终极性之外。（醉并不受悦的约束；它甚至是令人厌烦的）"。① 巴特所谓"悦的文"就是"读者式"文本，"醉的文"就是"作者式"文本。"读者式"文本是一种相对封闭的文本，吸引的是本质上被规训，而且将文本的初始意义作为既定意义吸收的读者。"作者式"文本吸引的是主动参与文本意义建构的读者。费斯克借鉴巴特的文本理论，创造性提出"生产者式"文本的概念。"生产者式"文本像"读者式"文本一样容易理解，但也具有"作者式"文本的开放性。"生产者式"文本为大众的文化意义生产提供了可能，因为"生产者式"文本包含了多重相悖的声音，能够激发读者的创造性阅读潜能。

费斯克在思考大众文化文本时，既关注体制自上而下的意识形态规训，也关注大众的抵制性阅读。他认为，意识形态与结构主义的分析方法敏锐地揭示了宰制集团意识形态对下层从属阶层的钳制，但是这些悲观主义看法却无法提供在这个体制内部获得进步的希望。因此，费斯克提出，应关注大众如何应付这个体制以及如何阅读该体制提供的文本，应重视大众如何在资本主义提供的文化库存中自主创造出属于自身的大众文化。整体而言，费斯克的"生产者式"文本理论具有典型的"葛兰西式文化霸权"印记。葛兰西将文化视为主导权力与多元异质权力相互斗争博弈的场域，文化是政治与意识形态在社会市民生活中的表意符码，是权力斗争的场所，要推翻资产阶级的统治，就必须推翻其文化领导权，建立无产阶级文化领导权。"葛兰西与早期马克思主义冲突的分歧，在于他强调资本主义社会统治阶级与被统治阶级之间的文化与意识形态关系，与其说体现在前者对后者的统治，不如说体现在争夺'霸权'的斗争。"② 权力不是统治阶级实施的自上而下的单向度运作，而是不同利益阶层之间的对抗与协商。统治阶级必须使自身的意识形态在一定程度上可以容纳对抗阶级的文化与价值观

① 〔法〕罗兰·巴特：《文之悦》，屠友祥译，上海人民出版社，2002，第 23、63 页。

② 〔英〕本尼特：《大众文化与"转向葛兰西"》，陆扬、王毅选编《大众文化研究》，上海三联书店，2001，第 64 页。

念，并为其提供相对合法的文化空间。一方面，在特定的历史阶段，资产阶级依旧规定着为资产阶级所服务的价值与趣味；另一方面，"被统治阶级的成员永远不会遭到纯粹的、阶级色彩鲜明的统治意识形态"①。因此，大众文化是自上和自下两种力量"抵抗"与妥协的产物。正如斯道雷所说，大众文化"是来自上层和底层的种种力量的矛盾混合体，既有'商业'色彩又'纯真'，其标志是既'抵抗'又'妥协'，既是'结构'又是'动因'"②。葛兰西的文化研究既关注文本又关注解读，既关注自上而下规训力量的施加，也关注自下而上力量的抵制。它所强调的是文本自身的结构与文本被铭写的辩证关系。

"生产者式"文本的特征是过度性与浅白性。"过度性"与"浅白性"本是对大众文化文本的一种贬斥性评价，但费斯克对其赋予了新的语义内涵，将"过度性"与"浅白性"视为可以创造大众文化的丰富资源。在对"过度性"与"浅白性"进行阐释的过程中，费斯克首先窥见的是"真实性"常识中权力话语的弥散。"常识成为社会斗争的一个领域；互相争斗的社会群体都力图将自己看待事物的方式表述为常识性的。一旦某个群体或"集团"成功地将自己确定为常识的源头与知己，它就可能保持自己凌驾于其他群体的霸权，而其他群体的'识见'就可能成为边缘性的、陌生化的，对于同真实事物天然联系的'我们'来说甚或是危险的。"③"常识"的书写被主导秩序控制，展现的是父权制资本主义意识形态在文化领域运作的事实。正如福柯所认为的，"在所有社会中，话语的制造都被某些程序管控、选择、构造以及分派。这些流程的作用是规避权力与危险，以及掌控偶然事件，并且掩盖话语中所弥漫的权力运作"④。正是在对贬斥性权力话语的反转中，费斯克认为，"过度性"是过度的意义挣脱意识形态的操控；"浅白性"是对有深度的真理的拒绝，它让文本本身悬而未决。

---

① 格雷语，转引自〔英〕本尼特《大众文化与"转向葛兰西"》，陆扬、王毅选编《大众文化研究》，上海三联书店，2001，第64~65页。

② 〔英〕约翰·斯道雷：《文化理论与通俗文化导论》，杨竹山等译，南京大学出版社，2001，前言第2页。

③ 〔英〕约翰·费斯克：《关键概念：传播与文化研究辞典》，李彬译注，新华出版社，2004，第45页。

④ Michel Foucault, *The Archaeology of Knowledge*, New York: Pantheon Books, 1972, p. 216.

过度的符号所演示的是主流意识形态，但过度的意义却充满了抵制或者逃脱主流意识形态控制的意味。费斯克认为，"过度性"中包含着戏仿的因素，因为其所显示的是与常规的背离，因此可以作为一种质疑支配性意识形态的有效手段。在某种程度上而言，费斯克所谓的戏仿是一种对支配性话语有效反驳的手段。在当代媒介中，一些综艺喜剧通过对现实内容进行夸张的再创作，将政治讽刺融入其中，通过戏仿的手段将政治娱乐化。观众在戏仿中可以窥见现实生活与虚拟世界之间的差异，从而由影像世界回到对日常生活的思考。但是任何文本中都存在权力争夺意义的痕迹，因此在当代媒介社会中，所有的影像形式都被注入了宰制集团的意识形态。因而，过度的符号如果被过度性地消费与娱乐就会失去否定的向度与思考的动力，从而戏仿也只会流于一种形式而没有了能动与抵抗的可能。同时，过度性的符号操演中也包含着过度的煽情。煽情是主流意识形态规范过度的失败，煽情所表征的是大众日常生活实践的真实状况与生产规范意识形态相悖的实例。如广告牌上的煽情话语，它呈现给读者的是一个非真实的世界。阅读行为是在大众已有的社会体验之间与文本建立联系，因此控制影像并不能控制对影像的阅读。当具有辨识力的大众在煽情文本中窥见规范的无力感、找到文本本身的裂隙时，大众看到的是主流的社会价值无法符合社会弱势群体的生活体验，因此对煽情文本阅读的快感来自对"他者"否定性的描绘。同"过度性"一样，"浅白性"也是一种相对性特征而非绝对性标准。大众文化文本所展现的"浅白性"的特征预示着文本本身存在着裂隙与空间，使得"生产者式"读者可以自由地建立起文本与其社会生活实践的联系。文本本身意义的匮乏与单一性，将更多可能的意义生产转交给了读者。费斯克利用德·塞托对"解读"与"解码"的区分，认为"解码是学习以他人的术语来阅读他人语言；解读则是把自己的口语与方言文化使用于书写成文字的书面化文本的过程"①。"解码"是读者臣服于权威文本的支配性意义的阅读过程，而"解读"则是文本自身被多样化阅读的过程。由此可见，"浅白性"需要读者发挥创造力去解读而不是解码。

---

① 〔美〕约翰·费斯克：《理解大众文化》，王晓环、宋伟杰译，中央编译出版社，2001，第132页。

　　费斯克认为，大众文本需要在互文关系中进行研究。互文性概念发源于法国批评家朱丽娅·克里斯蒂娃："横向轴（作者—读者）和纵向轴（文本—背景）重合后揭示这样一个事实：一个词（或一篇文本）是另一些词（或文本）的再现，我们从中至少可以读到另一个词（或另一篇文本）。"[①]克里斯蒂娃指出，每一个文本都不是自足的，都处在与其他文本的相互关系之中，与其他文本的异质性共时在场。费斯克将大众文化文本置于互文关系中进行分析，认为互文性不是简单地指从一个文本到另一个文本，而是文本与文本之间。"之间"是更根本的东西，它强调了文本之间的一种对话关系，"之间"也代表了对意义流通过程的有效注视。大众文化以互文的方式流通于初级文本（如一个电视节目、系列剧、麦当娜本人或者一条牛仔裤）、次级文本（新闻特写、批评、广告或者评论等）、第三级文本（持续存在于日常生活中，如对话、穿牛仔裤的方式等）之间。

　　费斯克在对电视媒介的研究中，颠覆了德波将"大众传媒最终实现了纯粹的单向传播。通过这种方式，已有的结论被呈现出来，获得了大众毫无异议的称赞"[②]这样的说法。费斯克认为，在电视节目的垂直互文性生产过程中，初级文本中隐匿地言说着宰制阶级的权威、欲望与身份，旨在为观众建构文本性主体性。它对观众作出合法性的审问与要求，进而使理想的秩序建构成为一种自然、常识、文化自觉。类似广告、批评或者宣传这些次级文本，所起到的作用是促进初级文本首选意义的流通，大众传媒因此成为实现文化权力最有效的工具与媒介方式。但是次级文本不是初级文本的副产品，它们之间的影响是双向的，因此次级文本也在某种程度上解除了商业资本和统治阶级意识形态的神秘感，成为大众可以利用的文化政治资源。次级"文本至少部分是大众的，因为它们提供了象征性参与生产过程的形式，提供了一种知识"[③]。费斯克强调，第三级文本是流通过程最后也是最关键的阶段，因为在第三级文本中，这些文本出现在观看者的社

---

① 转引自〔法〕蒂费纳·萨莫瓦约《互文性研究》，邵炜译，天津人民出版社，2003，第4页。
② 转引自〔法〕居伊·德波《景观社会评论》，梁虹译，广西师范大学出版社，2007，中译序第5页。
③ 〔英〕约翰·费斯克：《理解大众文化》，王晓珏、宋伟杰译，中央编译出版社，2001，第206页。

会生活层面，大众可以利用初级文本生产自己的亚文化意义。"文本本身就存在多义性，不仅如此，它的诸多互文性关系还增加了它潜在的多义性。"①正是在多义性中，不同的亚文化群体可以发掘更多的快感与意义，表达被压制的社会经验，而这些快感与意义正是对主体性规训的一种文化反叛。费斯克在对电视媒介为主的分析中，揭示了视觉媒介中宰制性意识形态的权力，但是更关注后现代状况下大众阅读的抵抗性力量。费斯克将大众文化文本置于互文关系中进行研究，旨在从对文化工业提供的原始文本的多样性解读中发现更多的大众性，强调对原始文本的一种结构化的倒置与反向的颠覆。

大众文化在对语言的使用上也时常被贬斥为对话语的误用，费斯克指出大众文化的语言被批判和贬低的原因在于精英阶层对于正统官方语言的维护，他们借助语言系统构建自己的身份等级。"讲话就是要占用一种或另一种表达风格，这种表达风格通过使用而得以建构起来，并且以其在风格的等级制度中的位置为客观标志，而风格的等级制度则显示了相应的社会群体的等级。"② 也就是说，话语是一种权力"建构"的有效方式，话语关系总是符号权力的关系，通过这种关系，言说者和他们分别所属的各种群体之间的力量关系转而以一种变相的形式表现出来。那么，大众对话语的颠覆性使用，大众根据自己的社会情境开拓出的语言意义的异质性与多义性，就是一种逃脱与抵制规训的阅读策略。在《理解大众文化》中，费斯克用"双关语"在大众文化中的使用来具体说明这一问题。双关语指的是在一定的语言环境中，利用词的多义或者同音的条件，有意使语句具有双重意义，言在此而意在彼的一种语言修辞方法，双关语的符号过剩是大众文化中的常见现象。费斯克将双关语置于口语文化的视域中，并与官方语言进行对比分析。"双关语不会说教：它们引起争议、问题和矛盾，要求读者富有想象力地寻找解决方案，并从而获得快乐。"③ 也就是说，作为口语文化的双关语打破了官方语言的线性关联，对抗着被"授权"（authoriza-

---

① John Fiske, *Television Culture*, London and New York: Methuen, 1987, p. 126.

② 〔法〕布尔迪厄：《言语意味着什么：语言交换的经济》，褚思真、刘晖译，商务印书馆，2005，第33页。

③ 〔英〕约翰·菲斯克：《解读大众文化》，杨全强译，南京大学出版社，2001，第118页。

tion）的合法性语言的权威。双关语所做的工作就是将话语呈现，读者根据自己的社会情境从不同的话语冲突中作出自己的理解，创造自己的意义与快感。费斯克将流行音乐视为双关语对官方语言进行冒犯的典型事例。在当代社会，流行音乐是一种代表青年亚文化的典型文化样式，歌词中蕴含着的个性化、反规则的内容与反常的风格符码冲击着官方语言。大众文化本就是一片权力冲突的场域，随着亚文化的兴起，收编也在同时进行。因此，在现实生活中，其歌词中潜藏的颠覆力量也在持续不断地被主流权力所消减和去政治化。在现代媒介强大的技术垄断力下，主流文化可以给予亚文化更多的发展空间，但也不断对亚文化中的反抗性因子进行去政治化的处理。虽然亚文化群体直接介入主流政治机会渺茫，但不可否认的是，青年亚文化的兴起为亚文化群体提供了更多表达自我经验的机会，打破了商业社会中被同质化的经验。亚文化在微观层面上的变革，也可以在一定程度上促成主导文化与亚文化的交流与协商。

三　日常生活的文化抵抗：大众文化介入日常生活

19世纪末至20世纪初，随着欧洲传统哲学的危机凸显，以及形而上学的没落，繁琐世俗的日常生活开始进入研究者的视野。总体而言，日常生活理论大致可以分为"批判"和"抵抗"两种模式。以卢卡奇、列斐伏尔、法兰克福学派等为代表的西方马克思主义者，将马克思异化理论中的"异化劳动"概念扩展到日常生活领域，形成了以"异化"概念为核心的日常生活批判理论。他们将日常生活视为一片遭到资本主义全面异化的领域，对此加以批判，并且希冀通过社会变革或者革命，以审美为手段超越异化，恢复人的自由自觉。与这些西方马克思主义者相异，费斯克试图从日常生活本身去寻找抵抗的可能性，日常生活成为抵抗与变革力量的原生地，积蓄着颠覆传统资产阶级的文化政治功能。

德·塞托强调日常生活中的抵制（resistance）以及从实践中看待日常生活。德·塞托认为，日常生活虽处于权力的笼罩之下，但是应该看到也存在对支配性力量的抵制。个体在日常生活实践中结合既定规训，在机制内寻求一定程度的自我实现，这就是日常生活实践的真实状态。德·塞托的"抵制"不是激烈的革命运动，并不是要与权力支配方进行正面冲突，而是弱者的一种战术。弱者的力量过于分散和微小，因此在整个权力机制中是被驯服的对象，这在一定程度上使得权力支配者降低了警惕性。弱者避开权力机制的正面锋芒，在一些细微的层面，不至于激发权力机制过度反应的层面，去运用一些计策，从而获得主体的独立性与确认，这就显示出了弱者的创造性。德·塞托认为阅读行为被某些拥有特权的人通过对书本的使用悄悄建立起来，他们才是"真正"的阐释者。"字面"含义是某一社会权力所指示的结果。"文本自身被交给了多样化的阅读，它成为一种文化武器，一块禁猎地，一种法律的借口，该法律将专业人士以及社会上许可的学者对文本的阐释合法化，使之成为'字面含义'。"① 这种社会等级化隐藏了阅读实践的真相。文本的自治性成为体制内部社会文化关系的复制品。但是读者在"解读"的过程中可以拥有自治性，重新决定文本与读者之间的关系。"我读着，我遐想着……因此我的阅读就是我放肆的缺席。"② "阅读：一种偷猎"，强调读者在解读文本过程中可以拥有自由的立场，加入创造性思维，获得有别于作者的体味，这是对书写异化背后具有压制性意味的反抗。

费斯克强调了大众文化介入日常生活实践的抵制与反抗的文化政治意义，并从相关性、符号生产力、消费活动的灵活性等几个方面分析了大众在日常生活中生成抵制力量的可能性。费斯克将"相关性"视为大众辨识力的核心判断标准，"尽管大众文化也可以在所有层面上建构自身的相关性，但最关键的还是在微观层面。如果读者的日常生活与文本毫无相关性，那么就不会有阅读的动力，而且，阅读也不会带来快乐"③。在费斯克那里，相关性标准与美学标准不同，美学标准隐藏了以物质条件为基础的事实，显示出审美的超然，强调文本与日常生活的审美距离与普遍适用性。相关

① 〔法〕米歇尔·德·塞托：《日常生活实践 1. 实践的艺术》，方琳琳、黄春柳译，南京大学出版社，2009，第 265 页。

② Guy Rosolato, *Essais sur le symbolique*, Paris, Gallimard, 1969, p. 288. 转引自〔法〕米歇尔·德·塞托《日常生活实践 1. 实践的艺术》，方琳琳、黄春柳译，南京大学出版社，2009，第 266 页。

③ 〔英〕约翰·菲斯克：《解读大众文化》，杨全强译，南京大学出版社，2001，第 203 页。

性标准是"大众趣味把适用于日常生活情境的情理图式运用于合法的艺术作品，从而系统地将艺术之物化约为生活之物"①。这就意味着，文化资源如果不能提供相应的切入点，使之同日常生活产生共鸣，那么这样的文化资源会被大众淘汰。并且，由于个人的社会效忠从属关系在不断变化，个人的日常生活体验也在变动之中，这些切入点也是短暂和多元的。文本是确定的，变动的是日常生活体验和效忠从属关系，切入点受到的是社会而非文本本身的影响。因此，在这些层面上，大众辨识力与审美辨识力是全然不同的。

大众辨识力也是费斯克日常生活理论中的一个重要话语概念。费斯克通过对霍尔的"接合理论"的吸收，认为"它为文化研究提供了一种将分析对象'语境化'（contextualizing）的方法"②。也就是说，"接合理论"否定必然的对应或者不对应，只承认现实的有效关系。大众选择性与断续性的阅读方式关注的是阅读与日常生活的有效关系。关联是由大众创造的，也就是说，接合是一个不断被建构的过程。承认不间断的建构，也就是承认结构之间的不稳定与变化关系。大众是"游牧式主体"，他们总是处于不同的社会从属关系之中，总是在不同的、竞争的接合之间的斗争之中。在这种竞争中，体现了权力的复杂性，也体现了大众的辨识力与生产力。因此，大众对文本解读的选择性与断续性，说明大众关注的是文本在日常生活的冲突中可被激活、创生的多元文化意义。

同时，费斯克认为："大众辨识力并未局限于选择文本与文本的相关点，而是延展到选择那传递文本的媒体，以及最适合'消费者的'社会文化位置与需求的消费模式。"③这就意味着，在消费社会中，大众可以选择"看什么"，也可以选择"怎样看"。根据之前所述，费斯克强调对大众文化文本进行"双重聚焦"，可推理出费斯克对消费文化的态度也是辩证的。消费文化成为大众文化的一种重要表现形式，一方面意味着意识形态的操纵

①　〔法〕皮埃尔·布迪厄:《〈区隔:趣味判断的社会批判〉引言》，朱国华译，范静哗校，陶东风、金元浦、高丙中主编《文化研究（第4辑）》，中央编译出版社，2003，第12页。

②　萧俊明:《文化转向的由来:关于当代西方文化概念、文化理论和文化研究的考察》，社会科学文献出版社，2004，第239页。

③　〔英〕约翰·费斯克:《理解大众文化》，王晓珏、宋伟杰译，中央编译出版社，2001，第186页。

能力的增长，另一方面也带来了更大程度的平等与个人选择的自由，充分释放了情感快乐与欲望。正如费瑟斯通所言："今天的消费文化既不表明某种控制出现了失控，也不表明它就是某种更为严厉的控制，而是既掌握了正式的控制又把握着解除控制，并在这两者之间轻易地转换交切的一种弹性的、潜在的生成结构。"① 费斯克强调的是，在消费过程中被规训的整体的"大众"的转换，转换成为形形色色的亚文化群体，不同的背景、不同的解读方式赋予消费过程以持续的意义。电视、书本、录像带及电影等之所以在大众文化中占据重要位置并且流行，部分是因为它们作为媒介的性质，即允许人们随意使用，包含协商性，不会强制人们接受特定的意义，也就无法将特定的意义汇入人们的日常生活中。同样，费斯克关注消费的复杂性与能动作用，在消费实践中，商品体系处在消费者的权力影响之下，因此消费模式的选择也是大众辨识力的有力体现。费斯克对"大众文化迷"的分析最能体现他对大众辨识力的强调。他认为粉丝是民众中最具辨识力、最具挑剔眼光的群体，粉丝生产的文化也是所有文化资本中最发达和最显眼的文化类型。

四 差异性的微观政治：大众文化的政治潜能

费斯克强调大众文化的政治潜能，认为其政治潜能在微观政治层面是最有效的。费斯克想要说明的是，大众文化中对社会差异性的对抗以及大众的抵抗意识，在合适的社会条件下可以赋予大众力量，使得他们在微观政治领域可以扩展其社会文化空间，并且反过来影响宰制阶级权力的再分配，尽可能地争取到有利于自己的利益。费斯克对大众文化政治潜能的强调，试图打破对大众文化的误解。他指出，在宏观方面缺乏激进和直接有效的力量，并不意味着大众文化是消极的和容易被收编的。在微观政治层面上，"我们能够追溯出意义或者幻想的内在的、符号学意义上的抵抗与日

---

① 〔英〕迈克·费瑟斯通：《消费文化与后现代主义》，刘精明译，译林出版社，2000，第 39~40 页。

常生活实践及其直接的、具体的社会关系之间的连续性"①。就算幻想这种最微观的政治，如果被赋予一种社会维度，并且提供一种理论框架使得这种内在的、私人化的抗争向外得以普遍化，那么其进步性就会得到增长。"它可能比任何公共的、大规模生产的表征模式都更能满足从属亚文化群的需求……它的内在性不会使其失去政治效应：内在就是政治。"② 从属群体只有很小的一部分会直接从事政治活动从而进行社会变革，他们的变革效果却很大程度依赖于具有同样变革诉求立场的人的内在抵制，如果没有相应的内在抵制，更大程度的社会变革就会因为缺乏共同的社会情感而被忽视。与宏观政治激进且直接的社会变革相比，微观政治是在间接而温和的积累中所促成的抵抗性。并且，费斯克将激进艺术与大众艺术进行对比，认为与激进艺术在宏观层面的政治效果相比较，大众艺术在微观层面的进步性效果要更大。激进艺术与大众日常生活的距离，决定了其与大众的疏离，而不能成为大众救赎的工具。但费斯克在此处也有矫枉过正的地方，他关闭了高雅文化与通俗文化之间交流融通的可能性，因而放弃了不同艺术形式对共同抵制宰制力量的可能性。

　　大众文化实践在微观政治层面上产生的社会行动，是在体制内部进行的。这就导致了一种争议，即社会体制在多大程度上可以容忍这种社会行动。费斯克指出，这种进步性实践在一定程度上不被收编，是因其本身就包含了宰制阶级的利益。不应将所有的大众快感视为收编的实例，也不应将所有的权力视为极权化，只有激进革命才能对其进行颠覆，收编是相对有效的。微观政治的持续侵蚀可能会导致体制的改变，从而改变体制中权力与资源的再分配。在强调微观政治的时候，费斯克也指出微观政治与宏观政治是不应该互相抵牾的。首先，不应该与在微观层面进行的日常生活相抵牾而仅仅支持对体制的激进攻击，因为与遥远而宏伟的激进主义目标相比，温和的进步性目标才是实际的、大众的。任何革命的成功都离不开日常生活实践长期以来的变革积累，革命质变是日常生活实践不断量变的结果。但是，同样，"不能与历史危机或尖锐的政治冲突时期的激进运动相

① 〔英〕约翰·费斯克：《理解大众文化》，王晓珏、宋伟杰译，中央编译出版社，2001，第203页。

② 〔英〕约翰·菲斯克：《解读大众文化》；杨全强译，南京大学出版社，2001，第132页。

联系的大众进步实践也同样是无效的。在日常生活中维持抵抗的微观政治，为宏观政治的种子保留了一片肥沃的土壤，没有这片土壤，宏观政治必然无法繁荣昌盛"①。

费斯克通过对大众能动性的强调与对大众文化中隐藏的权力向度的发掘，进一步扩展了大众文化的合法性空间。他对日常生活实践与文化消费行为等微观层面的关注，避开现代政治的宏大结构，转而从微观政治的视角窥见了大众的创造性与大众文化中潜藏的变革意识。他的大众文化理论具有明显的反宏大叙事、反本质主义和后现代主义征候。约翰·斯道雷在《文化研究与通俗文化导论》中为费斯克的理论进行了积极的辩护，但也出现了许多批判和质疑的声音，如吉姆·麦克盖根在《文化民粹主义》中就批判费斯克是"不加批判的民粹主义"，"媒介机构的经济问题和消费者文化的主要经济动力很少去调查，简单地用括号括去了，因而严重削弱了文化研究的解释与（效果上的）批判能力"。②麦克盖根认为，费斯克的文化研究脱离了政治经济学，费斯克对日常生活的关注，对符号抵制的强调，只是创造了一种人们可以脱离规训的幻象。道格拉斯·凯尔纳在《批判理论与文化研究：未能达成的结合》中、尼古拉斯·加恩海默在《政治经济学与文化研究》中均表达了类似的看法。

费斯克对大众抵抗力的强调，颠覆了以法兰克福学派为代表的精英主义文化观以及悲观主义的大众文化批判范式。费斯克对大众文化的乐观取向建立在他的两种经济理论之上，他认为，对大众文化的分析需要既关注金融经济也关注文化经济。如果只关注金融经济，大众文化的接受者完全是被动受资本控制，因为在金融经济领域，接受者本身就是商品。但是，费斯克指出，在文化经济的流通中消费者不是完全被动的角色。在文化经济领域，大众利用文化工业提供的库存资源创造自己的意义与快感。金融经济处于融入与同质化力量的一方，而文化经济处于抵抗与差异的一方。费斯克认同意识形态分析、结构学等的分析方法，敏锐地揭示出了宰制集团意识形态的力量，但他更加关注另一个焦点，即大众如何应付这个体制、

---

① 〔英〕约翰·费斯克：《理解大众文化》，王晓珏、宋伟杰译，中央编译出版社，2001，第226页。

② 〔英〕吉姆·麦克盖根：《文化民粹主义》，桂万先译，南京大学出版社，2001，第45页。

如何阅读该体制的文本，以及如何从体制的资源中创造出大众文化。

费斯克对"生产者式"文本、"生产者式"读者的强调，凸显了大众文化积极的文化政治功能。大众文化在多大程度上存在革命的颠覆力量，与大众文化的主体"大众"具有直接的联系。但与理论层面相悖的是，费斯克在《理解大众文化》《解读大众文化》中举出的实例，却明显带有将大众行为浪漫化的倾向。费斯克所设想的理想大众与现实生活中复杂的社会主体是有偏差的，他笔下的大众明显是更具抵抗意味的社会主体，他们能够识破资本主义的诡计，又能够在宰制阶级的容忍范围内进行微观变革。现实世界的社会主体是处在复杂文化镜像当中的社会主体，受到多种暧昧的价值和美学元素的塑形。并且就算生活中存在费斯克所言的具有抵抗意味的斗士，去与宰制阶级进行积极对抗，这类人也不一定是抱着费斯克笔下理想大众所拥有的高尚目标，可能只是为了自我利益而作出一种暂时性选择。费斯克一直强调宰制力量的存在，这意味着他一直没有摒弃政治经济因素。但他对资本主义政治经济收编能力的过分轻视，使得其构建的大众在现阶段依旧只是一个想象性的理想大众。当然，尽管只是一种理论上的抵抗，也好过无所作为的姿态。理想大众的出现，虽然不是生活中的常态，却可以作为对未来大众的某种期许，这也彰显出费斯克大众文化理论的乌托邦意识。费斯克的学院派身份，使其更多地采用符号学理论去解释大众文化现象，虽然在文化阐释的有效性方面存在许多不足，但也表现出费斯克作为一个知识分子积极融入不同阶层去体验文化差异性的尝试。费斯克告诉我们，文化研究者应该不断调整自身的角色，一方面要保持批判性，另一方面要深入研究对象的社会情境与实际生活中，走群众路线，尊重对象的自主性，而不是进行单向度的浪漫化与理想化的主观阐释。

费斯克的大众文化理论强调微观政治的作用和功能，消解了现代政治的宏大叙事，转而从微观政治的视角，试图通过大众文化的批判性阐释和积极性建构，达成人性关怀与日常生活的政治解放。总体而言，费斯克从以阶级分析为主导的政治经济学模式转向了以权力分析为主导的文化政治，他强调在日常生活中达成个体的救赎与解放，其大众文化理论具有明显的反总体性、反本质主义和后现代主义征候。他试图在具体的日常生活文化场域中，如商场、家庭内部等，又或者青年亚文化形态、身体狂欢中窥见大众的文化反抗形式，在日常生活中发掘革命的文化政治潜能。需要指出的是，费斯克的大众文化研究更多的是一种符号分析，脱离了政治经济学的维度，从而偏离了马克思主义的理论路径。他对大众文化积极性意义的肯定，虽然凸显了文化抵抗和建构的价值与意义，但有时又表现出盲目的乐观，难以真正生成大众文化抵抗和文化霸权建构的积极力量。从马克思主义意识形态建设方面来看，费斯克的大众文化理论很容易滑向调和主义和政治妥协，这也是我们在对待费斯克文化政治理论和实践范式时需要特别注意的地方。

第九章　列斐伏尔的日常生活理论与日常生活批判的文化政治

当我们谈论日常生活理论时，首先想到的是列斐伏尔的《现代世界的日常生活》《日常生活批判》，赫勒的《日常生活》，以及米歇尔·德·塞托的《日常生活实践》，等等。此外，还有胡塞尔的《生活世界现象学》所开启的日常生活现象学研究，费瑟斯通、韦尔施、曼德卡等人的日常生活审美化理论等。不同哲学家、文化理论家从不同的理论视域出发，对日常生活展开了哲学、社会学、文化学和美学等方面的研究。在诸多理论范式中，西方马克思主义理论家立足于文化批判的维度，将日常生活视为整体性的社会文化结构，并结合意识形态、文化政治、微观权力等理论话语，对日常生活展开了广泛深入的研究。从葛兰西、卢卡奇、列斐伏尔到阿多诺、哈贝马斯，再到后马克思主义的拉克劳、墨菲以及托尼·本尼特等人，都对日常生活有着丰富的思考和论述。我主要以马克思主义的历史唯物主义为方法论指导，结合经典马克思主义的日常生活理论与实践哲学，对西方马克思主义日常生活理论所蕴含的文化政治思想展开批判性的分析和阐释，反思西方马克思主义理论如何从日常生活的微观世界出发，对西方资本主义社会的上层建筑与意识形态领地展开文化批判，并从中撷取合理的文化理论内核与文化批判的文化政治能量。

一　西方马克思主义对日常生活的文化理论思考

自马克思、恩格斯之后，诸多西方马克思主义者开始转向对日常生活的思考，形成了较为复杂的系统的日常生活哲学和文化理论。比如葛兰西的市民社会理论与霸权思想，其实已经开始强调马克思主义经济基础与上层建筑的二元论模式中的中介因素：市民社会的文化领地与日常生活的微观世界。卢卡奇结合物化和商品拜物教等理论，从意识革命、个体日常思维建设等维度思考日常生活的解放叙事。卢森堡的自发性理论强调群众日常生活与微观世界的意识革命，认为群众的自发性与革命意识正是在日常生活中形成的。威廉斯强调文化作为一整套生活方式的"日常生活"属性，并提出文化观念的历史是"思想和感觉上对我们共同生活的环境的变迁所作出的反应的记录"[1]。法兰克福学派从否定的辩证法出发，批判资产阶级虚假意识形态借助于大众文化对日常生活的殖民。哈贝马斯则力图通过转向纷繁复杂的日常生活交往领地，将人从理性的牢笼与逻各斯中心的桎梏中解脱出来。列斐伏尔指出，日常生活不再是一个被抛弃的复杂时空，也不是留给个人自由、理性和足智多谋的领域，它不再是人类苦难和英雄主义得以上演的场所："日常生活变成了一个深思熟虑的目标和一个组织化的领地。"[2] 安德森在《西方马克思主义探讨》中论及西方马克思主义时曾指出，同经典马克思主义理论不同，西方马克思主义将批判与革命的对象转向上层建筑和文化领地。日常生活理论的全面兴起，可谓是这一范式转型的典型表征。李青宜指出，西方马克思主义者普遍认为："通过日常生活批判，可以沟通阶级解放和个人解放之间的断裂，可以把马克思主义批判的经济意识以及他对社会和历史生活的动力的宏观理解同对日常生活表层下面的、制约着个性心灵发展的力量的动力的理解融合起来，从而把具体个人的问题恢复到与集体性问题并列的应有地位，重建社会主义与个人自由的同一性。"[3] 下面，我结合西方马克思主义的哲学和文化理论，简要谈谈西方马克思主义日常生活文化理论的特征。

西方马克思主义普遍转向上层建筑、文化与日常生活领地，首先在于他们对以伯恩施坦等为代表的马克思主义经济决定论的批判性反思。恩格

---

① 〔英〕威廉斯：《文化与社会》，吴松江、张文定译，北京大学出版社，1991，第 374 页。

② Henri Lefebvre, *Everyday Life in the Modern World*, New York：Harper & Row Publishers, 1971, p. 72.

③ 李青宜：《"西方马克思主义"的当代资本主义理论》，重庆出版社，1990，第 236 页。

斯在 1890 年 9 月 21 日致布洛赫的信中指出："根据唯物史观，历史过程中的决定性因素归根到底是现实生活的生产和再生产。无论马克思或我都从来没有肯定过比这更多的东西。如果有人在这里加以歪曲，说经济因素是唯一决定性的因素，那么他就是把这个命题变成毫无内容的、抽象的、荒诞无稽的空话。"[①] 事实上，马克思、恩格斯并没有否定上层建筑的反作用以及历史的合力，没有忽视市民社会的文化力量。只是后来因为德国社会民主党内的"青年派"、第二国际修正主义等鼓吹经济唯物主义，从而把马克思主义导向机械、被动的经济决定论。葛兰西曾详细思考过这个理论问题，他从结构、历史联合体、文化与社会的统一等层面出发，从整体性维度反思经济基础与上层建筑的关系。卢卡奇用"社会存在本体"代替了经典马克思主义经济基础与上层建筑的二元模式，并转向日常生活领域。"如果不到人们的日常生活的最简单的事实当中去寻找对社会存在进行本体论考察的第一出发点，那就不可能进行这样的考察。"[②] 威廉斯提出文化是一种整体性的生活方式，将文化研究建立于日常生活中具体的文化经验之上，形成了文化唯物主义的理论路径。列斐伏尔认为，马克思绝不是一个经济决定论者，但他看到了作为生产模式的资本主义经济确实占主导地位，因此首先必须解决经济问题。但是现在，日常生活已经取代了经济模式，作为普遍的阶级战略结果的日常生活已经取得优势。因此，日常生活必须通过带有经济和政治意义的文化革命来加以对待。[③] "日常生活批判的这个设想排除了把社会简化为经济的和政治的，强调社会还是社会的，从而修正了'经济基础'和'上层建筑'这个著名的矛盾。"[④] 诸多西方马克思主义理论家开始跳出经济基础与上层建筑的二元论模式，转而从整体性的文化结构、社会存在本体等方面思考马克思、恩格斯提出的文化与意识形态问题，包括上层建筑的历史性发展、社会关系的再生产、意识革命与个体解

①　《马克思恩格斯文集》第 10 卷，人民出版社，2009，第 591 页。
②　〔匈〕卢卡奇：《关于社会存在的本体论·上卷：社会存在本体论引论》，白锡堃等译，重庆出版社，1993，第 4 页。
③　Henri Lefebvre, *Everyday Life in the Modern World*, New York: Harper & Row Publishers, 1971, p. 197.
④　〔法〕列斐伏尔：《日常生活批判》第 3 卷，叶齐茂、倪晓晖译，社会科学文献出版社，2018，第 556 页。

放的辩证关系等。他们认为，要想真正厘清这些问题，就必须转向日常生活这个中介，并从现实生活中的文化经验出发来批判性思考文化与意识形态的变革。

　　同经典马克思主义日常生活理论相比，西方马克思主义普遍重视日常生活在文化与意识形态变革中的文化政治意义。如果说马克思、恩格斯是在总体性的经济与政治革命的宏大叙事下论及日常生活，那么西方马克思主义则是从微观的文化政治立场出发反思日常生活，并将马克思主义"改造世界"的命题转换为"改造日常生活"。在西方马克思主义者看来，资产阶级的异化表现为整个社会结构的普遍异化，这种异化并不仅仅表现为私有制的经济制度和政治意识形态的虚假性，而是说异化已经嵌入日常生活的微观领地，改变了人的一切社会关系，甚至包括人的情感结构和身体存在。资本和物质操控了人的精神、情感和身体，甚至将艺术与美都纳入商品化和消费化的轨道。资产阶级意识形态借助于市民社会的文化机构为整个社会蒙上一层想象和虚假的自由主义面纱，在压抑性的文化生产与日常生活的消费中编织虚幻的解放叙事，以达到阶级统治的目的。西方马克思主义者认为，人不仅仅是一个劳动者、生产者，更是一个日常生活世界的存在者，这就意味着，异化并不仅仅存在于经济、政治和意识形态的抽象理论领地，而且同时也表现为日常生活中人的存在的异化，人与自身分裂，失去了自然的非本真存在，成为去人性化的"异化的"他者。所以，要想真正实现人的自由和解放，就不能完全将革命的目标限定在经济基础和政治革命方面，还要全面改造日常生活中人的文化心理结构。一方面，要祛除日常生活的意识形态帷幔，认识到日常生活中的各种异化现象；另一方面，要批判性审视日常生活的异化并寻求消除异化的策略与方法。葛兰西的文化转向，其实就是注意到市民社会和日常生活的文化领域对于社会主义革命的重要性，因而提出争夺文化领导权的问题。威廉斯所谓的"漫长的革命"，其实就是要在日常生活的文化领地进行社会主义的文化建设，从而打破资产阶级意识形态的桎梏。列斐伏尔指出，日常生活批判旨在完成"马克思主义"术语中的词汇，不要局限于经济和历史的维度，而要向所有可能性开放。"革命不限于经济转变（生产关系）或政治转变（人员和机构），革命可以和必须尽可能延伸到日常生活上来，尽可能延伸到实际上的

'去异化'上来，创造一种生活方式。"① 西方马克思主义者试图通过文化政治的理论与实践范式，实现日常生活中的解放。

作为一种批判的文化政治，西方马克思主义日常生活理论有如下几个方面的特征。一是注重日常生活微观世界的文化批判和改革。日常生活的文化政治专注于生活世界微观权力生产、运作和弥散的状态，强调文化权力的差异与不平等对生活世界造成的殖民以及对人性的异化。有论者指出："如果不从日常生活入手去改变人们的观念，建立新的文化，即使政治革命取得了胜利也会被私人领域的传统观念所抹杀。所以，西方马克思主义者的文化批判转向便建立在日常生活批判的基础之上，其目的在于通过微观革命走向宏观革命。"② 事实上，不论是葛兰西提出的文化领导权还是卢卡奇所谓的"阶级意识"的生成，都离不开具体现实的日常生活经验。宏观总体的革命需要从微观世界入手，日常生活世界的激情和心理意识同样重要，因为祛除异化最终要实现人的感觉更新和生活世界的美学化。二是日常生活的文化政治转向表现为典型的生活政治。卢卡奇曾引用阿诺德的"诗基本上是一种生活的批评"的观点，强调艺术与审美的反拜物教功能，"尽管由社会所造成的拜物化如此强烈地渗透于日常生活中，艺术实践（不一定是艺术家们自觉的世界观）以其自身的手段与那种将人的感性的、属人的环境图式化并由此而僵化的倾向作斗争"③。威廉斯在谈及葛兰西的霸权思想时说："霸权形式可以涉及现实的民主选举，也可以涉及'闲暇'和'私人生活'等有意义的现代生活领域。"④ 这就意味着，霸权斗争也是一种生活政治。威廉斯的文化唯物主义强调研究人的感觉结构，他认为经济状况、政治情势等都影响着日常生活中人的感觉结构，通过对人的感觉结构进行文化分析，可以破译资产阶级意识形态的压抑性征候，从而在文化方面展开批判。三是西方马克思主义的日常生活理论强调个体在日常生活世

---

① 〔法〕列斐伏尔：《日常生活批判》第3卷，叶齐茂、倪晓晖译，社会科学文献出版社，2018，第556页。

② 赵司空：《中介与日常生活批判：卢卡奇文化哲学研究》，上海社会科学院出版社，2010，第75页。

③ 〔匈〕卢卡奇：《审美特性》上册，徐恒醇译，社会科学文献出版社，2015，第476页。

④ 〔英〕雷蒙德·威廉斯：《马克思主义与文学》，王尔勃、周莉译，河南大学出版社，2008，第119页。

界的反抗意识，把马克思的"每个人的自由发展是一切人的自由发展的条件"视为思想的圣经，认为日常生活世界的解放要以个体生命的解放、人的个性的真正形成为前提。卢卡奇指出："日常生活乃是这样一个领域，在这个领域里，每个人都在直接地塑造着和尽可能地贯彻着自己的个人生存形式；在这个领域里，这种生活进行得成功与否在许多重要方面都将对人具有决定性意义。"① 赫勒将日常生活界定为"那些同时使社会再生产成为可能的个体再生产要素的集合"②，并强调个体性的伦理建设与文化启蒙，提出"日常生活的人道化的任务正在于培养自由自觉和总体性的个性"。③当然，凸显人的个性的生成、个性伦理的反抗与个人文化启蒙，并非渲染脱离集体和总体性的狭隘个人主义。事实上，大多数西方马克思主义者还是强调从总体性结构出发、从人的社会关系出发来反思个体性问题。如列斐伏尔所言："只有通过日常生活的批判，才能沟通阶级解放和个人解放之间的断裂，在革命前为宏观的经济和政治革命作准备，在革命后，把社会主义革命的成果落实到每一个人的身上，从而从根本上改变每个人的日常生活的状况，达到社会主义制度与个人的统一。"④

在西方马克思主义者那里，日常生活并非那种非历史化的、感性直观的、静态的存在境遇，而是具有结构化、历史化和生成性等特征。资本主义社会经济、政治和意识形态的压抑性结构造成了日常生活的深层异化，但同时也孕育着反异化、去异化的解放契机与文化救赎的诸多可能。正如迈克尔·E.加德纳所言："日常生活虽然可以表现出程式化、静态和非反射性的特点，但它也有着令人惊讶的活力、瞬间的洞察力和无限的创造力。"⑤卢卡奇曾批判海德格尔的日常生活理论"把日常生活变成了毫无希望的没落领域，变为'常人的公众意见'和'闲言的无根基状态'"，"在海德格尔那里，日常生活完全由使人畸形的异化力量所支配，而其他在异化中和

---

① 〔匈〕卢卡奇：《关于社会存在的本体论·下卷：若干最重要的综合问题》，白锡堃等译，重庆出版社，1993，第469页。
② 转引自〔匈〕赫勒《日常生活》，衣俊卿译，黑龙江大学出版社，2010，中译者序第3页。
③ 〔匈〕赫勒：《日常生活》，衣俊卿译，黑龙江大学出版社，2010，第13页。
④ 陈学明、吴松、远东编《让日常生活成为艺术品：列菲伏尔、赫勒论日常生活》，云南人民出版社，1998，第36页。
⑤ Michael E. Gardiner, *Critiques of Everyday Life*, London and New York：Routledge, 2000, p. 6.

由异化引起的进步力量却被现象的本体论的'净化'所勾销了"①。在卢卡奇看来，日常生活的历史长河所分娩出各种精神成果，科学和艺术通过反拜物教化，实现生活世界的美学化，进而历史化地推动马克思主义人道主义价值和文化伦理的终极生成。法兰克福学派的阿多诺、马尔库塞等人也致力于日常生活的理性批判，他们认为，日常生活中充斥着各种虚假意识，被统治阶级的思想意识所殖民，大众文化成为建构这种虚假经验和意识形态网络结构。必须通过否定的艺术、各种理论知识的批判性生产和否定形态来抵抗日常生活的虚假性，实现经验的重构。但他们的否定辩证法更多的是思辨和哲学的路径，而非实用主义的文化政治。而且，这种反民粹主义的精英化路径，最终将对日常生活的文化批判导向韦伯式的悲观主义境地。倒是列斐伏尔和德·塞托等人表现出积极乐观的理论和实践意识，列斐伏尔始终从异化/反异化的历史意识和辩证关系结构来思考日常生活，他认为："正是从日常生活开始，人实现真正的创造"，"日常生活是这些真正创造性高级活动的源泉，创造产生于日常生活"②。总之，通过改造日常生活，在日常生活实践中寻找各种抵制策略，以文化艺术和美学形式形成祛除异化的力量，以培育完善的人性，是西方马克思主义日常生活理论的共同价值指归。

二　列斐伏尔与西方马克思主义日常生活理论的文化政治转向

列斐伏尔是最早从马克思主义立场对日常生活展开全面、系统研究的西方马克思主义者。可以说，对日常生活的批判性思考伴随着列斐伏尔的一生。从《日常生活批判Ⅰ·导论》（1947）到《日常生活批判Ⅱ：日常的社会学基础》（1962）、《现代世界的日常生活》（1968）、《日常生活批判Ⅲ：从现代性到现代主义》（1981），甚至到其《空间的生产》等，可以看

---

① 〔匈〕卢卡奇：《审美特性》上册，徐恒醇译，社会科学文献出版社，2015，第27页。
② 〔法〕列斐伏尔：《日常生活批判》第2卷，叶齐茂、倪晓晖译，社会科学文献出版社，2018，第274页。

出其日常生活批判的思想与理论发展轨迹。前期的列斐伏尔主要立足于经典马克思主义的理论，将日常生活视为物质生产活动的一个组成部分，但列斐伏尔不再仅仅只专注于马克思指出的劳动异化和意识形态的抽象理论对日常生活的抽离，而是从总体性的历史出发，从马克思主义的人道主义理论意识出发，将对劳动异化的批判延伸到整个日常生活批判的地基之上。一方面，列斐伏尔认为"异化理论和'完整的人'理论依然是日常生活批判背后的推动力"①，并将异化拓展到整个社会生活当中，将劳动的人同生活世界的人统一起来进行思考；另一方面，列斐伏尔批判抽象的意识和观念，特别是统治阶级的意识形态对日常生活本真性的遮蔽和扭曲，"人们不了解他们自己的生活：他们通过意识形态的论题和伦理价值，看待自己的生活和过自己的生活。尤其是，他们不适当地认识他们的需要和他们自己的根本态度；他们没有很好地表达他们的需要和他们自己的根本态度"②。列斐伏尔批判新黑格尔主义，强调实践的力量以及社会和人的全面统一。从中后期开始，列斐伏尔强调从文化层面反思日常生活中的权力问题，从对消费主义结构、符号拜物教以及被消费控制的官僚社会的批判中反思日常生活的解放。如张一兵所言，列斐伏尔中后期的日常生活批判思想已经不满足于对经典马克思主义原生形态的内部逻辑颠倒——人本主义异化批判逻辑对物质生产首要性逻辑的颠倒，而且是对马克思基本理论观点即物质生产决定论的根本解构——消费—文化的支配性问题域取代了生产的社会关系主导性视野。这意味着列斐伏尔已经不自觉地走向"后马克思哲学思想"③。总之，列斐伏尔虽然认为日常生活遭遇了严重的异化，甚至在《现代世界的日常生活》中将消费主义与官僚权力控制下的社会称之为"恐怖社会"，但他并没有秉持悲观无望的态度，而是始终坚持批判和革命的文化价值立场。

作为一名西方马克思主义者，列斐伏尔坚持马克思主义的唯物史观和辩证法思想的指导，力图用历史和辩证的总体观来反思社会存在整体视域

① 〔法〕列斐伏尔：《日常生活批判》第 1 卷，叶齐茂、倪晓晖译，社会科学文献出版社，2018，第 72 页。

② 〔法〕列斐伏尔：《日常生活批判》第 1 卷，叶齐茂、倪晓晖译，社会科学文献出版社，2018，第 87~88 页。

③ 张一兵：《后马克思思潮不是马克思主义》，《南京大学学报（哲学·人文科学·社会科学版）》2003 年第 2 期。

下的日常生活世界，从实践存在论的角度批判性分析日常生活世界的文化图景。同大多数西方马克思主义者一样，列斐伏尔反对以二元论的认知型模式理解经济基础与上层建筑的结构，强调从社会的整体性层面思考经济和政治活动。诚如他所理解的，不能仅仅从经济压迫和剥削的层面思考劳动异化问题，而是要从社会结构和社会关系的整体性层面思考人的异化问题。这也就意味着，异化不仅仅存在于工厂这个空间结构中，而是弥漫在社会生活的方方面面，甚至是那个被视为反异化的"闲暇"也被异化所笼罩，成为社会异化的特殊表征。列斐伏尔指出："马克思和恩格斯的哲学思想最合乎逻辑地和最系统地涉及生活这个层面，洞察生活，揭示生活。"[1]"马克思主义描绘和分析了社会的日常生活，指出了可以改造社会生活的方式。""真实的劳动者的日常生活是一种用生命、活动和肌肉，以及一种他的主人们共同寻求让他减至最低限度或转到与世无争境地的意识——以不幸福的方式表现出来的商品生活。"[2] 在《日常生活批判Ⅰ》中，列斐伏尔详细概括了经典马克思主义日常生活批判理论的具体内容。

列斐伏尔从六个方面概括分析了马克思主义日常生活批判理论。一是对个体性的批判，即资本主义社会私有制的经济基础所分娩出的私人意识，在把人塑造为个体的同时也分裂、压制个人意识，妨碍个人意识的全面发展，因而需要批判和改造私人意识。二是对迷惑人的事物的批判，主要指那些困扰个人的意识形态，如资产阶级个人主义思想等。三是对财富的批判。"人的活动围绕财富、货币、商品、资本展开，这些崇拜物与他们自己的现实和意识是分开的，他们屈从于财富、货币、商品、资本。那些一心想发财的人的生活，受制于一个叫作财富的东西。"[3] 列斐伏尔既为财富正名，同时反对资本主义私有制的财产制度，提出要重新组织财富，认为在生活中享受财富比拥有财富更为重要。唯有改变财产制度，让人彻底掌握其自身创造的劳动成果和社会现实，人才能走出"去人性化"的历史并实

---

[1] 〔法〕列斐伏尔：《日常生活批判》第 1 卷，叶齐茂、倪晓晖译，社会科学文献出版社，2018，第 131 页。

[2] 〔法〕列斐伏尔：《日常生活批判》第 1 卷，叶齐茂、倪晓晖译，社会科学文献出版社，2018，第 136 页。

[3] 〔法〕列斐伏尔：《日常生活批判》第 1 卷，叶齐茂、倪晓晖译，社会科学文献出版社，2018，第 165 页。

现人性的回归。四是对需要的批判，即那些超出人的真实需要之外的额外需要成为资本主义社会发展的动力，这种欲望化的需求弥漫在日常生活世界之中。人的解放同时也就是要让人实现劳动与需求的统一。五是对劳动的批判，即批判劳动的异化以及人的异化。列斐伏尔认为："异化了的劳动已经丧失了劳动的社会本质。虽然劳动的本质实际上是社会的，但是，劳动呈现出个人任务的表象和现实。""人类世界的创造性活动不是理论的，而是实践的、一个永不停歇的、日常的活动，人类世界的创造性活动不是另一种活动，所以，异化也是永不停歇的和日常的。"① 列斐伏尔从马克思的劳动异化的思想出发，进而批判性反思人的整个实践领域的异化。六是对自由的批判。列斐伏尔所谓的自由，不是虚假的自由，而是建立在必然王国基础之上并从必然王国解放出来的自由，是人的本质的历史化创造和人性完善的表现。"通过把人的发展本身当作目的的人的发展，才能逐步建立起自由王国。"② 从这六个方面出发，列斐伏尔试图构建与经典马克思主义不同的人本主义批判的理论范式。

列斐伏尔的日常生活批判理论，始终立足于人本主义的价值立场。他之所以要转向日常生活世界这个微观领域，是因为他看到了人的异化和去人性化的表现并不仅仅存在于经济政治活动和意识形态结构之中，而是弥散到了整个文化时空和日常生活世界，"异化包括了处在异化整体中的生活"③。因而，列斐伏尔认为，要想实现社会主义，就必须将批判扩大到"闲暇，劳动和私人生活"这个完整统一的结构，在异化与反异化的历史进程中寻求文化变革。列斐伏尔结合马克思的"完整的人"的观念，提出"必须'历史地思考'和社会地思考完整的人的观念，让完整的人的观念'历史化'"④。"正是在日常生活中，只有在日常生活中，自然的人和生物

---

① 〔法〕列斐伏尔：《日常生活批判》第 1 卷，叶齐茂、倪晓晖译，社会科学文献出版社，2018，第 152、153 页。
② 〔法〕列斐伏尔：《日常生活批判》第 1 卷，叶齐茂、倪晓晖译，社会科学文献出版社，2018，第 158 页。
③ 〔法〕列斐伏尔：《日常生活批判》第 1 卷，叶齐茂、倪晓晖译，社会科学文献出版社，2018，第 54 页。
④ 〔法〕列斐伏尔：《日常生活批判》第 1 卷，叶齐茂、倪晓晖译，社会科学文献出版社，2018，第 63 页。

的人人化了（成为社会的人），更进一步讲，正是在日常生活中，只有在日常生活中，这个人、这个后天的人、这个培养出来的人，成为自然的人。""正是在日常生活中和通过日常生活，人的器官才人化了。历史、劳动、社会生活和文化已经改造了人的器官。这种转变发生在日常生活的王国里，并随着日常生活，包含在日常生活之中。"① "人的'本质'不能定义为一个与生俱来的属性；人通过活动，通过认识，通过社会发展，而创造人本身。"② "我们的起点是一个完整的人的现象：'需要—劳动—愉悦'，'讲话—做事—生活'。'现象'这个术语表明了替代哲学本体论的愿望，希望不去设想通过确定人的和'世界'的本质而排除人和'世界'。"③ 这种哲学的人本主义思想可以说贯穿于列斐伏尔日常生活批判理论的始终。同大多数西方马克思主义者一样，列斐伏尔深受青年马克思《1844 年经济学哲学手稿》中人道主义思想的影响，但他并没有走向资产阶级自由人文主义的意识形态陷阱，而是始终秉持批判的话语武器，对资本主义抽象的意识形态话语、对消费主义与官僚制、对压抑人性的资本主义日常生活世界展开革命性的批判。就此而言，列斐伏尔的日常生活批判理论又表现出强烈的文化政治倾向。

列斐伏尔用作为文化整体的日常生活取代了经典马克思主义经济基础与上层建筑的结构隐喻，从而将文化政治扩大到整个市民社会的日常生活文化领地。日常生活是一个被政治、经济和意识形态等组织化的时空结构，列斐伏尔说："历史的、文化、整体或作为整体的社会、意识形态的和政治的上层建筑，都不能简单地定义人类世界。人类世界要通过日常生活这个媒介和中间层次来界定。在日常生活这个层次上，我们可以观察到最实在的辩证运动：需要和欲望，愉悦和不愉悦，满足和需要（或挫折），实在和空空如也，工作和非工作。"④ 通过引入日常生活这个文化中介，列斐伏尔

---

① 〔法〕列斐伏尔：《日常生活批判》第 1 卷，叶齐茂、倪晓晖译，社会科学文献出版社，2018，第 88、89 页。
② 〔法〕列斐伏尔：《日常生活批判》第 1 卷，叶齐茂、倪晓晖译，社会科学文献出版社，2018，第 160 页。
③ 〔法〕列斐伏尔：《日常生活批判》第 2 卷，叶齐茂、倪晓晖译，社会科学文献出版社，2018，第 319 页。
④ 〔法〕列斐伏尔：《日常生活批判》第 2 卷，叶齐茂、倪晓晖译，社会科学文献出版社，2018，第 274 页。

强调了异化的总体性以及文化批判与革命的开放性。在列斐伏尔看来，社会的历史化变革不仅仅也不应当只停留于经济、政治和抽象的意识形态领域，而是必须延伸到日常生活世界，因为社会历史的异化最终都表现在日常生活的整体性异化之中。有论者指出："列斐伏尔对现代世界日常生活的异化特征做了这样的解释：日常生活不再是'私人的'，而是社会的；日常生活不再带有个性，而是受到商品、货币、技术支配的；日常生活受到媒体的控制、经济利益的控制、符号的控制；人们消费的不再只是物品的使用价值，更重要的是，人们消费的是符号本身，符号代替物成了主体，符号价值大于使用价值。他阐明了日常生活的异化正在引起文化革命。"① 正是因为列斐伏尔深刻地认识到现代日常生活的异化，因而他才提出对日常生活展开政治批判："因为日常生活已经包含了和构成了政治生活批判，因为日常生活批判就是政治生活批判，所以，日常生活批判包含了政治生活批判。"② 通过日常生活批判来推动反异化的人类生活实践，进而在这样的历史化进程中生成社会变革的文化力量。

总体而言，列斐伏尔对日常生活的批判表现在如下几个方面：首先是被抽象意识形态遮蔽的日常生活需要批判；其次是被消费主义所控制、被符号化的微观权力所渗透弥散的日常生活需要批判；最后是被抽象的意识形态和政治观念所规划的意识形态需要批判。这种批判主要是一种文化政治的批判，其理论特征似乎更多地倾向于葛兰西的文化领导权与卢卡奇的阶级意识，并同西方马克思主义的"文化改革"表现出理论和实践的一致性。当然，由于列斐伏尔的日常生活批判理论始终致力于人通过揭橥、批判日常生活的异化以推动人的完善和解放，因而这种人本主义的批判又带有深刻的文化建设和文化关怀价值。换句话说，列斐伏尔并非只是为了建构一种与资产阶级人道主义相区别的意识形态话语，而是希望回到马克思主义理论的逻辑起点"实践"来构建日常生活的解放叙事，即"日常生活

---

① 〔法〕列斐伏尔：《日常生活批判》第 3 卷，叶齐茂、倪晓晖译，社会科学文献出版社，2018，第 682 页。

② 〔法〕列斐伏尔：《日常生活批判》第 1 卷，叶齐茂、倪晓晖译，社会科学文献出版社，2018，第 86 页。

可以被定义为，整体之中的一个社会实践层次"①。日常生活批判的目的是改造日常生活并使之符合人性的自然和社会本质，所以批判只是战术而非最终目的。如何通过真正的革命实践推动日常生活的变革呢？列斐伏尔提出诸多方案，比如财富计划、道德计划和审美计划等。在具体的日常生活实践规划方面，列斐伏尔表现出更为积极乐观的态度，他深谙马克思主义的历史意识和辩证逻辑，强调社会历史异化与反异化的辩证发展观，以及直接与间接、抽象与具体、理论与实践、文化与自然的辩证意识。列斐伏尔对节日的论述以及对生命激情的思考，其实表现出了他对那种打破日常生活程式化桎梏的感性生命意识和文化冲动的信仰。回到日常生活，"不是声称要改变生活，而是完全恢复感性在意识和思想中的权力"，以"完成这正在衰退的世界和社会的革命性变革的微小部分"，② 正是这种感性的生命力量可以让现代性震动起来，最终引领人性找到通向日常生活解放的路径。列斐伏尔曾用一种诗意和审美的方式谈到日常生活的终极解放情景："生活艺术假定，作为一个整体的生活，日常生活，应该成为一种艺术作品，一种能让他自己快乐起来的艺术作品。"③ 当日常生活变成艺术作品，人性也就最终祛除了异化，并最终实现马克思所指出的自然主义与人道主义的统一。或许，这也是列斐伏尔日常生活批判理论的文化政治所追求的最终目的。

通过对马克思主义日常生活哲学、西方马克思主义的日常生活理论以及列斐伏尔日常生活批判理论的反思，我们可以明显看到西方马克思主义文化研究转向日常生活的理论路径和价值导向。马克思、恩格斯从唯物主义出发，将日常生活视为个体存在和人类社会历史的地基，日常生活范畴是历史唯物主义的主要构成要素之一，感性的日常生活是人类社会历史发展的条件。马克思、恩格斯对资本主义社会一切异化现象的批判，最终目

---

① 〔法〕列斐伏尔：《日常生活批判》第 2 卷，叶齐茂、倪晓晖译，社会科学文献出版社，2018，第 262 页。

② Henri Lefebvre, *Rhythmanalysis: Space, Time and Everyday life*, London and New York: Continuum, 2004, p. 26.

③ 〔法〕列斐伏尔：《日常生活批判》第 1 卷，叶齐茂、倪晓晖译，社会科学文献出版社，2018，第 184 页。

的都指向感性世界的人的自由和解放。在西方马克思主义理论家卢卡奇、列斐伏尔以及赫勒等人那里，日常生活既不是一个同经济生产、政治革命和劳动实践相对立的存在场域，也不是一个与文化和审美无关的平庸世俗的时空结构。特别是自威廉斯将文化视为一种整体性的日常生活开始，日常生活已经同文化生产与消费、文学艺术审美紧密联系在一起，成为各种话语接合与权力纷争的文化场域。如果说文化政治追求文化的自由发展和人文的解放意识，那么追求这种理想和信仰的实现不可能脱离日常生活的经验领地。文化政治必须始终立足于日常生活的文化和艺术实践，通过文化和审美的方式揭橥日常生活世界的压抑和异化，批判日常生活场域中不平等的权力关系，进而最终推动个体的人和总体的人类社会走向解放。

马克思、恩格斯虽然没有成体系的日常生活理论，但他们对异化的研究以及对资本主义社会结构的政治经济学分析，为西方马克思主义日常生活研究的兴起奠定了坚实的理论基础。而在资本主义社会，私有制使人成为自己劳动对象的奴隶，人的劳动成为异化的劳动，人在异化劳动中丧失了本质，成为非人。在马克思看来，劳动异化并非仅仅表现为工作过程中的身体和精神的异化，而是延伸到工人阶级的全部日常生活之中，包括娱乐、休闲生活等。正是从马克思主义异化理论出发，西方马克思主义认为资本主义的日常生活是异化深重的领域，要想推动人类社会走向自由和解放，就不能只进行政治经济领域的革命，还必须批判性地反思日常生活的微观领地，通过文化建设来达成日常生活的解放。卢卡奇、列斐伏尔、法兰克福学派的日常生活理论虽然不完全一致，但他们都坚信日常生活是一个异化的领域，并强调艺术和审美对日常生活异化的救赎。

纵观西方马克思主义的日常生活理论，特别是列斐伏尔对日常生活的文化反思，可以发现他们始终坚持文化政治的批判性立场，强调通过文化的批判和建构来推动日常生活的感性变革，以艺术与审美的生活化实现文化对个体感性生命的引导，从而以一种人道主义的审美与文化伦理推动人类自由价值的生成。但是，如果从经典马克思主义理论立场出发来反思西方马克思主义的日常生活理论，则可以看出其理论依然存在着严重的缺陷。比如，法兰克福学派的批判理论，将大众文化完全视为资本主义意识形态的钢筋和水泥，认为资本统治下的文化工业操控着意识形态和日常生活的文化精神。他们提出反艺术、否定的艺术的理论，以此对抗资本主义文化工业生产的娱乐文化和消费主义的媚俗艺术。但这种高蹈的审美趣味不失为一种无望的救赎，其精英主义的文化论调难以给意识形态弥漫下的日常生活和资本围困下的单向度生命个体一条真正的突围之路。卢卡奇的日常生活理论虽然强调个体性感性生命在日常生活结构之中的文化反抗和审美拯救，却将日常生活的解放寄托于审美化的艺术和精神的发展，忽视了历史进程中居于主导的物质性客观力量的决定性影响。列斐伏尔全面深入地研究了日常生活，提出了许多颇具创见的理论，他用整体性的日常生活取代了马克思主义经济基础与上层建筑的隐喻性结构，并从微观化的文化政治出发来反思日常生活的解放。他虽然强烈批判消费主义意识形态对日常生活的控制，以及人在日常生活中的异化和沉沦，并且提出了诸多艺术和审美的计划，推动日常生活中的创造和人性的完善，但他更多还是进行符号性分析和批判，其理论主要还是人道主义的马克思主义，同经典马克思主义的政治经济学批判范式存在着严重的断裂。威廉斯的日常生活理论虽然凸显文化的漫长革命对日常生活的作用，但自由人文主义的价值观及其对共通人性的强调，其实是用所谓的共同文化消解了阶级差异和意识形态的区隔。费斯克虽然以积极乐观的姿态正视大众日常生活的感性变革，但理论的乌托邦倾向和浪漫主义精神严重脱离了资本主义社会政治与经济发展的现实。总之，我们既要坚持马克思主义历史唯物主义思想的主导，批判性反思西方马克思主义的日常生活理论，同时也要辩证吸收其理论的合理内核，他们对日常生活的深刻思考，为我们建设大众文化、实现良性文化治理提供了许多理论参考。

第十章 西方马克思主义美学研究的
文化政治转向

  鲍姆嘉通创立美学之时，本来是把美学视为"感性学"，以祛除传统形而上学的理性专断，为感性寻找知识与话语的合法性。但事实上，在很长一段历史时期，西方美学并没有给感性实践与日常审美经验以足够重视，反而是通过不断强调理性、审美超越、艺术自律等宏大叙事，将审美的感性存在裹挟进理论的抽象思辨中，美学遂成为远离世俗审美经验与日常生活实践的理论之思。鲍姆嘉通将美学设定为研究感性认识完善的科学，这就意味着，作为生活艺术的审美，最终必将脱离日常感性经验而升华为真理的形式。舒斯特曼据此认为"鲍姆嘉通拒绝将身体的研究和完善包括在他的美学项目中"，难以真正实现感性的审美解放。[1] 其后康德美学，偏重审美的先验形式而排斥具体的感性经验；黑格尔提出美是理念的感性显现，将美的理念置入具体的经验世界中，但他同样贬抑感性，认为艺术哲学的理念之思将最终取代感性的艺术审美实践。这种对理性的过度信仰，使美学长期偏离感性生活的经验场域，变成了维系资产阶级理性文化霸权与高级艺术法则的意识形态形式。20世纪以来，随着资本主义经济生产的发展、市民社会的成熟，以及大众审美文化的全面兴起，西方美学也开始发生知识与话语的转型，主要表现为：不再偏执追求理论美学的知识生产，而是强调从审美实践与生活世界的感性经验出发重思美学问题；不再坚持现代性的知识分化逻辑、艺术自律与审美自治的美学法则，而是立足大众审美文化的现实语域，充分吸收后现代主义的合理内核，形成大众审美文化批判理论、实用美学、生活美学等新的美学话语；抛却审美主义的乌托邦叙

---

① 〔美〕理查德·舒斯特曼：《实用主义美学》，彭锋译，商务印书馆，2002，第352页。

事，强调从微观化的审美治理层面出发，重构美学的文化政治意义；等等。本章主要结合大众审美文化的经验性变迁，从审美治理的维度出发来反思西方马克思主义审美文化理论的文化政治转向。

一　大众审美文化时代美学话语的多重变革

在现代性文化居于主导的时期，美学基本是在分化自治的知识逻辑下建构自身的理论话语体系。哈贝马斯指出："文化合理化是在宗教传统的认识组成部分，美学带表情表述的组成部分和道德评论组成部分的基础上进行发展的。借助科学和技术，借助自主的艺术和带表情的自我表达的价值，借助普遍主义的法律观念和道德观念，分成了三种价值领域，这三种价值领域各自遵循自己的逻辑。"[①] 受这种分化自治逻辑的影响，美学长期被视为研究美与艺术的哲学，理论分量盖过了实践，理性精神压抑着感性审美。随着大众审美文化的兴起与后现代主义理论的播撒，传统的哲学美学开始陷入困境，美学话语面临转型。大众审美文化通过对经济生产、文化工业、政治与伦理的审美介入，形成社会结构的全面审美化。伊格尔顿说："随着消费资本主义的发展，它也成为弥漫性的审美。"[②] 韦尔施说："当前我们正经历着一场美学的勃兴。它从个人风格、都市规划和经济一直延伸到理论。现实中，越来越多的要素正在披上美学的外衣，现实作为一个整体，也愈益被我们视为一种美学的建构。"[③] 佩尔尼奥拉甚至认为："审美功能并不是某些事物所拥有的静态性特质，它是一种精力充沛的组成元素，它能够进入到所有其他人类活动的关系之中。所有人类活动都不会缺少审美要素。"[④] 社会整体的审美化发展，消除了传统美学的理性专断，带来审美实践的泛化以及美学与多元文化世界的话语融合。审美的通俗化、艺术的大众化与

---

①　〔德〕哈贝马斯：《交往行动理论》第 1 卷，洪佩郁、蔺青译，重庆出版社，1994，第217 页。

②　〔英〕伊格尔顿：《审美意识形态》，王杰等译，广西师范大学出版社，2001，第 378 页。

③　〔德〕韦尔施：《重构美学》，陆扬、张岩冰译，上海译文出版社，2002，第 4 页。

④　〔意〕马里奥·佩尔尼奥拉：《当代美学》，裴亚莉译，复旦大学出版社，2017，第 147 页。

文化的消费化，消解了传统美学的深度模式、艺术的自律性与仪式化功能，形成了艺术与生活交融的日常审美景观。日常审美不再专注于传统美学设定的审美非功利、艺术雅趣、感性升华等超越性意义，而是强调日常生活实践的世俗诗意价值与实用美学精神。大众审美文化摆脱了理性文化霸权的压抑与精英审美话语的阉割，使感性能以一种整体性的结构存在被审美化地塑造，以民主方式实现其对审美经验的共同分享，用席勒的话说就是："在尽可能的和谐之中培养我们感性和精神的整体。"① 大众审美文化对社会整体结构的审美重置，对日常生活实践与感性经验的审美介入，对艺术民主化的美学追求，重新激活了美学的政治潜能，为理性精神的感性化、感官的历史化与人性的审美实现打开了真正的文化通道。

20 世纪以来，西方美学不再恪守哲学美学的认识论路径，拘囿于审美本体与艺术哲学的话语领地，追求总体性的元叙事逻辑，而是实现了从理论向实践的移位。大众审美文化时代衍生出新的审美经验与审美形态，如审美与经济的合谋，形成文化资本与审美资本的新形式。这种新的审美实践消除了审美自律与他律的分化，走向审美物质主义与实用主义；艺术的商业化与消费化、通俗艺术的兴起、艺术与日常生活的融合等，形成日常生活的审美化景观；大众传媒与影像审美文化的出现，改变了大众的审美方式与审美趣味，推动了感性实践的历史化变革……诸多新的审美经验，彻底解构了哲学美学理论阐释的有效性与合法性。美学研究要与时俱进，就必须结合审美文化实践的经验形态，重构美学理论的话语范式。此外，马克思主义、后现代主义、后理论与实用主义哲学等，从意识形态层面推动了西方美学的实践转向。马克思从唯物论与辩证法的理论立场出发，强调理论与实践的辩证关系及理论的实践品格。马克思说："哲学家们只是用不同的方式解释世界，问题在于改变世界。"② "人应该在实践中证明自己思维的真理性，即自己思维的现实性和力量，自己思维的此岸性。"③ 马克思主义实践观对 20 世纪西方美学理论，特别是西方马克思主义的审美文化研究产生了深远影响。伊格尔顿说："在某种意义上，'审美'和'实践'是

---

① 〔德〕席勒：《审美教育书简》，冯至、范大灿译，上海人民出版社，2003，第 163 页。
② 《马克思恩格斯文集》第 1 卷，人民出版社，2009，第 502 页。
③ 《马克思恩格斯文集》第 1 卷，人民出版社，2009，第 500 页。

一个不可分割的整体；在另一种意义上，后者以前者为存在的条件。"① 后现代主义、后理论思潮反对理论的独断性与本质主义，认为理论叙事剥离具体感觉的存在，对审美造成了疏离与压迫。尼尔·路西在《理论之死》中指出，理论阻断了通往美学的"喜爱"或者审美"感觉"的通道，美学应回到日常生活的感性实践之中，审美实践应成为美学话语建构的逻辑起点。杜威、舒斯特曼等人的实用主义美学，将美学拉回到日常生活，强调美学的实用与实践特征。实用主义美学试图通过对审美实践的研究，改变人的生命意识、情感结构与身体经验，进而实现日常生活的审美化建构。

美学虽然被命名为"感性学"，但感性长期处于被压抑和遮蔽的状态。席勒第一次真正激活了美学的感性神经元，他认为："感性冲动发生作用比理性冲动早，因为感觉先于意识。感性冲动先行这一特点，是我们了解人的自由的全部历史的钥匙。"② 席勒把审美视为感性理性化、理性感性化的中介与桥梁："感性的人通过美被引向形式与思维，精神的人通过美被带回到物质，又被交给感性世界。"③ 继席勒之后，马克思从唯物主义层面论述了感性问题。马克思把人视为感性的生命存在，实践是感性的人的活动，"感性必须是一切科学的基础。科学只有从感性意识和感性需要这两种形式的感性出发，因而，科学只有从自然界出发，才是现实的科学。可见，全部历史是为了使'人'成为感性意识的对象和使'人作为人'的需要而作准备的历史"④。马克思强调从历史与实践层面理解感性，认为人的感性结构有一个历史化的发展过程，"五官感觉的形成是迄今为止全部世界历史的产物"⑤，人类社会必须通过消除私有制和异化劳动来推动感性的审美实现。如果说席勒与马克思从理论上为审美的感性合法性作了最好的注脚，那么，大众审美文化的崛起，则以感性化的审美实践推动了审美向感性的复归。在大众审美文化时代，审美不再拒绝物质主义、日常生活与身体经验，而是强调审美与物质、日常生活和身体的结盟，实现了美学与经济生产、文

① 〔英〕伊格尔顿：《审美意识形态》，王杰等译，广西师范大学出版社，2001，第199页。
② 〔德〕席勒：《审美教育书简》，冯至、范大灿译，上海人民出版社，2003，第160页。
③ 〔德〕席勒：《审美教育书简》，冯至、范大灿译，上海人民出版社，2003，第141页。
④ 《马克思恩格斯文集》第1卷，人民出版社，2009，第194页。
⑤ 〔德〕马克思：《1844年经济学哲学手稿》，人民出版社，2014，第84页。

化消费与日常生活的融合，审美真正变成了物质生活世界的感性实践活动。文化工业、大众通俗艺术的发展解构了现代艺术的审美自治特权，消除了精英艺术与通俗艺术、艺术与生活、高级感性与世俗感性的文化区隔。昔日被精英艺术视为世俗、媚俗、低俗的粗鄙感性，那种纯粹娱乐、欲望化的审美诱惑，与文化主义相对的自然形态的感性存在，在大众审美文化实践中变得常态化与合法化。正是在大众审美文化时代，人的感性获得了全面、自由、民主发展的审美契机。当代美学在强调大众审美文化改善、发展人类感性之积极作用的同时，也对其所带来的感性混乱、庸俗化等弊端展开了反思和批判。

西方现代美学主要是一种自律论美学，强调审美的非功利性、无目的的合目的性、艺术的形式化、反物质化，以及艺术和生活的区隔等特征。如康德美学，本雅明所谓的"以'纯'艺术观念形态表现出来的完全否定的艺术神学"①，布尔迪厄所谈到的那种追求精神气质理性化、远离一切感官欲望、与民众的野蛮与粗俗享乐主义对立的"纯粹的美学"，以及各种反实用主义的形式论美学。自律论美学在肯定审美自律性的同时，压抑、排斥甚至否定审美的他律性，将美导向远离世俗生活与实用功利价值的自由审美王国。这种自律论美学，特别是以法兰克福学派的阿多诺为代表的审美文化批判理论，在大众审美文化兴起之初，一度被视为研究审美文化的主导性话语范式。中国研究审美文化的叶朗、周宪等人，其理论明显受法兰克福学派自律论美学的影响，如叶朗就认为："阿多诺揭示了一个重要的事实：审美既不能改变经济，也不可能介入政治，它只能通过自律这一中介环节，影响人的精神。正是在这个意义上，我们说审美是无功利的，审美文化是一种自律的存在。"② 随着大众审美文化的全球化发展，特别是审美与经济联姻形成审美资本主义的新形态，审美向日常生活领域的渗透形成日常生活审美化现实，大众通俗艺术带来的感官世俗化等，使审美日渐褪去自律的神圣光晕，回到了他律与实用的世俗界域。奥利维耶·阿苏利认为，"文明的进步包含经济与社会的审美化"，审美化的工业"使人们相

---

① 〔德〕本雅明：《机械复制时代的艺术作品》，王才勇译，中国城市出版社，2002，第16页。
② 叶朗主编《现代美学体系》，北京大学出版社，1988，第271页。

信它能够以艺术的模式培养非功利的欲望"[①]；韦尔施、曼德卡的日常美学从审美与日常生活的融合来思考审美文化的实用价值；杜威、舒斯特曼的实用美学对日常生活、身体感性与通俗艺术展开了强有力的美学辩护；本尼特的文化与审美治理理论，从实用政治的层面反思审美文化的治理性内涵；朗西埃对艺术的界定，表现出他对审美自律性与他律性的辩证思考："艺术是在同一种精神统一性之下，对个人生活的各种形式、对共同体借以表现的各种形式作出整理的力量。这个定义，强调了艺术最确切的审美功能：它的使命是，制造更适于实际需求的物品，同时让物品更能为每处个人的住所置入符号，来象征一种在世界上安居的共同方式，以此用共同的文化来教育个人。"[②] 可见，在大众审美文化全面发展的今天，当代美学理论早已走出自律论美学的话语误区，充分实现了审美自律与他律在更高历史阶段的统一。

美学自诞生以来，就同政治保持着密切关联。美学对人的感性活动、情感结构与艺术实践的研究，并非纯粹知识的生产，同时也是政治意识形态的浪漫化表征。席勒的审美教育思想就是典型的政治美学，他说："人们在经验中要解决的政治问题必须假道美学问题，因为正是通过美，人们才可以走向自由。"[③] 伊格尔顿的《审美意识形态》对西方美学与政治的叠合状态展开了深入分析，他认为："审美只不过是政治无意识的代名词，它只不过是社会和谐在我们的感觉上记录自己、在我们的情感里留下印记的方式而已。美只是凭借肉体实施的政治秩序，只是政治秩序刺激眼睛、激荡心灵的方式。"[④] 美学与政治的互涉融合，意味着我们可以在美学思想中窥视到政治的幽灵。如果把自律论美学视为资产阶级现代政治的寓言化叙事，维系的是资产阶级理性文化霸权与精英化的美学政体，那么大众审美文化的政治旨趣则显然不再是对统治权力进行单向度的摹写、移植与固化，而是用感性实践、情感体验的方式重塑政治结构，形成了带有批判、对抗、协商、分享等特征的多元异质的政治景观。首先，大众审美文化祛除了传

---

① 〔法〕奥利维耶·阿苏利著，姜丹丹、何乏笔主编《审美资本主义：品味的工业化》，黄琰译，华东师范大学出版社，2013，第78、81页。

② 〔法〕朗西埃：《美感论：艺术审美体制的世纪场景》，赵子龙译，商务印书馆，2016，第160页。

③ 〔德〕席勒：《审美教育书简》，冯至、范大灿译，上海人民出版社，2003，第21页。

④ 〔英〕伊格尔顿：《审美意识形态》，王杰等译，广西师范大学出版社，2001，第27页。

统美学的区分逻辑与意识形态幻象，疏通了审美文化的下行通道，逐步瓦解了现代理性文化霸权所建构的等级主义秩序。奥利维耶·阿苏利指出："'文化研究'产生自对审美正统主义的否定、对居高临下的传统品味的权威地位的否定、对高贵文化的否定以及对高贵与非高贵之间的学院式等级的否定。"① 朗西埃说："社会艺术的'政治'就在于此：它摒弃艺术的特有地位，取消高尚与非高尚艺术的区分。"② 其次，大众审美文化将大众设定为文化主体，将审美从纯粹的艺术界导向日常生活的经验领地，以普通感性的审美性与艺术性取代了艺术美学的审美法则，以多元异质、感性实用、平等协商的审美实践孕育出了民主政治的胚胎。最后，大众审美文化通过塑造、分享舒适的感性经验与有意义的文化产品，进而建构并形成审美的文化共同体，以审美协商消除政治歧见，用审美实践推动政治解放的进程。以上我们主要分析的是大众审美文化带来的积极政治功能。诚如伊格尔顿所言，审美既扮演解放的角色，也行使统治的职能，既引领人走向自由，也可以自由之名书写奴役与强权。因此，在大众审美文化时代，我们既要看到审美实践的感性启蒙所带来的政治民主化进程，同时也要批判其对政治权力的"额外压抑"所进行的审美化修饰与意识形态修辞。

二　作为治理的审美：大众审美文化时代美学的政治转向

大众审美文化通过把审美引入日常生活世界与感性经验领域，消解了哲学美学与精英艺术实践为审美设定的自律性边界，祛除了认识论哲学对美的本质主义赋魅，将审美从现代启蒙主义的乌托邦幻象中解放出来，从实用、经验的维度推动了审美与艺术的世俗化、普泛化与民主化发展。大众审美文化对审美时空的世俗化重构，改变了传统美学对审美自由的贵族化

---

① 〔法〕奥利维耶·阿苏利著，姜丹丹、何乏笔主编《审美资本主义：品味的工业化》，黄琰译，华东师范大学出版社，2013，第126页。
② 〔法〕朗西埃：《美感论：艺术审美体制的世纪场景》，赵子龙译，商务印书馆，2016，第147页。

与精英化垄断，使普通大众有了分享更多审美经验的权力与机会。大众审美文化用世俗化的审美经验形态，重构了自由的审美主体、自由的文化与美学价值，实现了对审美自由更为普遍、多元的感性分享。大众审美文化对审美资源与审美权力的重新配置，进一步激活了感性世界的政治无意识，形成审美与政治对抗、博弈、协商、融合的文化权力格局。一方面，政治借助于审美文化的感性形态，对统治性意识形态展开合法性建构，以文化习俗、审美无意识的形式来固化压抑性的统治秩序。伊格尔顿认为："还能有什么纽带比由感觉、'自然的'同情和本能的联合结成的纽带更牢固，更无懈可击的呢？比起无机的、强制性的专制主义结构来，这种有机的联系无疑是更值得信赖的政治统治形式。"① 另一方面，美学作为政治的同谋，又可以成为被压抑群体争夺领导权、形成民主与自由政治的重要文化力量。特别是在大众审美文化时代，由于审美的感性启蒙解构了专制主义政治的人性基础，从而使政治在审美化过程中分娩出更多自由民主的基因。审美不再仅仅被视为意识形态固化统治的权力工具，而是成为带有文化政治意味的治理技术。

　　何为审美文化治理？简单而言就是运用审美实践进行文化与政治的治理，通过对感性世界的审美介入，在文化空间构建广义的政治权力共享与共治模式，以感性的和谐生成推动政治的民主化发展。审美治理不同于传统社会以统治为目的的政治美学，传统社会也强调审美的政治效用，但传统政治是少数人统治的极权政治，在这种政治权力格局下，审美与艺术不具有大众化特征，而是被少数精英垄断，民众主要是被动接受审美资源的配置。统治者运用审美与艺术的目的不是实现感性自由和政治解放，而是维护自身的统治秩序。同传统政治美学与审美教育相比，大众审美文化时代的审美治理最起码在三个层面表现出明显不同。其一，大众审美文化时代的审美，不再指传统社会那种负载精英意识、维系等级秩序的自律性审美，而是变成了带有实用性与日常性的大众审美实践，这种审美实践解构了传统艺术美学的神圣法则，祛除了精英主义的政治与伦理文化对感性世界的权力规训，赋予审美多元异质的民主功能。其二，审美文化治理的前提是现代民主政治权力结构的形成，即作为治理的政治逐步取代作为统治

① 〔英〕伊格尔顿:《审美意识形态》，王杰等译，广西师范大学出版社，2001，第12页。

的政治。统治的政治主要强调政府或政党的统治性实践，如阶级斗争、国家机器的权力规训等，这种权力模式更多表现为权力自上而下的单向度运作；治理的政治则将政治视为普遍性的社会权力关系，这种社会权力关系并非仅仅体现为统治、压制、规训与惩罚，而是强调互涉主体双向度的对抗、协商、对话与融合。作为治理性技艺的政治，要想真正形成自由平等的社会秩序，就必须剔除暴力与强制的霸权逻辑，充分借鉴艺术审美的结构范式与文化力量，在政治的审美化过程中实现领导权的合法建构。其三，审美治理立足大众审美文化的具体历史语境，强调审美与政治在现实的民主自由层面以及在理想的乌托邦维度的统一性。审美与政治在感性世界的结合，不是为了助长权力压抑机制的生展与繁殖，而是要通过对美的规律的正确运用，最终实现权力对社会结构与人性的治理性目的。审美治理强调将审美实践视为推动国家政治、市民社会与个人主体走向解放以及社会从必然王国走向自由王国的中介和桥梁。下面，我主要结合葛兰西的领导权、福柯的治理与本尼特的文化治理理论，反思审美文化治理在西方文化与美学研究中的话语内涵。

葛兰西的文化领导权理论从文化层面思考了政治与权力问题，他认为政治并不仅仅表现为一个阶级对另一个阶级行使统治权，而是更多地表现为文化领导权的争夺，即一个阶级通过在市民社会发展自己的文化来实现政治权力的合法化建构。葛兰西把领导权视为广义的政治支配关系，它描述的是统治阶级通过操纵精神、道德、文化与审美形式，对社会加以引导、治理而非统治的过程。就此而言，葛兰西的文化领导权理论与审美治理思想具有逻辑的同一性。文化领导权理论解构了传统政治社会将权力视为统治、压制、规训与惩罚的意识形态话语，转而把权力重置为带有协商、交流、对抗与对话、共享与共治的政治关系结构。在这种博弈性的结构场域中，权力要想真正实现领导职能，就必须化身为文化形式；权力要想生产出文化合法性，就必须超越阶级意识的局限，进而在普遍化与总体化的历史进程中，推动集体意志与文化联合体的形成。这种权力的生产与运行模式，同时也是审美治理所遵从和坚持的文化政治路径。审美文化治理的价值指归，正在于通过文化手段将美学法则引入政治结构，进而使政治权力循着审美自由的历史向度发展。葛兰西强调文化权力的弥散性，将领导权建构导向感性的审美领域。在葛兰西那里，文化不再被视为被动反映经济基础的抽象的意识形态形式，而是包含了从政治社会的国家机器到市民社会的各种文化结构，从意识形态的理论话语到文化惯习中的政治无意识，从理性的精神道德到感性的知觉形式等诸方面。如威廉斯所言，领导权是"一种由实践和期望构成的整体，这种整体覆盖了我们生活的全部——我们对于生命力量的种种感觉和分配，我们对于自身以及周围世界的种种构成性的知觉体察"①。由于领导权深植于市民社会的文化生活界域，甚至覆盖、弥漫于人的感性肌体和情感结构之中，这就意味着，领导权建构需要倚重审美意识形态的生产，需要通过艺术与审美实践，使领导权最终以感性分享和审美配置的方式熔铸成为个体的世界观与自主性的政治认同。葛兰西之所以重视大众审美文化，正在于这种文化同大众的感性生命与日常生活紧密相连，能普遍地反映民族—人民的政治愿望与审美精神，能以审美实践的方式在市民社会熔铸生成无产阶级的文化领导权。当然，大众审美文化要想真正发挥构建领导权的文化政治功能，还需要无产阶级知识分子积极介入并对其进行知识、道德与审美方面的教育引导。

福柯在反思权力问题的基础上提出了治理的命题，为文化治理与审美文化治理提供了可资参照的理论资源。福柯反对将权力看作政治、法律、国家机器等上层建筑衍生的强制性律令，权力不再仅仅表现为统治性的压制、规训和惩戒的肉体解剖术，而是变成了弥漫在国家理性、政治结构、人口生命、公共管理、知识话语甚至是身体形式中的调节性技术。正是基于对调节性权力、生命权力的分析，福柯提出治理的概念："人们在此用'治理'这个词的特定意义，就可以宣称，权力关系逐渐地被治理化了。"②福柯认为，治理是与传统君主制的司法统治完全不同的现代国家理性的权力运作方式，"治理术进入政治领域标志着现代国家的开端。我认为，就在治理术成为一种深思熟虑和精打细算的政治实践的时候，现代国家就诞生了"③。这种现代治理术的最大特征就是运用作为调节性权力的技术性知识和文化，

---

①　〔英〕雷蒙德·威廉斯：《马克思主义与文学》，王尔勃、周莉译，河南大学出版社，2008，第 118 页。

②　汪民安编《自我技术：福柯文选Ⅲ》，北京大学出版社，2015，第 135 页。

③　〔法〕福柯：《安全、领土与人口》，钱翰译，上海人民出版社，2010，第 143~144 页。

对国家、社会和生命进行精细的考量与权衡。治理并不限定在国家管理的限度内，而是嵌入了社会结构的诸多层面，哪里有权力的毛细血管，哪里就有治理。治理与统治的管制、意识形态规训不同，它主要通过知识与话语的实践，推动权力的自由运转。福柯认为，国家应该主要运用政治经济学等技术性实践对社会和人口进行安全配置的治理，个体则通过自我技术的治理，以知识与话语的反思性实践，以文化和审美的修身实现主体的自由建构。总之，福柯的治理理论强调将权力纳入自由流通的领域，把知识话语、文化审美视为塑造权力主体的治理性技术，推动了政治从统治性实践向治理性实践的转向。

受葛兰西与福柯思想的影响，英国文化理论家本尼特进一步提出文化治理的概念。本尼特认为，文化不再是政治与权力的对立面、一个被浪漫主义美学与文化批判神圣化的自治领地，而是成为带有实用政治目的的治理性实践，文化治理强调文化在国家管理与个人行为组织方面的教育引导作用。从治理的理论视域出发，本尼特将文化研究从抽象的审美批评导向文化政策、文化改革、文化机构等治理性实践。要使文化治理真正在国家管理和个人行为组织方面发挥积极作用，必须制定合理有效的文化政策，发挥文化改革社会权力系统与个人主体意识的文化政治功能。本尼特探讨了博物馆、美术馆、剧院等文化机构如何通过对艺术的布置和展览、对场馆的设计等方式形成塑造主体的文化技术，最终产生文化治理效用。在分析文化机构、文艺话语实践的治理性内涵时，本尼特突出了审美在文化治理中的重要性，认为审美构成了文化治理的语境、手段和目的。文化治理的前提就是文化的大众化、实用化与审美化发展，没有这个历史语域的生成，文化就不能成为普遍的治理技术。没有大众审美文化的中介，治理也就失去了权力自由运行的技术性保障。本尼特通过研究现代文化事实、审美文化实践、美学知识与话语等，提出治理是一种审美地塑造主体的技术，文化治理的符号技术系统应该融入审美元素，"正因为文化具有审美的特性，其才能够发挥教化行动者的作用"①。在分析审美与文化治理关系的过

---

① 〔英〕本尼特：《本尼特：文化与社会》，王杰、强东红等译，广西师范大学出版社，2007，第 260 页。

程中，本尼特强调审美文化话语与实践、自律与他律、政府治理与个体自治的多重联合。审美文化不能仅仅被视为技术性的知识与话语，而是要变成具体的文化治理实践；审美自律不是精英艺术区分人性等级的手段，而是表征人性在审美历史化过程中以感性方式分享时空结构的权力和自由状态。政府作为治理的主体，应保证权力运行的自由流通，并通过文化与审美的符号技术对民众加以教育和引导。文化知识分子要充分运用政府为其担保的批判与建设的文化权力以及自身所掌握的文化知识技术，积极参与到具体的文化治理实践之中去。

西方马克思主义文化研究对审美与治理问题的反思，为我们探讨大众审美文化时代美学研究的文化政治转向提供了许多有价值的知识话语和实践策略。但西方文化和美学理论主要立足资本主义的经济、政治与文化语境，没有从唯物史观与政治经济学的理论视域出发对资本主义展开批判，而是更多停留在知识与话语分析的唯心主义层面，从而使文化治理、审美治理的文化政治演变为资产阶级自由人文主义的审美意识形态实践。像葛兰西的文化领导权理论，将政治斗争主要放在上层建筑与市民社会的文化领地，这种文化革命模式注定只能是后阶级时代社会主义想象的一种乌托邦叙事。因为，审美与文化的人道主义精神，必须附着于具体的物质结构并成为物质实践的形式，才能成为推动人类历史走向自由与解放的力量。福柯虽然正确强调了知识、话语与审美文化的治理性内涵，凸显了治理性权力的自由属性与审美品格，但他分析的主要是西方自由资本主义社会权力的治理性逻辑。由于福柯抛弃了马克思主义的经济基础/上层建筑的关系结构模式，不承认唯物史观与历史决定论，而是将历史、主体与真理视为权力话语建构的产物，因此福柯对资本主义社会的批判更多表现为话语政治的形式。福柯的理论目的，乃是通过对资本主义政治、经济与文化结构的调节性治理，进而实现自由资本主义的政治与文化理想。福柯也曾接触左翼文化思想并提出社会主义的治理问题，但并没有对社会主义政治的治理性内涵展开进一步思考。本尼特把文化视为审美地塑造主体的技术，一种有组织、有计划地改造现实的政治形式，并将文化研究从话语批判层面推进到文化治理实践的维度。但由于本尼特主要是在资本主义的经济与政治结构框架下思考文化问题，资产阶级在经济基础与生产关系中的主导权决定了他们在文化上的支配地位，这就意味着，他所谓的文化治理本质上是资产阶级对中下层民众的文化教育和引导。本尼特对各种文化机构的分析，反映出他明确的意识形态指向，比如他认为博物馆作为现代文化治理形式，不再是权力展示的工具，而是权力共治与审美共享的文化公共空间，在博物馆的政治中，国家通过民主化的文化治理实践，将民众塑造成资产阶级的文化主体形式。这种文化治理的思想，首先预设了资产阶级文化的优越性与合法性，目的是用资产阶级文化对无产阶级进行意识形态收编，最终形成并固化资产阶级的文化领导权。总之，西方马克思主义文化理论家对审美治理性内涵的思考，虽为我们反思大众审美文化时代美学的文化政治转向提供了理论资源，但这些话语范式和实践形态又同马克思主义文化理路产生了不同程度的龃龉和冲突。

三　审美文化治理：一种马克思主义的文化政治学

大众审美文化时代的到来，意味着人类社会从物质生产主义时期进入到审美生产主义时期。审美生产主义不仅指文化艺术商品化、审美文化资本化与日常生活符码化，而且表征着人类社会结构的全面审美化，即从经济生产、文化生产再到日常生活的感性经验，从审美表象到深层的认识论与文化伦理等，无不浸润着审美的意识与法则。我们在前面分析了大众审美文化时代社会结构的全面审美化格局以及美学话语的多重变革，并结合西方审美文化研究的理论话语，论述了大众审美文化积极的政治与美学意义。大众审美文化的勃兴所带来的审美民主化、世俗化、多元化发展，使审美实践开始溢出传统艺术自律的边界，并在同物质生活基础、政治权力结构、知识与话语、日常感性经验的交织融合中生成治理性的文化政治功能。但是，大众审美文化是一把双刃剑，它的积极意义与消极影响总是相伴而生，共同编织着人性的文化心理结构。比如，奥利维耶·阿苏利认为，审美化的工业能培养非功利性的欲望，但韦尔施则坦言，"经济策略的审美化"大都服务于经济目的，"一旦同美学联姻，甚至无人问津的商品也能销售出去"①。可见，在物质生产中，审美既可能成为经济资本的化身，也可能成为文明趣味的源泉。审美文化的经济化，既能催生出大众审美的民主化潜能，也有可能带来混乱的审美民粹主义。文学艺术的市场化、商品化与资本化所生成的文化经济，既可以推动审美生产力的发展，扩容审美时空并生成普遍的自由感，也可能导致审美文化以市场之名形成虚假的自由主义。文化工业既催生出日常生活的审美景观，同时又折射出资本的镜像，就像居伊·德波所言："景观是货币的另一面，也是全部商品的一般抽象等价物"，"景观只是供人注视的货币"。② 在政治意识形态层面，大众审美文化总是扮演着自由与控制的双重角色，既生成压抑性的政治无意识，行使统治阶级的文化领导权，又分娩自由民主的美学基因，为被压抑性群体的感性生命注入解放的信念与激情。大众审美文化所展现的雅努斯面孔，使我们认识到，要想真正发挥大众审美文化在审美治理实践中的文化政治功能，就必须立足马克思主义的理论视域，从唯物史观与政治经济学的理论立场出发，批判性考察西方自由人文主义的审美文化思想、审美文化治理的理论与实践，形成马克思主义的审美治理路径。唯有如此，才能打破西方自由人文主义"历史终结"的意识形态幻象，根除资本主义世界的压抑性文明，并将审美治理所涵摄的乌托邦想象与政治寓言叙事转变成社会主义的历史现实。

　　要想让审美文化治理成为马克思主义的文化政治实践，首先必须回到唯物史观的理论视域，反思和建构审美治理的理论话语与文化实践范式。唯物史观是马克思主义的理论基石，也是我们思考审美治理问题的基础和前提。马克思说："全部人类历史的第一个前提无疑是有生命的个人的存在。"③ 人的第一个历史行动是物质资料的生产，整个所谓世界历史不外是人通过人的劳动而诞生的过程，每一历史时代的经济生产以及必然由此产生的社会结构，都是该时代政治和精神的历史基础。正是在对人类历史，特别是资本主义社会的物质生产实践的政治经济学分析中，马克思提出异化劳动的理论以及如何消除异化进而实现人的本质与社会解放的问题。在

---

①　〔德〕韦尔施：《重构美学》，陆扬、张岩冰译，上海译文出版社，2002，第7页。
②　〔法〕居伊·德波：《景观社会》，王昭风译，南京大学出版社，2006，第17页。
③　《马克思恩格斯文集》第1卷，人民出版社，2009，第519页。

马克思那里，人的本质表现为自由自觉的实践，即人能够按照"美的规律"进行自由自觉的创造性劳动。但在私有制社会，剥削性的物质生产关系、不平等的社会分工、压迫性的政治制度以及为统治阶级服务的意识形态形式等，形成劳动、社会结构与人的本质的普遍异化。马克思批判私有制、异化劳动对人的本质的压抑、遮蔽与扭曲，同时肯定其推动历史前进及人的本质的生成与实现的积极意义，提出对私有财产与异化劳动的积极扬弃的概念："对私有财产的积极的扬弃，作为对人的生命的占有，是对一切异化的积极的扬弃，从而是人从宗教、家庭、国家等等向自己的合乎人性的存在即社会的存在的复归。"① 如何理解私有财产和异化的积极扬弃？我们认为，"积极的扬弃"最起码包含三个层面的意思：其一，积极的扬弃并非私有制的简单消除，而是人类社会的物质文明与精神文明积淀到一定阶段后所产生的历史突破；其二，积极的扬弃反映出人挣脱普遍异化的社会结构，最终实现人的类本质向个体感性生命复归的历史使命；其三，消除私有制与异化劳动的核心命题在于劳动的审美化，即人能够按照"美的规律"进行自由自觉的劳动实践，这种自由自觉的审美化劳动并非仅仅体现在艺术生产当中，而是人普遍的存在方式和生活状态。到那个时候，"物质带着诗意的感情光辉对人的全身心发出微笑"，人类则以审美的回眸向异化的社会历史作最后的告别。

马克思的唯物史观，为审美治理的理论与实践提供了人文主义的价值内核。马克思自始至终没有脱离人的维度，人既是马克思主义理论的出发点，也是最终目的。人作为历史的主体，并非如黑格尔所言是自我意识异化的产物，是"非对象性的、唯灵论的存在物"，而是有肉体组织、有五官感觉、有思想和激情的感性生命存在。人通过对象性的物质生产活动，在自然的人化中逐步祛除自己的受动性，通过自由自觉的劳动实践，不断改变异化的物质生产关系与社会交往结构，进而引领人性朝着富有完满的生命存在本质迈进。人类历史为人的本质的生成与实现奠定基础，整个私有制条件下异化劳动的物质与精神实践，为人的本质的积淀、展开、否定、突破与超越提供历史化的动量。马克思既批判私有制与异化劳动对人的本

① 《马克思恩格斯文集》第 1 卷，人民出版社，2009，第 186 页。

质的普遍剥夺，提出"必须推翻使人成为被侮辱、被奴役、被遗弃和被蔑视的东西的一切关系"①，又承认"这种物质的、直接感性的私有财产，是异化了的人的生命的物质的、感性的表现"，"工业的历史和工业的已经生成的对象性的存在，是一本打开了的关于人的本质力量的书"②，提出在共产主义社会，私有财产与异化劳动必将被抛弃，人的本质获得最后实现的理想。从马克思主义的唯物史观与人学理论出发，我们认为，大众审美文化乃是私有制与异化劳动发展到新的历史阶段的产物，是资本主义市场法则、生产劳动对审美文化领域的全面渗透，是资本与审美劳动的结盟。对于这种文化工业的兴起与发展，我们不能采取简单的否定、批判与拒绝的态度，而是应将其视为打开、丰富与发展人的本质力量的新的劳动实践形式。大众审美文化的发展，既通过审美实践的资本化，将智性劳动、非物质化的情感劳动转化为物质财富与精神价值，又促使大众在世俗化的日常生活中以自由的审美实践实现对人性异化的积极扬弃。当然，要想让大众审美文化真正产生审美治理的文化政治功能，成为推动人类社会走向自由解放的重要力量，就必须始终把人的生命存在、人的自由自觉的实践、人的价值与尊严等人性因素放在首位，让审美文化的生产与消费回归人的内在尺度，并通过审美治理实践为社会的政治、经济与文化结构灌注人文主义的价值元素。

马克思的唯物史观，为审美治理的理论与实践提供了唯物主义的路径。西方文化知识界主要从上层建筑的观念领域出发，将审美文化视为塑造主体的治理性技术。他们虽然把审美治理视为对抗权力异化、谋求自由解放的政治手段，但他们的反思与批判、分析与建构又主要停留于知识话语、文化和意识形态层面，而未能运用政治经济学的理论对资本主义世界的物质生产与经济结构展开辩证研究，这就使得他们对资本主义的批判还主要停留于资产阶级话语政治、文化政治的理论立场，难以生成新的推动物质结构变迁的社会动力。构建马克思主义的审美治理范式，必须始终坚持历史唯物主义的方法论原则，从物质生产实践与精神情感实践的关系结构出

---

① 《马克思恩格斯文集》第 1 卷，人民出版社，2009，第 11 页。
② 《马克思恩格斯文集》第 1 卷，人民出版社，2009，第 186、192 页。

发思考审美的治理性内涵。就物质生产层面而言，审美治理并非只是在物质生产实践中对劳动环境、劳动工具、劳动产品进行美学的处理，或在城市形象审美化、品位工业化、商品美学化过程中对审美调节性技术的运用，而是要上升到哲学本体的高度，也就是马克思所说的私有制与异化劳动的积极扬弃的高度，来反思物质生产实践中的审美治理问题。没有私有制与异化劳动的积极扬弃，"美的规律"就不能全面、整体、合目的性地嵌入到人类社会的经济基础、上层建筑、市民社会及人性结构中去，就还只能部分地、片面地，甚至是以审美异化的方式表现出来；没有私有制与异化劳动的积极扬弃，物质生产与经济结构中的审美元素就很有可能成为资本的魅影，审美生产与消费中的美学镜像就可能变成权力异化的遮羞布。因此，反思物质生产实践中的审美治理问题，必须始终同政治经济学的分析结合起来，将审美治理的文化实践纳入经济与政治的宏观结构之中进行考察。从私有制与异化劳动的积极扬弃的哲学高度思考审美治理问题，还必须回到劳动的审美化这个逻辑起点。审美治理应真正回到生产劳动美学的价值立场，将劳动的审美化与文化艺术的审美化、人性的审美化密切关联起来。唯有如此，审美治理才能成为真正意义上的马克思主义文化政治学。

　　大众审美文化时代的审美治理，同马克思提倡的审美现代性范式有所不同。马克思在论述艺术与审美问题时，一方面将艺术视为生产："宗教、家庭、国家、法、道德、科学、艺术等等，都不过是生产的一些特殊的方式，并且受生产的普遍规律的支配。"① 艺术生产既然受生产的普遍规律支配，也就意味着，资本主义时代的艺术不可能完全游离于资本结构与市场法则之外，成为纯然自律地表征生命本质的审美实践，审美文化的资本化、市场化与商业化乃是资本现代性所衍生的历史之必然。另一方面，马克思又强调艺术作为非生产劳动的特殊性，这种特殊性即艺术疏离资本结构与市场法则进而走向自由的精神生产的审美本质。需要指出的是，马克思强调的艺术审美本质，不同于康德的审美非功利思想以及布尔迪厄"输者为赢"的文学场逻辑，而是指艺术作为劳动的审美化，反映出人对异化的积极扬弃以及人按照"美的规律"来创造的类本质属性。正是从劳动的审美

---

① 《马克思恩格斯文集》第 1 卷，人民出版社，2009，第 186 页。

化这个逻辑生长点出发，马克思提出用审美现代性来对抗资本现代性，抵制资本与市场法则对艺术审美领地的侵蚀。审美文化不是疏离资本与市场法则，而是同资本市场结盟并生成大众审美文化的生产与消费机制，进而形成了审美资本主义的文化新形态。这是否意味着，马克思主义理论对大众审美文化失去了阐释的合法性与有效性？该如何结合马克思的理论来反思大众审美文化的审美治理问题？我们认为，第一，要充分肯定大众审美文化所带来的历史进步意义。大众审美文化作为资本现代性的必然产物，恰恰通过审美劳动的异化形式，在解构艺术创造之神圣光晕的同时，消除了审美实践的特权意识与区隔逻辑，推动了社会分工与审美的民主化发展。没有资本与市场的世俗法则向审美文化领地的渗透，审美就会高踞于艺术自律的庙堂之上，难以变成大众感性诗意的日常生活实践。没有大众审美文化的全面发展，大众就没有平等分享审美资源的权力和机会，也就难以真正推动整个社会的审美化进程。第二，要充分意识到，在私有制与异化劳动的社会关系结构中，大众审美文化不可能完全遵循马克思的审美现代性逻辑，而是必然会在资本与权力的介入下，生成多重异化的美学征候。这就需要我们对大众审美文化的生产、传播、消费与接受展开政治经济学和审美社会学的批判性分析，进而从世俗化的诗意审美图景中剥离出资本与权力异化的魑魅之影，使大众审美文化真正成为推动私有制与异化劳动的积极扬弃的重要精神助力。在经济生产方面，应通过逐步消除私有制时代资本的异化来实现劳动的审美化；在文化建制、文化政策的制定、文化产业的发展与审美教育的实施等方面，要始终把对人的审美治理放在首位，充分实现审美文化生产、传播与接受的民主、自由、公平、公正发展，经济资本、政治权力等应在审美治理的实际运作中，逐步化身为普遍的审美文化伦理。在社会公共空间中，应通过大众审美文化的生产与传播、审美文化机构的建设与文化交往实践的普及，不断实现情感结构、日常生活与社会交往关系的审美化，进而最终形成审美的社会结构与文化共同体。

随着大众审美文化的全面兴起和日常生活审美化的到来，审美文化研究开始挣脱传统哲学美学的理论路径，转向对审美文化实践和审美治理等方面的思考。审美不再是艺术的特权，也不是如康德所说的那种纯粹非功利性的艺术趣味，而是带有了实用主义的功利气息和政治批判的意识形态意味。自威廉斯开始，文化被视为一种整体性的日常生活，而作为生活重要组成部分的文学艺术，自然成为日常生活的美学装饰，甚至是推动日常生活走向自由与解放的重要精神助力。马克思提出艺术的商品化理论，认为艺术也是一种生产。这里的商品生产显然并不单纯指文学艺术的物性生产逻辑，同时也包含着艺术作为精神、情感和审美趣味的文化再生产。也就是说，艺术生产承担着品味工业化和感性社会化的神圣职责，艺术消费和接受的主要目的就是祛除感性的物化和异化，从而使感性回到真正的自由和谐状态。这种理论使命必然将美学导向政治，从而形成文化政治美学的批判范式。

西方马克思主义的审美文化批判理论，一方面强调艺术和审美的反异化属性，另一方面又开始重视大众审美文化在推动整个社会深层审美化的实用主义价值。在西方马克思主义的美学视域中，审美化的艺术开始溢出自治的容器，转而成为表征文化政治的美学批判工具。如布尔迪厄所言，大众美学不把艺术视为一种"自为"的存在，而是把艺术视为无距离地同生活联系在一起。在大众美学中，艺术不再是无目的、非功利性的存在，而是一种有实际功能的行为对象。这种实际功能其实就是审美和人文的功能，是谱写公正、自由与和谐感性存在，消除感性异化并最终促成人的解放的功能。马尔库塞就认为，审美教育可以使人摆脱由于片面的理性化而成为"单面人"的危险并承担着解放"感性"的历史重任。朗西埃指出，艺术的不断发展更新就是打破传统的审美体制和审美惯例，模糊艺术与日常生活的边界，形成一种"人们像人一样生活"的审美共同体，艺术具有这种解放的使命。列斐伏尔与赫勒都强调日常生活的艺术与审美化，提出改造日常生活，让生活变成一件艺术品。本尼特提出的文化治理与审美治理的思想，融合了葛兰西的霸权理论和福柯的治理思想，强调审美文化在文化治理中的重要作用和功能。市民文化空间中的博物馆、音乐厅、画廊、各种文化艺术机构等都承担着审美治理的任务。总之，他们认为，当代大众审美文化虽然受到资本和权力的干预，但大众并非完全如法兰克福学派所言的那样是被动接受审美意识形态的影响，而是有反对收编、积极解码的对抗行为。大众在工业的审美化与日常生活的审美镜像中也可以适当培育提高自己的审美趣味，并运用审美文化中介来实现对自我主体的治理，从而突破资本的桎梏和意识形态结构的封闭，在审美的积极行动中获取文化解放的能量。

中国当代许多美学研究者也开始充分关注大众审美文化的发展，并从批判和建设的辩证维度反思审美文化的消极意义和积极影响。如李泽厚就曾提出要把美用到社会生产和生活中去："我们怎样把美和审美规律用到组织整个社会生产和生活中去？用到科学、技术、生产工艺中去？工艺技术中有许多美学问题，例如设计，现在所谓'工厂园林化'只是一个很小的方面。如何能使社会的生产更好地符合人的身心健康的节奏，如何使社会生活、工作效能能更协调合作，符合适度的规律……"① 这其实就是强调审美的治理性功能。叶朗在论及审美文化时强调审美文化的教育功能，他认为审美文化的全面发展打破了审美教育单纯依赖课堂教学的狭隘观念，审美教育尽可采用诸如学校、文艺团体、影剧院、博物馆、文化宫、家庭、自然环境等多重渠道和手段。叶朗据此提出审美教育的"场效应原则"："场效应原则提供了这样的认识，教育者不限于学校的教师，各种艺术家、艺术活动的指导者、艺术馆或博物馆的讲解人员，事实上都承担着美育教育者的功能，甚至各种审美客体，从变幻莫测的大自然到形态意趣迥然不同的艺术作品，也都是潜在的教育者。"审美教育的"场效应原则"强调审美教育主体的多元化，国家、社会、审美物质性机构与审美文化生产主体、审美个体等都是审美教育的主体。审美教育也不局限于学校的艺术教育，"校外的艺术兴趣小组，文化宫和影剧院，美术馆和音乐厅，城市环境，家庭陈设，玩具，电视，游戏，等等，事实上都承担着美育的职能"②。他们都强调审美文化的治理性功能和意义。当然，在反思审美文化的积极意义的同时，中国美学研究者同样没有放弃批判的文化政治态度，如李泽厚就强调："实践美学不轻易接受由商业化运作和少数精英所判定的'艺术'，怀疑那些根本缺乏标准而为金钱操控的混乱。实践美学将固守以美感经验为核心和本体来展开自己的叙说，而与其他美学理论区分开来。"③ 总之，

① 李泽厚：《华夏美学·美学四讲》（增订本），生活·读书·新知三联书店，2008，第288页。
② 叶朗主编《现代美学体系》，北京大学出版社，1988，第373、374页。
③ 李泽厚：《华夏美学·美学四讲》（增订本），生活·读书·新知三联书店，2008，第420页。

我们要批判性反思和借鉴西方马克思主义的美学思想，推动社会主义文化改革与审美文化治理，最大限度实现"人是目的"的心体建设理想；打破审美资本主义与消费主义意识形态营造的虚假审美镜像，揭橥资本与权力对大众自由时间的欺骗性掠夺，用审美批判的话语力量推动感性的美学启蒙，以个体性审美实践销蚀生命存在的异化症象。唯有如此，才能真正做到"以美立命"并真正实现日常生活审美化与"美好生活"的社会主义价值目标。

结　语

　　文化政治理论滥觞于西方马克思主义的文化转向。西方马克思主义者普遍认为，随着社会历史的发展，西方资本主义的政治与经济结构不是松动而是走向固化，社会主义难以在单一性的阶级革命模式下实现。基于此，他们转向理论、意识形态和文化领地，创构出文化政治的话语与实践范式，围绕文化、政治、权力、话语和意识形态等问题进行新的理论界说，力图以文化霸权建构、文化革命、文化治理等方式实现广义的政治目的。文化政治理论可以追溯到西方马克思主义者葛兰西那里，伊格尔顿认为葛兰西的霸权理论促成了文化政治的诞生。葛兰西对经济基础与上层建筑的辩证思考，对文化、政治、意识形态与霸权等问题的创造性阐释，直接影响了后葛兰西时代的西方马克思主义，推动了整个文化研究的"葛兰西转向"。自葛兰西以降，文化政治理论持续发展，如英国新左派的文化政治。英国新左派不再像法兰克福学派那样将大众文化视为统治阶级的意识形态，而是从文化唯物主义立场出发，力图在大众文化中发掘出文化政治的批判与反抗力量。以阿尔都塞为代表的结构主义文化研究，从结构主义理论立场出发研究文化与意识形态问题，形成结构主义文化政治的理论路径。德里达的反逻各斯中心主义及解构批评，也蕴含着明显的文化政治意图，德里达认为解构理论是抵抗霸权，抵抗纯经济霸权或货币霸权的一种征兆。贝尔·胡克斯从后殖民主义文化研究的理论视域出发，将文化政治视为黑人抵抗种族、性别、阶层等权力压迫的意识形态策略。凯特·米利特的《性政治》，E. Willis 等人的《当代美国的性别政治与文化政治》等，从女性主义的理论立场思考了文化政治问题。除了这些较为典型的文化政治理论形态之外，20 世纪 90 年代以来还出现了集中思考文化政治的论著，如罗蒂的《文化政治哲学》，贝尔·胡克斯的《向往：种族、性别和文化政治学》，格林·乔丹与克里斯·威登的《文化政治学：阶级、性别、种族和后现代世界》，古德温、劳森、本尼特等人合著的《文化政治》，约翰·肖特的《日常生活的文化政治》等。总体而言，西方文化政治理论为我们反思资本主义的政治、文化、文艺与审美问题提供了许多有价值的理论与话语资源，但由于他们主要从观念领域出发，将文化政治局限于大众文化、文学艺术、知识与话语的意识形态分析之中，从而使文化政治理论偏离了马克思主义的唯物史观与政治经济学批判的理论维度。

本书主要从马克思主义理论出发，选取西方马克思主义文化理论家和美学理论经典案例展开批判性分析和论述，主要内容为：一、整体思考文化政治理论的核心关键词。西方文化研究通过重新思考文化、政治、权力、话语和意识形态等概念，将文化与权力进行话语接合，形成文化政治的话语形态和批评范式。文化政治理论批判传统的精英主义文化观，结合大众文化形态，对文化语义进行扩容。文化政治将文化视为弥散着权力的意义版图与话语质态，不管是日常生活世界，还是表意的文本符码，都成为权力生产、传播与弥散的文化存在。文化政治理论重构了政治的话语内涵，形成微观政治、生活政治、差异政治与话语政治的多元政治景观。文化政治理论重新思考权力问题，强调权力的微观性、生产性、弥散性、对抗性等特征，批判性审视权力在日常生活、文本话语结构与文化实践中的生成、繁殖、流转与抗争，以文化介入、文化改革与文化治理的方式推动社会朝着自由、民主、公正与多元的方向发展。二、结合葛兰西的文化理论追溯文化政治的起源，反思葛兰西文化霸权理论对西方马克思主义文化研究和文化政治理论的影响。20世纪以来，马克思主义在西方经历了一次重要的话语转型，即从强调经济基础、物质结构对整个社会历史发展的决定性转向强调上层建筑和文化意识形态，从阶级政治转向文化政治，形成了以文化与意识形态分析为主导的文化政治话语形态。文化政治的理论与实践主要源自葛兰西。葛兰西对经济基础与上层建筑的辩证思考，对文化、政治、意识形态与霸权等问题的创造性阐释，直接影响了后葛兰西时代的西方马克思主义，推动了整个文化研究的"葛兰西转向"。三、反思文化唯物主义与威廉斯的文化政治理论。威廉斯是英国著名的马克思主义文化理论家，文化研究理论范式的开创者之一。他最主要的理论贡献是结合英国自由人文主义、英国左翼文化传统以及经典马克思主义理论，提出了文化唯物论思想。威廉斯从文化的物质生产方式出发来重新理解人类社会历史的进程，并从整体性、物质、历史、经验与政治等多重维度思考了文化唯物主义的理论内涵，提出将文化改革视为反抗资本主义体制、构建共同文化进而实现社会主义政治信仰的"长期革命"。四、从结构主义的理论视域反思阿尔都塞的文化和意识形态理论。阿尔都塞是20世纪后期法国著名的马克思主义理论家，他运用结构主义理论来重新解读与阐释马克思的理论，提出了总问题、认识论断裂、矛盾与多元决定论、理论的反人道主义、意识形态与意识形态国家机器等一系列新的理论命题。阿尔都塞从结构、表象体系、物质性、征候等多个维度重构意识形态的理论内涵。特别是他从意识形态出发对文化与艺术的理论思考，形成了西方马克思主义文化研究的结构主义文化政治理论范式，推动了文艺意识形态批评话语形态的建构。五、詹姆逊后现代主义文化理论与文学政治批评。詹姆逊将马克思主义置于后现代与消费主义的历史处境之中，推动马克思主义与各种非马克思主义理论的对话与耦合。詹姆逊的文学理论与批评实践，同样具有深刻的马克思主义内涵，他坚信文学审美形式与叙事机制背后有隐秘的政治欲望与阶级意识，认为真正的马克思主义文学批评不是单纯形式主义的审美，而是在文学文本的寓言结构中发现历史和政治内涵。这种文学理论与批评实践虽有助于我们理解文本深层的意识形态要素，进而在文学阅读与接受中获取塑造阶级意识的文化政治力量，但泛政治化的批评带来了阐释的偏执与牵强，导致为某种深度意义的理论解码而损伤文学审美的诗与真。六、伊格尔顿的文化理论及文化政治诗学批评。伊格尔顿是当代著名的西方马克思主义文化理论家和文艺批评家，他的文化理论既保持了马克思主义的理论底色，同时又受到西方文化马克思主义与后现代主义的理论影响。伊格尔顿强调文化与权力的关系、文化与审美的意识形态属性以及文学的政治批评范式。他从唯物主义的地基反思和构建其文化和文学理论，并运用征候式阅读的批评范式解读和阐释文学作品中的意识形态内容，形成了独特的文化政治诗学理论和文艺批评实践形态。七、本尼特实用主义的文化政治与文化治理理论。本尼特是英国当代文化研究的重要理论家，其早期的文化理论基本延续了英国文化研究的传统。在接触到葛兰西、福柯的理论以及澳大利亚的文化现实后，本尼特将治理纳入文化研究之中，形成了文化治理的理论与实践范式。本尼特批判文本形而上学的研究，将文化与权力结合起来，强调审美与文化治理的关系，突出知识、话语在文化治理中的作用。本尼特在反思文化治理理论的同时，从博物馆的政治、文化政策、文化改革、批评理论的介入性、阅读构型等方面对文化治理实践展开深入思考，强化了文化治理的实践性与实用性。八、约翰·费斯克大众文化的美学与文化政治。费斯克是当代西方大众文化理论研究的代表人物，他最主要的贡献是通过对大众能动性的强调以及对大众文化之文化政治意义的理论发掘，拓展了大众文化的文化与美学内蕴，赋予大众文化以意识形态的合法性。他避开现代政治的宏大叙事，转而从微观政治的视角出发，关注大众文化在日常生活实践与文化消费行为层面的具体表征，进一步激发了大众文化的审美意识形态效能。本书通过对费斯克大众文化理论中美学与政治问题的研究，批判性反思费斯克大众文化理论的借鉴意义与理论缺陷。九、西方马克思主义日常生活理论的政治转向。经典马克思主义理论虽然主要从政治经济学和阶级革命的宏大叙事层面论述日常生活，但它建于唯物史观和辩证唯物主义地基之上的生活哲学为西方马克思主义日常生活研究的理论转向提供了坚实的思想基础。同经典马克思主义理论相比，西方马克思主义的日常生活批判理论具有明显的文化政治倾向，它强调社会结构的整体性以及日常生活的文化中介功能，立足于马克思主义的异化理论以及关于人的完善的人本主义思想来批判性思考日常生活，将社会主义革命导向文化与意识形态的微观领地。不管是卢卡奇、葛兰西还是列斐伏尔的日常生活理论，都带有马克思主义人本主义的理论征候，强调文化变革，充分体现出文化政治的理论与实践倾向。十、西方马克思主义美学研究的文化政治转向。大众审美文化的兴起推动美学话语从哲学美学向审美实践、实用主义、日常生活等多重向度转型，形成了以研究审美治理为主导范型的文化政治话语路径。审美治理强调将审美同文化治理结合起来，把审美视为塑造主体的治理性技术，通过对感性世界的审美介入，在文化空间构建广义的政治权力共享与共治模式。西方马克思主义者在反思审美治理问题时，主要停留于知识话语和文化观念的上层建筑领地。本书在批判性考察西方审美治理的话语内涵与文化政治意义的同时，又从马克思的唯物史观与政治经济学视角出发，对审美治理的范式展开反思与重构。

中国的文化政治研究始于 20 世纪 90 年代。1991 年刘泽华发表于《天津社会科学》的论文《政治文化化与文化政治化》认为政治是一种文化关系，提出文化政治化的理论命题。1997 年陈永国、汪民安翻译了北美华裔学者谢少波的著作《抵抗的文化政治学》，该著作较为详尽、深刻地探讨了美国马克思主义理论家詹姆逊的文化政治理论，是中国学界最早接触到的研究西方文化政治理论的著作。2000 年以来，文化政治研究开始走向深入，主要表现为：一、反思文化政治的语义内涵与话语结构。单世联的《文化、政治与文化政治》分析了西方文化与政治的内在关系与演变逻辑，阐述了文化政治的语义内涵。姚文放的《关于文化政治》对文化政治的内涵和性质进行了详细的考察分析，从后阶级政治/阶级政治、微观政治/宏观政治、审美政治/实践政治等维度对文化政治展开探讨。二、对西方文化政治理论诸形态及其代表人物的文化政治理论展开研究。赵国新的《新左派的文化政治：雷蒙·威廉斯的文化理论》主要探讨了英国新左派与文化研究代表人物威廉斯的文化政治理论。马海良的《文化政治美学：伊格尔顿批评理论研究》将伊格尔顿的美学思想命名为文化政治美学，并始终立足马克思主义与后现代主义的批判语境，反思伊格尔顿的文化与文学批评理论。吴琼的《走向一种辩证批评：詹姆逊文化政治诗学研究》将詹姆逊的文艺思想直接命名为文化政治诗学，并分析其文化政治批评的理论、方法与实践。范永康的《文化政治与当代西方文论的政治化》全面系统地研究了西方文论的政治化，指出自西方马克思主义以来，西方文论日益注重文艺的文化政治维度，从而形成了独特的文化政治诗学理论。三、从文化政治理论出发对文化、文论与文学批评展开研究。陶水平的《后马克思主义文化政治学及其文论价值》在分析拉克劳、墨菲等后马克思主义者文化政治理论的基础上，思考如何将其转化为文学理论的话语批评实践。姚文放的《文化政治与文学理论的后现代转折》分析了文化政治的兴起与文学理论的后现代转向问题。张旭东的《全球化与文化政治：90 年代的中国与 20 世纪的终结》主要围绕全球化、消费社会与后现代主义等理论话题，结合 90 年代以来中国社会出现的文化与文学现象，分析文化政治在中国当下文化与文学实践中的具体表征。从我们对中国当代文化政治研究的学术史梳理来看，文化政治已成为文化与文学理论研究的热门话题。当然，由于我国对文化政治理论的研究起步较晚，对文化政治的语义内涵、话语结构、功能价值等问题还存在许多认识的盲区，对西方马克思主义文化政治理论形态的研究大多为个案研究，缺乏综合性，理论与实践也需要进一步语境化和中国化。

中国当代大众文化研究的理论与实践范式，一定程度上受到了西方马克思主义文化政治批评话语的影响。陶东风曾指出："从 80 年代开始的中国社会的世俗化与商业化以及它的文化伴生物——大众文化与消费主义，正好出现于长期的思想禁锢与意识形态一体化驯化被松动与瓦解之时，而且它本身事实上也是作为对于这种意识形态一体化驯化的批判与否定力量出现的。"① 将 20 世纪 80 年代大众文化的出现视为一种否定性或解构的力量，其实就是强调大众文化所具有的文化政治功能。但是，中国早期的文化知识分子在反思和批判大众文化时，更多地是沿袭法兰克福学派的否定性批判范式和精英主义的文化价值标准，而未能真正深入大众文化的场域内部去反思权力、话语等在文化文本和实践之中的具体生产轨迹以及影响。徐贲指出："它的精英文化意识以强调艺术精神和生命来突出少数知识分子的人文精神批判理性，深陷在阿多诺过时的左派反大众文化理论模式之中。"② 我在论文《文化转向与话语转型：中国当代大众文化研究进程中的知识生产与话语陈述》中指出："中国当代大众文化研究的知识生产与话语陈述，经历了从移植、挪用西方话语资源到逐步回归本土语境、重构话语范式的发展过程。具体而言，自 20 世纪 80 年代到 90 年代中期，文化知识分子大多秉持审美现代性与文化批判理论的话语范式来对大众文化进行解读与阐释。而到了 90 年代后期，一些文化知识分子开始意识到，机械照搬西方理论，既容易形成理论阐释与文化语境的错位，同时还会导致本土大众文化研究的理论贫血。因此，一些明智的文化知识分子（如陶东风、朱大可、徐贲、鲁晓鹏等），开始呼吁走出'阿多诺'模式，要求立足本土

---

① 陶东风：《大众消费文化研究的三种范式及其西方资源：兼答鲁枢元先生》，《文艺争鸣》2004 年第 5 期。

② 徐贲：《文化批评往何处去：八十年代末后的中国文化讨论》，吉林出版集团有限责任公司，2011，第 153~154 页。

大众文化的经验和方法来构建中国大众文化研究的话语范式。"①

20 世纪 90 年代以降，随着大众文化的全面勃兴和消费主义文化的普泛化发展，秉持法兰克福学派的批判理论范式的文化研究已经难以适应文化现实的需求。戴锦华说："如果我仍关心中国文化的现实，我就不能无视大众文化，因为 90 年代以来，它们无疑比精英文化更为有力地参与着对中国社会的构造过程。简单的拒绝或否认它，就意味着放弃了你对中国社会文化现实的重要部分的关注。"② 正是基于此，诸多从事文化研究的学者开始批判性反思文化研究的"阿多诺模式"并转向威廉斯等人的文化唯物主义、文化结构主义以及新左派的文化政治批评。学术界也开始大量译介西方马克思主义文化研究论著，并开始结合中国本土的大众文化展开文化批判实践。戴锦华的《大众文化的隐形政治学》可以说是中国早期运用文化政治批判性反思大众文化的典型案例。她在文中指出："在这种不期然的，或曰'化装'形式之下，贫富分化的现实绝少被提及，即使不得不涉及，也决不使用'阶级'字样。事实上，这或许是九十年代中国最为典型的、葛兰西所谓的意识形态'合法化'与'文化霸权'的实践。""九十年代，大众文化无疑成了中国文化舞台上的主角。在流光溢彩、盛世繁华的表象下，是远为深刻的隐形书写。在似乎相互对抗的意识形态话语的并置与合谋之中，在种种非/超意识形态的表述之中，大众文化的政治学有效地完成着新的意识形态实践。从某种意义上说，这一新的合法化过程，很少遭遇真正的文化抵抗。在很多人那里，社会主义时代的精神遗产或被废弃，或被应用于相反的目的。我们正经历一个社会批判立场缺席的年代。"③ 另外，陶东风对某些大众文化个案的研究，也体现出他的文化政治批评态度和立场。在《不要低估邓丽君们的启蒙意义》一文中，陶东风指出："今天的公共空间充斥着以身体为核心的各种图像与话语，以及以性为核心的私人经验，美容院与健身房如雨后春笋涌现，人们乐此不疲地呵护、打造、形塑自己的身体，沉溺于自己和别人的所谓'绝对隐私'。这样的结果可能导致一个糟

---

① 李艳丰：《文化转向与话语转型：中国当代大众文化研究进程中的知识生产与话语陈述》，《华南师范大学学报（社会科学版）》2013 年第 1 期。
② 戴锦华：《犹在镜中：戴锦华访谈录》，知识出版社，1999，第 5~6 页。
③ 戴锦华：《大众文化的隐形政治学》，《天涯》1999 年第 2 期。

糕的状况：实际上我们目前生活在一个亟待争取与扩大公民的基本政治权利、推进公民的政治参与的社会环境里，而大家却在那里津津乐道地关注自己的生活方式，热衷于美容化妆，打造自己合乎时尚的身体。"① 在《文化批评向何处去？》中，陶东风既反对移植西方新左派的文化理论，同时又指出："然而我们中国是一个社会主义国家，即使批判资本主义现代性也应当与西方有所区别。换言之，既然文化批评具有特别强烈的政治色彩，那么，对它来说，准确地勘定当代中国社会特定权力关系（包括政治、经济、文化）就显得殊为重要。"② 周志强认为："既借助于文化研究更新知识，形成文学与文化研究范式的转变，把文化政治、权力话语的研究植根于传统的学术理论之中，又保持一种独立的学科形态，确立中国文化研究的思想领域和问题框架，这应该是 30 余年来的核心成就所在。"③ 总之，从中国文化研究的大趋势来看，中国的文化学者普遍强调文化研究的批判性和介入性功能，特别是在具体的文化个案研究和文化批评实践中凸显文化研究的文化政治功能。可以说，文化的批判功能与介入意识，以及文化研究的文化政治倾向，乃是文化研究界所达成的普遍共识。不管是自由人文主义批评、审美主义批评，还是激进的左翼批评等，都坚持着文化介入社会、文化改变生活的文化政治使命。

　　20 世纪中叶以来，受文化研究影响，西方马克思主义文学批评理论逐步从内部研究的范式中走出来，形成政治批评的理论路径。以威廉斯、伊格尔顿、詹姆逊等为代表的西方马克思主义文论家的文论，是西方文论政治化的典型形态。西方马克思主义从文化政治立场出发，重写了文学与政治的关系，形成文化政治诗学的话语形态。文学既不是社会历史的机械反映，也不是主导意识形态的抽象复制，而是审美形式同意识形态辩证耦合的产物。文学生产是多维复调的社会权力关系与意识形态网络在审美领地的诗性构织，文学批评不是单纯的文本阐释，而是从整个文化结构出发，通过对文学审美形式的编码与解码，厘清文学话语中隐蔽的意识形态质素，

① 陶东风：《畸变的世俗化与当代中国大众文化》，《探索与争鸣》2012 年第 5 期。
② 陶东风：《文化批评向何处去？》，《天津社会科学》2000 年第 4 期。
③ 周志强：《问题在于"如何"改变世界：30 年中国"文化研究"学科反思》，《广州大学学报（社会科学版）》2019 年第 5 期。

以文化批判澄清权力真相，以审美自由消解政治奴役，文学批评成为构建主体意识与文化霸权的话语政治实践。

在西方马克思主义文化政治的话语结构中，文化的语义已发生了多重变革。文化政治所说的文化，表征着市民社会的生活方式与意义形态，是意义论争的区域和领地。在文化领域里，意义和真理在权力模式中构成。约翰生认为"文化既不是自治的也不是外在地决定的领域，而是社会差异和社会斗争的场所"①。文化政治不同于通常所说政治文化、政治制度、现代政治之"政治"。传统意义上的政治，主要指围绕经济基础、上层建筑、国家机器、阶级革命等形成的宏大政治理念与政治实践。文化政治解构了国族政治的寓言结构，消弭了阶级政治的现实革命与乌托邦激情，力图在微观生活世界重构主体与权力的关系。就此而言，文化政治是生活政治、差异政治与微观政治。作为一种生活政治，文化政治要求重新认识日常生活中的权力谱系，甄别主体、身份、身体、性别、性等话语中的政治意义，从而在日常生活的界域，培育出文化反抗与革命的政治力量。文化政治认同差异的合法性，对差异性的追求，使文化政治带有了明显的反本质主义与后现代征候。文化政治遵循后现代的知识与权力逻辑，是典型的微观政治。文化政治对微观、局部、边缘的重视，体现出新的政治思想与政治策略，哪里有权力，哪里就有政治。文化政治的生成，同权力在日常文化实践中的介入、繁殖、发现与抵抗等活动紧密相关。权力与知识、话语的结盟，使权力更为隐蔽地、合法地出入文化与意识形态的领地。文化政治的使命，正在于破除权力隐匿在文化场域的虚伪镜像，祛除非法的监禁与奴役，恢复文化的真理维度与自然景观，以最终达成主体的觉醒与解放。

文化政治的兴起，推动了文艺理论与批评话语的范式转型。西方马克思主义在思考文艺问题时，不再固化于审美自律论、庸俗社会学与阶级政治的结构框架之内，而是从文化政治出发，把文学置于整体性的文化场域和社会结构之中，辩证思考文学审美形式与意识形态的关系。文学与意识形态关系密切，文学是意识形态在审美领地的诗性建构是为孕育、生产、传达、表征、播撒意识形态的符号形式。文学内在地涵摄着意识形态的语

---

①　罗钢、刘象愚主编《文化研究读本》，中国社会科学出版社，2000，第5页。

义维度，与意识形态保持结构的同源性，是意识形态权力斗争的符号战场。马歇雷说："作品确是由它同思想体系的关系来确定的，但是这种关系不是一种类似的关系（象复制那样）：它或多或少总是矛盾的。一部作品既是为了抵抗思想体系而写的，也可以说是从思想体系产生出来的。"① 伊格尔顿认为文学作为一种生产，是各种意识形态多元决定的产物。文学生产的对象是文化意识形态，它的工具是语言，它的方式是审美，它的产品是文本意识形态。文本既表征意识形态的历史与现实，又创造出新的意识形态话语，由此形成意识形态生产表意符号和表意符号生产意识形态的双向、辩证运动。詹姆逊提出意识形态素的概念："每一特定时期的文化或'客观精神'都是一种环境，那里栖居的不仅是承袭的词语或幸存的概念，还有那些社会象征类型的叙事整体，我们称之为意识形态素。"② 意识形态素是文学生产的"终极原材料"，任何一个文学作品都可以看作"对那个终极原材料进行改造的一件复杂作品，那个终极原材料就是所论的意识形态素"③。文学作为一种社会象征性行为，既是对多元意识形态之历史与现实的辩证重写，又诉诸历史化、总体性与乌托邦的寓言结构，实现对阶级、文化矛盾的想象性、象征性解决。总之，在西方马克思主义那里，文学成为意识形态的永久客体化对象，文学审美结构被注入绝对的政治性。

西方马克思主义对文学语义、结构与功能的意识形态分析，必然将文学批评导向政治批评。葛兰西认为戴·桑克蒂斯的批评是富有战斗精神的批评，不是"冷淡无情"美学的批评。很显然，葛兰西主要强调文学批评的政治性。威廉斯认为文学批评的目的是分析、批判霸权，推动感觉结构的更新与共同文化的建构。阿尔都塞、马歇雷等认为文学是意识形态的密探，文学批评的目的是通过解读文学作品，制造意识形态断裂的效果。伊格尔顿认为一切文学批评都是政治批评，"毫无必要把政治拖进文学理论，

---

① 陆梅林选编《西方马克思主义美学文选》，漓江出版社，1988，第 612~613 页。
② 〔美〕詹姆逊：《政治无意识：作为社会象征行为的叙事》，王逢振、陈永国译，中国社会科学出版社，1999，第 171 页。
③ 〔美〕詹姆逊：《政治无意识：作为社会象征行为的叙事》，王逢振、陈永国译，中国社会科学出版社，1999，第 76 页。

就像南非运动的情况那样，它从一开始就在那里存在"①，"那种认为存在'非政治'批评形式的看法只不过是一种神话，它会更有效地推进对文学的某些政治利用"②。意识形态批评是理想的文学批评方法，它"既避开了关于文学作品的单纯形式主义，又避开了庸俗社会学"③。詹姆逊在《政治无意识：作为社会象征行为的叙事》中将政治视为文学批评的绝对视域，文学阅读和写作蕴含着政治无意识的运作，每个文本都是政治隐喻，它以矛盾的方式嵌入特定的政治经济结构内部，构成个人实际或潜在的社会关系。文本是政治无意识的象征形式，任何一部有影响力的文学作品都是特定时代集体愿望的象征性表征。文学批评的目的在于揭橥文学文本的政治性，提取文本中的意识形态素，进而展开批判性阐释。通过文本政治的话语批评实践，西方马克思主义将文学带入永恒的政治属地，赋予其政治与意识形态意蕴。文学批评成为知识分子在审美意识形态领地展开合法斗争的文化政治符码，一种充满现实政治激情与乌托邦想象的审美救赎形式。

西方马克思主义文艺的政治批评普遍将美学与历史、马克思主义与形式主义结合起来。威廉斯认为，不应简单地将文学视为意识形态或审美形式，而是应回到"中立性地承认其复杂性的立场上"④。伊格尔顿指出，文艺中意识形态的真正承担者是作品的形式，而不是抽象的内容，一种文学新形式的出现也是意识形态的产物。詹姆逊强调形式与内容的辩证统一性，"形式与内容的辩证观念在方法论上首先取得的成果是，由于依赖于释义工作的进展和它所达到的阶段，形式和内容无论哪一个都可转变成另一个：因此，正象席勒所指出的那样，每一层内容都证明只不过是一种隐蔽的形式。"⑤ 在詹姆逊看来，审美本身就是意识形态的，"审美或叙事形式的生产

① 〔英〕伊格尔顿：《现象学，阐释学，接受理论——当代西方文艺理论》，王逢振译，江苏教育出版社，2006，第190页。
② 〔英〕伊格尔顿：《当代西方文学理论》，王逢振译，中国社会科学出版社，1988，第300页。
③ 〔英〕伊格尔顿：《历史中的政治、哲学、爱欲》，马海良译，中国社会科学出版社，1999，第114页。
④ 〔英〕雷蒙德·威廉斯：《马克思主义与文学》，王尔勃、周莉译，河南大学出版社，2008，第163页。
⑤ 〔美〕詹姆逊：《语言的牢笼：马克思主义与形式》（下），钱佼汝、李自修译，百花洲文艺出版社，2010，第362页。

将被看作是自身独立的意识形态行为，其功能就是为不可解决的社会矛盾发明想象的或形式的'解决办法'"①。詹姆逊将审美形式称之为"形式的意识形态"，"对形式的意识形态的研究无疑是以狭义的技巧和形式主义分析为基础的"，但"形式的意识形态决不是从社会和历史问题向更狭隘的形式问题的退却"，② 而是在永远的历史化进程中，在意识形态积淀与意识形态素的创构中辩证理解审美形式。本尼特认为文学实践被特定的一系列物质的、经济的、政治的和意识形态的关系所模制，文学理论都是政治理论，但政治效应不是文本的绝对内容，而是必须放入特定历史情形之中展开分析。文学的政治效应由文学文本提供，所谓文本并非形式主义所言的"形而上学的文本"，"没有纯粹的文学，也没有文本的固定和最终的形式"，"文本没有一劳永逸的终极真理，文学批评不能在接受的过程中成为永恒。文本总是而且仅仅存在于各种历史的具体的情形下"③。本尼特将形式主义与马克思主义结合起来，努力构建政治批评与美学批评、历史批评与形式批评对话融合的批评机制与话语范式，推动了西方马克思主义文论政治化的良性发展。从文化政治出发，西方马克思主义文论广泛、深入探讨文学形式与内容、内部研究与外部研究、美学与政治的关系问题，形成辩证多元的文化政治诗学形态。

20世纪90年代以来，中国当代文艺理论开始朝着更为多元的方向发展。童庆炳、蒋述卓等提出的文化诗学理论，钱中文的新理性精神文论，陶东风对文化研究理论的借鉴、对反本质主义文论的思考及文艺社会学的话语建构，许明的新意识形态批评，胡亚敏的"文化——形式批评"构想，吴炫、曹文轩的"文学性的文化批评"等，反映出当代文论多元并置的理论格局。

文化政治诗学的理论建构推动了文学批评范式的革新。总体而言，文

---

① 〔美〕詹姆逊：《政治无意识：作为社会象征行为的叙事》，王逢振、陈永国译，中国社会科学出版社，1999，第 67~68 页。
② 〔美〕詹姆逊：《政治无意识：作为社会象征行为的叙事》，王逢振、陈永国译，中国社会科学出版社，1999，第 86 页。
③ 〔英〕本尼特：《形式主义和马克思主义》，曾军等译，河南大学出版社，2011，第 122 页。

化政治诗学理论从如下几个层面实现了理论与方法的革新。一是历史化与本土化。文化政治诗学主要是在西方文化语境中产生和形成的一种文艺理论话语形态，我们在思考与借用时，必须结合具体经验，用历史化与本土化方法实现其与具体语境的对接。如陶东风所言："文化研究是一种高度语境化的实践活动，语境化意味着：文化研究的话语与实践本身必须被持续地历史化与地方化。"① 陈传才指出："我们要在广泛研究和借鉴国外文化研究方法的基础上，立足中国本土经验，寻求建立一种适应中国当代文化语境，具有中国特色的文学——文化研究模式。"② 二是反本质主义。本质主义信仰普遍真理与形而上本质，力图用特殊涵摄一般、用部分取代整体、用同一消解差异。反本质主义认为不存在普遍有效的本质，任何本质都是特定历史时期话语建构的产物。反本质主义更多关注的不是已经生成的本质，而是隐藏在本质背后的话语与权力因素。文化政治诗学应借鉴反本质主义方法，以历史、辩证、开放的理论意识介入当代文化与文艺现实。三是跨学科。文化政治诗学应借鉴跨学科的方法，充分吸收不同学科的理论、话语与方法论资源，以拓展文艺学的知识边界，强化文艺理论介入公共空间的实践功能。四是对话主义。文化研究提倡在对话与互文的话语交往、接合中彰显意义，谋求差异性认同。文化研究虽然强调批判的效度，但批判不是话语暴力的单向施虐，而是文化间性的耦合。受对话主义理论影响，文化政治诗学力求在文学与文化、文化与政治、政治与诗学、审美与意识形态、内部与外部等方面展开多重对话。在更新方法论的同时，我认为，中国学者对文化政治诗学的理论发展主要表现在如下三个方面：文学语义的文化扩容，文艺理论与美学批评的政治转向，政治性与文学性的诗学耦合。

文学语义的文化扩容。英国文化研究与西方马克思主义文论均认为，文学不是绝对自律的形式结构，而是包孕着意识形态质素的文化客体，文学由纯粹的审美形式转义为意识形态的文化表征。如伊格尔顿所言："文学，就我们所继承的这一词的含义来说，就是一种意识形态。它与种种社

① 陶东风：《文化研究：西方话语与中国语境》，《文艺研究》1998 年第 3 期。
② 陈传才：《当代文化转型与文艺学的重构——关于当代文艺学建设的思考》，《文艺争鸣》2003 年第 3 期。

会权力问题有着最密切的关系。"① 对文学文化属性的建构与阐释，使文艺理论与批评话语摆脱了形式批评与内部研究的范式规约，朝着更为广阔的文化研究理路演进。受西方文化研究影响，中国当代文艺研究者也开始运用文化批评的方法、理论与话语来理解和阐释文学。他们对文学的语义进行扩容，进一步拓展文艺边界，实现了文艺理论批评的知识增殖与话语转型。陶东风认为，"文化批评并不把文本当作一个自主自足的客体，其目的也不是揭示文本的'审美特性'或'文学性'。文化研究从它的起源开始就有强烈的政治旨趣"，"文化批评是一种'文本的政治学'，旨在揭示文本的意识形态以及文本所隐藏的文化——权力关系"②。朱立元认为：文化研究"将权力、性别、种族等文化研究的热门话题引入到文艺学研究的领域，拓展了文艺学研究的社会学领域。"③ 陶东风主编的《文学理论基本问题》中对文学与身份认同问题的讨论，南帆主编的《文学理论（新读本）》对文学与性别问题的思考，汪民安主编的《身体的文化政治学》、谢友顺的《文学身体学》、南帆的《身体的叙事》等对文学中身体叙事的关注，董丽敏的《性别、语境与书写的政治》对文学文本中"性政治"的文化探讨等，所隐含的共同逻辑前提就是，文学的语义由审美性拓展、扩容为文化性，文化性是文学对意识形态与权力关系的诗性话语表征。经过这样的语义转换之后，文学批评就变成了对文本中蕴含的意识形态与权力关系的征候式解读。

文化政治诗学理论强调文学的文化属性，认为文学的文化属性主要表现为意识形态性，文学是文化意识形态的生产，其美学形式蕴含着复杂的文化-权力关系。这种对文学的认识必然会将文学导向政治批评。亨利·吉罗等认为："文化研究可以拒绝承认'文学或其他任何文化客体有异于政治'，因此也就可以重新审视一个或一些文本的意识形态的或政治的附属含义。"④ 这里所谓的"政治"，与传统的政党政治、阶级政治与革命政治有了本质不同。伊格尔顿认为政治是"把社会生活整个组织起来的方式，以及

---

① 〔英〕伊格尔顿：《二十世纪西方文学理论》，伍晓明译，北京大学出版社，2007，第21页。

② 陶东风：《试论文化批评与文学批评的关系》，《南京大学学报（哲学·人文科学·社会科学）》2004年第6期。

③ 朱立元：《关于当前文艺学学科反思和建设的几点思考》，《文学评论》2006年第3期。

④ 罗钢、刘象愚主编《文化研究读本》，中国社会科学出版社，2000，第84页。

这种方式所包含的权力关系"①。文化研究与文化政治诗学主要将政治理解为弥漫在文化肌理中的普遍的权力关系，即所谓的文化政治。中国当代的文艺学者，曾在相当时期内讳言文艺理论的政治化，认为将文艺与政治接合起来，会导致文艺审美独立性的丧失，重蹈文艺为政治服务的理论覆辙。他们所理解的政治，主要还是阶级革命时代的政治文化理念。20 世纪 90 年代以来，在文化研究与西方马克思主义文论影响下，中国的文艺理论学者开始认识到，重提文艺的政治批评不仅是可行的，而且是必要的。陶东风指出："西方的文化研究受到 60 年代以降新社会运动以及后结构主义的影响，倡导微观政治以及对于社会权力关系的更细微复杂的认识。这种微观政治理论在文学研究中的具体表现，就是在作家与作品分析中避免机械的阶级论取向。""文化研究中说的政治实际上是指社会中无所不在的权力斗争、支配与反支配、霸权与反霸权的斗争，是学术研究与其社会环境的深刻牵连。"② 在《重审文学理论的政治维度》一文中，陶东风思考了伊格尔顿、阿伦特、哈维尔、布尔迪厄等人的政治理论，认为消费时代文学理论知识应充分借鉴微观政治、文化政治理论，重构文学理论的政治性与公共性品格。蒋述卓在一次会议上提出，文化研究对文学研究的影响，其中一点就是"从意识形态政治转向了日常生活政治"③。姚文放从文化政治的理论出发，分析了文学理论的后现代转向："与文化政治的内涵相对应，如今文学理论更加突出活动性、行动性的品格，而这一品格往往聚光于文学解读和文学批评的实践性、实效性和可操作性。"④ 赵静蓉认为："借用文化政治范式来研究'后'语境下的文学发展及理论演变，就是要为文学领域深入引进政治学和社会学资源，扩展文学理论研究的外延，实现理论独立和理论创造的可能性。"⑤ 结合这些文艺理论学者的观点，我们认为，当代文

---

① 〔英〕伊格尔顿：《现象学，阐释学，接受理论——当代西方文艺理论》，王逢振译，江苏教育出版社，2006，第 190 页。

② 陶东风：《试论文化批评与文学批评的关系》，《南京大学学报（哲学·人文科学·社会科学）》2004 年第 6 期。

③ 张奎志：《"文学研究、文化政治与人文学科"国际学术研讨会综述》，《文学评论》2009 年第 6 期。

④ 姚文放：《文化政治与文学理论的后现代转折》，《文学评论》2011 年第 3 期。

⑤ 赵静蓉：《当代中国文学理论研究的范式反思：以记忆、空间和文化政治范式为例》，《学术研究》2013 年第 11 期。

艺理论应自觉走出审美自律的形式主义围城，充分关注文艺经验介入文化公共空间，表征、反抗、播撒、解构意识形态与文化霸权的政治诉求，应将政治性视为文学理论的应然之在，唯有如此，才能使文艺理论走出体制化、学院化的封闭话语结构，实现文艺理论与文艺现实经验的话语对接。我们提出文化政治诗学的目的，正是要重构文艺理论知识的政治维度，强化文艺理论话语介入文化公共空间的批判意识与实践品格。

文化研究传入中国以来，文艺学界的批判与质疑之声不绝于耳。一些学者指出，文学的文化批评只从文化社会学的层面阐释文学，批评话语游离于诗学的边界之外，理论与实践偏离了文学的审美之维。如吴炫就曾列举了文化批评的五大问题，第一个问题就是"当前文化批评对文学独立之现代化走向的消解"①，认为文化批评消解了文学的审美自律性，阻断了中国文学的现代化进程。朱立元认为："文艺学如果转向文化研究，不但不能解决文艺学存在的种种问题和局部危机，反而会把文艺学变成没有文学的泛文化研究。"② 这些批评话语，一方面暴露出中国当代文艺理论建设与文学批评实践当中存在的问题，另一方面也反映出中国文艺学界对文化研究的误解，对西方马克思主义的文化政治诗学理论还缺乏全面了解。事实上，西方的文化理论家在分析文学问题时，并没有脱离文学文本的形式结构，文化研究范式本身就源于文学文本研究。西方马克思主义文论家如伊格尔顿、詹姆逊、本尼特等人，更是强调从审美与意识形态、形式与内容、形式主义与马克思主义的辩证立场来理解和评价文学。陶东风提出重建文艺社会学的理论构想，认为"当代形态的文艺社会学，应该在吸收语言论转向的基础上建构一种超越自律与他律、内在与外在的新的文艺—社会研究范式。当代西方的文化研究实际上在这方面已经做出了有益的尝试。这些研究方法的突出特点就是把'内在'与'外在'打通，把文本分析、形式分析、语言分析、符号分析等与意识形态分析、权力分析打通，在文本的构成方式中解读出作者的意识形态立场以及文本的文化内涵"③。范永康在研究西方文论政治化的基础上，提出诗性政治诗学概念，

---

① 吴炫：《中国当前文化批评的五大问题》，《山花》2003 年第 6 期。
② 朱立元：《关于当前文艺学学科反思和建设的几点思考》，《文学评论》2006 年第 3 期。
③ 陶东风：《日常生活的审美化与文艺社会学的重建》，《文艺研究》2004 年第 1 期。

认为"'诗性政治'这一概念不单纯是对审美性政治的描述，而且是对文学性和政治性加以融合的正反合题，既可以弥补'纯文学'论片面强调审美性之失，又可以纠正正在流行的文化研究思潮对文学性的偏废"①。汪正龙、段吉方等人探讨了西方马克思主义文论中马克思主义与形式主义的对话问题，他们在伊格尔顿、詹姆逊以及托尼·本尼特的理论中看到了文学性与政治性、审美与政治、形式主义与马克思主义辩证耦合的诸种可能。当然，面对西方马克思主义文化理论、文化政治诗学的话语范式，我们始终要从经典马克思主义的唯物史观和辩证法的思想地基出发，从中国本土的文化语域和意识形态观出发，批判性借鉴西方马克思主义文化政治理论的合理内核。唯有如此，才能兼收并蓄、化西为中，进而推动中国当代文化研究和文艺批评与时俱进地发展。

---

① 范永康：《"诗性政治"论——兼及文学性和政治性的融通》，《广西社会科学》2010 年第2 期。

参考文献

一　经典文献

1. 《马克思恩格斯文集》，人民出版社，2009。

2. 《马克思恩格斯全集》，人民出版社，2016。

3. 《马克思恩格斯选集》，人民出版社，2012。

4. 《1844年经济学哲学手稿》，人民出版社，2014。

5. 《列宁选集》，人民出版社，1995。

二　中文书目

1. 〔德〕席勒：《审美教育书简》，冯至、范大灿译，上海人民出版社，2003。

2. 〔匈〕卢卡奇：《审美特性》（上、下册），徐恒醇译，社会科学文献出版社，2015。

3. 〔匈〕卢卡奇：《关于社会存在的本体论》，白锡堃等译，重庆出版社，1993。

4. 〔匈〕卢卡奇：《历史与阶级意识》，杜章智等译，商务印书馆，1996。

5. 〔意〕葛兰西：《狱中札记》，曹雷雨等译，河南大学出版社，2014。

6. 李鹏程编《葛兰西文选》，人民出版社，2008。

7. 〔意〕葛兰西：《论文学》，吕同六译，人民文学出版社，1983。

8. 〔英〕斯蒂夫·琼斯：《导读葛兰西》，相明译，重庆大学出版社，2014。

9. 〔法〕阿尔都塞：《政治与历史：从马基雅维利到马克思》，吴子枫译，西北大学出版社，2018。

10. 陈越编译《哲学与政治：阿尔都塞读本》，吉林人民出版社，2003。

11. 〔法〕阿尔都塞：《保卫马克思》，顾良译，商务印书馆，2010。

12. 〔法〕阿尔都塞：《读〈资本论〉》，李其庆、冯文光译，中央编译出版社，2001。

13. 〔法〕阿图塞：《列宁和哲学》，杜章智译，台湾远流出版事业股份有限公司，1990。

14. 〔法〕阿图塞等：《自我批评论文集》（补卷），林泣明、许俊达译，台湾远流出版事业股份有限公司，1991。

15. 〔澳〕费雷特：《导读阿尔都塞》，田延译，重庆大学出版社，2014。

16. 〔英〕威廉斯：《漫长的革命》，倪伟译，上海人民出版社，2013。

17. 〔英〕威廉斯：《希望的源泉：文化、民主、社会主义》，祁阿红、吴晓妹译，译林出版社，2014。

18. 〔英〕威廉斯：《政治与文学》，樊柯、王卫芬译，河南大学出版社，2010。

19. 〔英〕威廉斯：《文化与社会》，吴松江、张文定译，北京大学出版社，1991。

20. 〔英〕雷蒙德·威廉斯：《马克思主义与文学》，王尔勃、周莉译，河南大学出版社，2008。

21. 〔法〕列斐伏尔：《日常生活批判》，叶齐茂、倪晓晖译，社会科学文献出版社，2018。

22. 陈学明、吴松、远东编《让日常生活成为艺术品：列菲伏尔、赫勒论日常生活》，云南人民出版社，1998。

23. 〔匈〕赫勒：《日常生活》，衣俊卿译，黑龙江大学出版社，2010。

24. 〔美〕萨义德：《东方学》，王宇根译，生活·读书·新知三联书店，1999。

25. 〔英〕伊格尔顿：《理论之后》，商正译，商务印书馆，2009。

26. 〔英〕伊格尔顿：《二十世纪西方文学理论》，伍晓明译，北京大学出版社，2007。

27. 〔英〕伊格尔顿：《审美意识形态》，王杰等译，广西师范大学出版社，2001。

28. 〔英〕伊格尔顿：《文学原理引论》，刘峰等译，文化艺术出版社，

1987。

29. 〔英〕伊格尔顿：《历史中的政治、哲学、爱欲》，马海良译，中国社会科学出版社，1999。

30. 〔英〕伊格尔顿：《瓦尔特·本雅明或走向革命批评》，郭国良、陆汉臻译，商务印书馆，2015。

31. 〔英〕伊格尔顿：《文化的观念》，方杰译，南京大学出版社，2006。

32. 〔英〕伊格尔顿：《后现代主义的幻象》，华明译，商务印书馆，2000。

33. 〔英〕伊格尔顿：《批评与意识形态》，段吉方、穆宝清译，北京出版社，2021。

34. 〔德〕本雅明：《德国悲剧的起源》，陈永国译，文化艺术出版社，2001。

35. 〔德〕本雅明：《机械复制时代的艺术作品》，王才勇译，中国城市出版社，2002。

36. 〔美〕詹姆逊：《政治无意识：作为社会象征行为的叙事》，王逢振、陈永国译，中国社会科学出版社，1999。

37. 〔美〕詹姆逊：《语言的牢笼：马克思主义与形式》，钱佼汝、李自修译，百花洲文艺出版社，2010。

38. 〔美〕杰姆逊：《后现代主义与文化理论：杰姆逊教授讲演录》，唐小兵译，陕西师范大学出版社，1987。

39. 〔美〕詹明信著，张旭东编《晚期资本主义的文化逻辑》，陈清侨等译，生活·读书·新知三联书店，1997。

40. 王逢振主编《詹姆逊文集》，中国人民大学出版社，2004。

41. 〔美〕詹姆逊：《快感：文化与政治》，王逢振等译，中国社会科学出版社，1998。

42. 〔美〕詹姆逊：《文化转向：后现代论文选》，胡亚敏等译，中国社会科学出版社，2000。

43. 〔英〕本尼特：《形式主义和马克思主义》，曾军等译，河南大学出版社，2011。

44. 〔英〕本尼特：《本尼特：文化与社会》，王杰、强东红等译，广西师范大学出版社，2007。

45. 〔英〕本尼特：《文学之外》，强东红等译，人民出版社，2016。

46. 〔德〕哈贝马斯：《交往行动理论》第 1 卷，洪佩郁、蔺青译，重庆出版社，1994。

47. 〔英〕安东尼·吉登斯：《现代性与自我认同：现代晚期的自我与社会》，赵旭东、方文译，生活·读书·新知三联书店，1998。

48. 〔法〕福柯：《权力的眼睛》，严锋译，上海人民出版社，1997。

49. 〔法〕福柯著，汪民安主编《福柯读本》，北京大学出版社，2010。

50. 汪民安编《自我技术：福柯文选Ⅲ》，北京大学出版社，2016。

51. 〔法〕福柯：《性经验史》，佘碧平译，上海世纪出版集团，2005。

52. 〔法〕福柯：《必须保卫社会》，钱翰译，上海人民出版社，1999。

53. 〔法〕福柯：《主体解释学》，佘碧平译，上海人民出版社，2005。

54. 〔法〕福柯：《安全、领土与人口》，钱翰译，上海人民出版社，2010。

55. 〔法〕德里达：《一种疯狂守护着思想：德里达访谈录》，何佩群译，上海人民出版社，1997。

56. 〔英〕霍尔：《表征：文化表征与意指实践》，徐亮、陆兴华译，商务印书馆，2003。

57. 〔英〕阿雷恩·鲍尔德温等：《文化研究导论》，陶东风等译，高等教育出版社，2004。

58. 〔英〕佩里·安德森：《西方马克思主义探讨》，高铦等译，人民出版社，1981。

59. 〔美〕贝尔·胡克斯：《反抗的文化：拒绝表征》，朱刚等译，南京大学出版社，2012。

60. 〔澳〕克里斯·巴克：《文化研究：理论与实践》，孔敏译，北京大学出版社，2013。

61. 〔美〕贝斯特、〔美〕凯尔纳：《后现代理论：批判性的质疑》，张志斌译，中央编译出版社，1999。

62. 〔美〕斯蒂芬·贝斯特、道格拉斯·科尔纳：《后现代转向》，陈刚等译，南京大学出版社，2002。

63. 〔英〕弗兰西斯·马尔赫恩编《当代马克思主义文学批评》，刘象愚等译，北京大学出版社，2002。

64. 〔英〕汤普森：《意识形态与现代文化》，高铦等译，译林出版社，2005。

65. 〔美〕丹尼斯·德沃金：《文化马克思主义在战后英国：历史学、新左派和文化研究的起源》，李凤丹译，人民出版社，2008。

66. 〔美〕德赖弗斯、〔美〕保罗·拉比诺：《超越结构主义与解释学》，张建超、张静译，光明日报出版社，1992。

67. 〔美〕凯特·米利特：《性政治》，宋文伟译，江苏人民出版社，2000。

68. 〔英〕塞尔登等：《当代文学理论导读》，刘象愚译，北京大学出版社，2006。

69. 〔英〕约翰·斯道雷：《文化理论与大众文化导论（第五版）》，北京大学出版社，2010。

70. 〔英〕保罗·鲍曼：《后马克思主义与文化研究：理论、政治与介入》，黄晓武译，江苏人民出版社，2011。

71. 〔美〕阿尔蒙德、〔美〕鲍威尔：《比较政治学：体系、过程和政策》，曹沛霖等译，上海译文出版社，1987。

72. 〔法〕朗西埃：《政治的边缘》，姜宇辉译，上海译文出版社，2007。

73. 〔法〕朗西埃：《美感论：艺术审美体制的世纪场景》，赵子龙译，商务印书馆，2016。

74. 〔德〕韦尔施：《重构美学》，陆扬、张岩冰译，上海译文出版社，2002。

75. 〔美〕沃尔夫莱：《批评关键词：文学与文化理论》，陈永国译，北京大学出版社，2015。

76. 〔斯洛文尼亚〕齐泽克等：《图绘意识形态》，方杰译，南京大学出版社，2002。

77. 〔英〕大卫·麦克里兰：《意识形态》，孔兆政、蒋龙翔译，吉林人民出版社，2005。

78. 〔英〕拉克劳、〔英〕墨菲：《领导权与社会主义的策略：走向激进民主政治》，尹树广、鉴传今译，黑龙江人民出版社，2003。

79. 〔法〕布尔迪厄：《文化资本与社会炼金术：布尔迪厄访谈录》，包亚明译，上海人民出版社，1997。

80. 〔美〕格罗斯伯格：《文化研究的未来》，庄鹏涛等译，中国人民大学出版社，2017。

81. 〔德〕霍克海默、〔德〕阿道尔诺：《启蒙辩证法：哲学断片》，渠敬东、曹卫东译，上海人民出版社，2003。

82. 〔美〕理查德·舒斯特曼：《实用主义美学》，彭锋译，商务印书馆，2002。

83. 〔法〕居伊·德波：《景观社会》，王昭风译，南京大学出版社，2006。

84. 〔法〕奥利维耶·阿苏利著，姜丹丹、何乏笔主编《审美资本主义：品味的工业化》，黄琰译，华东师范大学出版社，2013。

85. 〔意〕马里奥·佩尔尼奥拉：《当代美学》，裴亚莉译，复旦大学出版社，2017。

86. 〔瑞士〕索绪尔：《普通语言学教程》，高名凯译，商务印书馆，2017。

87. 〔加〕谢少波：《抵抗的文化政治学》，陈永国、汪民安译，中国社会科学出版社，1999。

88. 罗钢、刘象愚主编《文化研究读本》，中国社会科学出版社，2000。

89. 陆梅林选编《西方马克思主义美学文选》，漓江出版社，1988。

90. 陆扬、王毅：《文化研究导论》，复旦大学出版社，2007。

91. 张亮、李媛媛编《理解斯图亚特·霍尔》，北京师范大学出版社，2016。

92. 周凡、李惠斌主编《后马克思主义》，中央编译出版社，2007。

93. 赵国新：《新左派的文化政治：雷蒙·威廉斯的文化理论》，外语教学与研究出版社，2009。

94. 陆扬、王毅选编《大众文化研究》，上海三联书店，2001。

95. 周凡主编《后马克思主义：批判与辩护》，中央编译出版社，2007。

96. 李青宜：《阿尔都塞与"结构主义马克思主义"》，辽宁人民出版社，1988。

97. 段吉方：《意识形态与审美话语：伊格尔顿文学批评理论研究》，人民文学出版社，2010。

98. 李青宜：《"西方马克思主义"的当代资本主义理论》，重庆出版社，1990。

99. 赵司空：《中介与日常生活批判：卢卡奇文化哲学研究》，上海社会科学院出版社，2010。

100. 陶东风、周宪主编《文化研究（第6辑）》，广西师范大学出版社，2006。

101. 朱立元：《历史与美学之谜的求解》，上海人民出版社，2014。

102. 叶朗主编《现代美学体系》，北京大学出版社，1988。

103. 孙伯鍨：《卢卡奇与马克思》，南京大学出版社，1999。

104. 衣俊卿：《西方马克思主义概论》，北京大学出版社，2019。

105. 李泽厚：《华夏美学·美学四讲》（增订本），生活·读书·新知三联书店，2008。

三 英文书目

1. Paul Bowman, *Post-Marxism Versus Cultural Studies Theory, Politics and Intervention*, Edinburgh: Edinburgh University Press, 2007.

2. Jacques Bidet and Stathis Kouvelakiseds, *Critical Companion to Contemporary Marxism*, Leiden-Boston, 2008.

3. Raymond Williams, *Culture and Materialism*, London: Verso, 2005.

4. Jonathan Dollimore and Alan Sinfieldeds, *Political Shakespeare: Essays in Cultural Materialism. 2nd ed.* Ithaca and London: Cornell University Press, 1994.

5. Gary Hall, *Culture in Bits: The Monstrous Future of Theory*, London and New York: Continuum, 2002.

6. David Morley and Kuan-Hsing Chened, *Stuart Hall: Critical Dialogues in Cultural Studies*, London and New York: Routledge, 1996.

7. Henri Lefebvre, *Everyday Life in the Modern World*, New York: Harper & Row Publishers, 1971.

8. Sara Mills, *Discourse*, London and New York: Routledge, 1997.

9. Ernesto Laclau, *New Reflections on the Revolution of Our Time*, London and New York: Verso, 1990.

10. Terry Eagleton, *Ideology, An Introduction*, London: Verso, 1991.

11. Terry Eagleton, *The Function of Criticism*, London and New York: Verso, 1984.

12. Terry Eagleton, *Against the Grain: Essays 1975 – 1985.* London: Verso, 1986.

13. D. Forgacs and Geoffrey, *Antonio Gramsci: Selection from Cultural Writings*, Cambridge: Harvard University Press, 1991.

14. Renate Holub, *Antonio Gramsci*: *Beyond Marxism and Postmodernism*, London: Routledge, 1992.

15. Chantal Mouffe, *Gramsci and Marxist Theory*, London, Boston and Henley: Routledge & Kegan Paul, 1979.

16. Glenn Jordan and Chris Weedon, *Cultural Politics*: *Class*, *Gender*, *Race and the Postmodern World*, Blackwell Publishers, 1995.

17. Edward Palmer Thompson, *The Poverty of Theory & Other Essays*, London: The Merlin Press Ltd, 1978.

18. Louis Althusser, *Essays in Self-Criticism*, Translated by Grahame Lock. London: NLB, 1976.

19. Simon Clarke, Terry Lovell, Kevin McDonnell, Kevin Robins, Victor Jeleniewski, *One-Dimensional Marxism*: *Althusser and the Politics of Culture*, London and New York: Allison & Busby, 1980.

20. Louis Althusser, *The Humanist Controversy and Other Writings* (*1966 – 67*), François Matheron ed., Translated and with an Introduction by G. M. Goshgarian, London and New York: Verso, 2003.

21. Pierre Macherey, *A Theory of Literary Production*, London: Routledge & Kegan Paul, 1978.

22. Fredric Jameson, *Marxism and Form*, *Twentieth – Century Dialectical Theories of Literature*, Princeton University Press, 1971.

23. Bennett Tony, *Outside Literature*, London and New York: Routledge, 1990.

24. John Fiske, *Television Culture*, London and New York: Methuen, 1987.

25. Graeme Turner, *British Cultural Studies*, *An introduction*: *Third edition*, London and New York: Routledge, 2003.

26. Michel Foucault, *The Archaeology of Knowledge*, New York: pantheon books, 1972.

27. Michael E. Gardiner, *Critiques of Everyday Life*, London and New York: Routledge, 2000.

28. Henri Lefebvre, *Rhythmanalysis*: *Space*, *Time and Everyday life*, London and New York: Continuum, 2004.

图书在版编目（CIP）数据

西方马克思主义文化政治理论批判研究／李艳丰著．
北京：社会科学文献出版社，2025.6.--（华南师范
大学文学院中国语言文学学科建设丛书）.--ISBN 978
-7-5228-4880-8

Ⅰ.B089.1

中国国家版本馆 CIP 数据核字第 2025YP3249 号

华南师范大学文学院中国语言文学学科建设丛书
西方马克思主义文化政治理论批判研究

著　　者／李艳丰

出 版 人／冀祥德
组稿编辑／杨　轩
责任编辑／杜文婕
责任印制／岳　阳

出　　版／社会科学文献出版社
　　　　　　地址：北京市北三环中路甲 29 号院华龙大厦　邮编：100029
　　　　　　网址：www.ssap.com.cn
发　　行／社会科学文献出版社（010）59367028
印　　装／唐山玺诚印务有限公司

规　　格／开　本：787mm×1092mm　1/16
　　　　　　印　张：17.25　字　数：274 千字
版　　次／2025 年 6 月第 1 版　2025 年 6 月第 1 次印刷
书　　号／ISBN 978-7-5228-4880-8
定　　价／128.00 元

读者服务电话：4008918866